역사
이야기를
읽는 밤

배우가 된 그 황제는
정말로 폭군이었을까

영원한 신비,
피라미드와 미라 이야기

역사 이야기를 읽는 밤

발가벗은 예수에서
옷 입은 예수로

중세의 상류층은
고기를 잘 썰어야 했다?

왕비님, 두통에는
담배를 피우소서!

위대한 카롤루스 대제는
까막눈이었다?

'빵과 서커스'의 시대에서 '빵과 잠'의 시대를 넘어,
파란만장한 서양의 일상 연대기

• 정기문 지음 •

북피움

살아 있는 인간의 숨소리를 들려줄 때,
역사는 재미있다

    소년기에 역사책 읽기를 즐겼다. 노인이 되어가고 있는 지금도 역사책 읽는 것이 제일 재미있다. 심지어 TV 채널을 돌리다가 드라마, 영화, 스포츠, 다큐멘터리는 영양가 없다고 넘어가지만, 역사물은 어린이 프로라고 해도 신나게 본다. 사람들은 역사를 진지한 학문, 수준 높은 학문이라고 말한다. 맞는 말이다. 역사는 민족, 지역 공동체, 각종 단체, 가족, 개인 정체성의 핵심 요소다. 역사가 없는 사람은 과거가 없고, 과거가 없는 사람은 미래도 없다. 무엇보다 우리는 영토와 문화 자산을 두고 이웃 나라들과 경쟁하고 있다. 역사를 공부하지 않는다면 우리는 이 전쟁에서 승리할 수 없다. 따라서 우리는 역사 공부를 하는 사람을 육성하고 후원해야 한다.

    그러나 역사에는 이런 '공식 역사'만 있는 것은 아니다. 학문을 업으로 삼는 사람이 아니라면 공식 역사는 지루하게 외워야 하는 숙제일 뿐이다. 숙제를 끝낸 일반인에게 역사는 '재밋거리'이다. 재미있다는 것은 무엇일까? 매일 15시간씩 30년 이상 공부했으니 지금까지 읽은 책과 논문을 합하면 족히 1만 편은 될 것이다. 그 가운데 너무나 재미있어서 지금까지도 늘 생각나는 작품들이 있다.

첫 번째 책은 마르크 블로크의 『봉건 사회』(전 2권)이다. 마르크 블로크는 아날학파의 창시자이다. 20세기 초까지 역사는 어떤 나라의 제도, 정치, 외교, 사회 지도층의 일들을 격조 높은 언어로, 좀 더 정확하게 이야기하면, 무미건조한 언어로 서술하는 것이었다. 그런데 블로크는 인류학, 민속학, 언어학, 지리학의 개념과 방법을 역사에 도입하였고, 대단히 문학적인 서술을 시도했다. 그의 책은 마치 한 편의 장대한 대하소설을 읽는 느낌을 준다. 그리고 그는 봉건 제도와 같은 딱딱한 제도를 다루었는데, 그 제도 속에 살았던 사람들의 생활 방식에 더 집중하였다. 그의 책에 배어 있는 진한 사람 냄새는 결코 잊을 수가 없다. 그 책을 읽은 사람이라면, 책의 장과 절만 보아도 필자가 무슨 말을 하는지 누구나 알 것이다. 『봉건 사회』 2부가 '생활 조건과 정신적 분위기'이고, 특히 2부 2장 제목은 '느끼고 생각하는 방식'이기 때문이다. 그 책은 나라 이름, 정치적 사건, 외교 관계, 유물들의 특징 같은 것들을 배우던 젊은 역사학도에게 새로운 세상이었다.

두 번째 책은 페르낭 브로델의 『물질문명과 자본주의』(전 3권)이다. 브로델은 '역사학의 교황'이라는 별명을 갖고 있는 프랑스 역사가이다. 그의 작품은 '악마는 디테일에 있다'라는 말을 실감나게 해준다. 그의 책에는 조그마한 시골 마을의 지리에서, 보통 사람들이 먹었던 음식의 종류, 입었던 옷, 각 지역의 화폐, 그리고 여러 단위의 공동체가 겪었던 소소한 사건에 이르기까지 극한의 세밀함이 담겨 있다. 그의 책을 읽고 '브로델만큼 많이 공부하고 싶다'는 욕심이 생겼다. 물론 이 책이 재미있는 것은 디테일이 강하다는 것 때문만은 아니다. 디테일만을 추구한다면 백과사전을 보면 된다. 그의 책이 정말 재미있는 것은 사람들이 먹는 것, 입는 것, 그리고 사는 집을 다루어서 궁극적으로 인간과 문명을 총체적으로 이해할 수 있게 해준다는 데 있다. 그리고 역사를 사건, 제도, 인물에 얽매이지 않고, 장기 지속체들의 흐름 속에서 이해할 수 있게 해준다는 데 있다. 그는 세상을 하늘을 나는 '독수리의 눈'으로 내려다본 후, 모든 것을 세밀하게 그렸다. 그렇게 뛰어난 작품을 읽고 어찌 재미를 느끼지 않을 수 있겠는가?

세 번째 책은 에두아르트 푹스의 『풍속의 역사』(전 4권)다. 푹스는 역사학을 전공하지는 않았지만 법학 박사 학위를 받았고, 시사성이 강한 잡지사들의 편집장을 오랫동안 맡았다. 요즘으로 치면 종합지식인이었다. 그는 사고가 자유로웠다. 어찌 보면 저급한 것으로 보일 수 있는 연애, 성문화, 결혼, 의복 등을 품격있게 다루었다. 성이나 결혼이 육체적 욕망의 소산에 그치는 것이 아니라 사회 경제적인 측면을 갖고 있다는 것을, 미술 작품이나 노래, 만담과 같은 소재를 이용하여 밝혔다. 욕망하는 인간의 사회적 측면과 역사적 변천을 이토록 생생하게 다루기는 힘들 것이다. 이 책에는 또 다른 장점이 있다. 이야기들이 독자성을 갖고 있어서 심심할 때면 책을 꺼내 한 토막씩 읽어도 재미있다.

세 책의 공통점은 무엇인가? 박제된 인간이 아니라 냄새나는 인간을 만날 수 있다는 점이다. 먹고, 입고, 욕망하고, 느끼고, 다른 사람과 갈등하고, 방황하는 인간을 만날 수 있다. 필자가 느낀 '재미'의 첫 번째 기준은 바로 이것이다. 역사는 살아 있는 인간의 숨소리를 들려줄 때 재미있다.

역사학은 과학이면서 문학이다. 과학이라는 것은 학문으로서 논리성을 갖추었다는 것이다. 역사가는 과거의 사실들, 사실과 사실의 연관 관계를 실증적으로 밝혀낸다. 따라서 역사가는 과거 사실을 만들어내지 않으며, 그것이 가지고 있는 가치를 객관적으로 평가하기 위해서 노력한다. 그러나 역사학은 동시에 문학이다. 사실을 복잡한 수식, 언어, 법칙으로 표현하기보다는 흥미로운 이야기로 펼쳐야 한다. 그래서 최고의 역사가는 '나이 드신 할머니'이다. 재치 있는 만담꾼 할머니는 어린 손녀나 동네 사람들에게 그들이 알 수 있는 언어로, 그들의 동감을 얻어 가면서 삶의 여러 이야기를 해준다. 무언가 배울 것이 있고, 생활하는 데 유익하다면 금상첨화이지만, 그저 심심풀이 땅콩이어도 좋다.

서양 중세 사람들은 밤이면 '화롯불' 앞에 모여들곤 했다. 농사철에는 거센 노동으로 힘들어서 금세 잠들었지만, 농한기인 겨울의 밤은 길고 외로웠다. 그 길고 외로운 밤을 혼자서 보내면 너무나 힘들지만, 화롯불 앞에 모여 간식을 먹으며 수수께끼 놀음을 하거나, 작은 공연을 보거나, 나이 먹은 사람들의 이야기를 듣는 것은 삶의 즐거움이었다.

나는 바로 이런 만담꾼 할머니가 되기를 꿈꾼다. 공부를 하다보면 밤에 심심해서 화롯불 앞에 모인 사람들에게 들려주면 좋은 것 같은 이야기를 만난다. 이 책은 바로 그런 이야기들을 모은 것이다. 이 책이 누군가를 한 번이라도 웃기고, 잠시 여유를 줄 수 있다면 그 것으로 감사한 일이다.

정기문

차례

I.
첫 번째 밤

고대 왕국과 제국, 그리고 민주주의

여자는 시장에서 장사하고
남자는 집에서 옷감 짜고

다른 나라와 풍습과 관습이 반대였던 고대 이집트의 이모저모

역사의 아버지 헤로도토스는 그의 고향 그리스에서 현재의 이란, 이라크, 우크라이나까지 여행하였다. 그리고 『역사』에서 각지의 인물, 제도, 전설, 종교, 관습에 대해서 자세하게 기록했다. 그의 이야기 가운데는 얼핏 들으면 환상적인 것이 많다. 그래서 헤로도토스는 오랫동안 '거짓말쟁이의 아버지'라는 별명으로 불렸다. 그런데 헤로도토스가 전한 이야기가 사실인지 점검한 19~20세기의 인류학자들과 고고학자들이 놀라운 결과를 발표하였다. 예를 들어 고고학자들은 헤로도토스가 스키타이 지역에 있었다고 묘사한 여러 도시가 실재했음을 확인했다.[1] 그 결과 헤로도토스는 20세기에 들어 새롭게 가치를 인정받고 있다. 따라서 헤로도토스가 『역사』에서 전한 이야기는 전설로 치부하지 말고, 곱씹으면서 의미를 되새겨볼 만하다.

짐을 머리에 이고 나르는 고대 이집트 남자들의 모습.

헤로도토스가 전한 이야기 가운데 이집트인에 관한 것이 가장 재미있다. 그에 따르면 고대 이집트인은 거의 모든 점에서 당시 세계인들과 다른 풍습을 가지고 있었다. 그곳에서는 여자는 시장에서 장사를 하는 데 반해 남자는 집에서 옷감을 짰고, 짐을 운반할 때도 남자는 머리에 이고 여자는 어깨에 짊어졌다. 소변을 볼 때도 여자는 서서 보는 데 반해 남자는 앉아서 보았다. 남자는 누구나 옷을 두 겹 착용하지만 여자는 한 겹만 입었다. 배변은 실내에서 했고 식사는 실외에서 했다. 아들은 부모를 부양할 의사가 없다면 부양하지 않아도 되지만, 딸은 의무적으로 부양해야 했다.

다른 나라에서는 사제들이 머리를 길게 길렀지만, 이집트 사제들은 삭발했다. 다른 나라에서는 상을 당하면 죽은 이의 친척들이 머리를 짧게 잘랐지만, 이집트인들은 평소에는 머리를 짧게 깎았다가 상중에는 길렀다. 이집트인은 곡식 가루는 발로 반죽하고, 진흙은 손으로 반죽했다. 다른 나라에서는 남자의 성기를 그대로 두지만, 이집트인들은 할례를 했다. 문자를 쓰거나 계산할 때 그리스인은 왼쪽에서 오른쪽으로 쓰는데, 이집트인은 오른쪽에서 왼쪽으로 썼다.

삭발을 한 모습의 고대 이집트 사제. 다른 나라 사제들은 머리를 길게 길렀지만, 이집트 사제들은 정반대로 머리카락을 모두 밀었다.

이 밖에도 여러 가지 점에서 당시 이집트인들의 풍속은 독특했다. 예를 들어 유명한 사람이 죽으면 그 집안의 여자들은 모두 머리와 얼굴에 진흙을 바르고 유해를 실내에 남겨두고, 옷을 벗어 상반신을 드러내고 옷을 허리띠로 동여맨 뒤 유방을 노출한 상태로 친척 여자들과 함께 가슴을 치면서 열을 지어 도시 안을 걸었다. 남자들도 옷을 벗어 상반신을 드러내고 가슴을 치면서 슬픔을 표시했다.

동물에 대한 이집트인의 풍습은 특히 기이했다. 그들은 모든 동물을 신성시했다. 이집트인은 동물을 종류별로 나누어 사육 책임자를 정했다. 각 도시의 주민은 그 동물들에게 소원을 빌었다. 동물이 상징하는, 또는 동물이 속하는 신에게 기원하고 자기 자식의 머리카락 전부나 절반 또는 3분의 1을 잘라 그것을 저울에 달아 그 무게만큼의 은을 동물을 기르는 사람에게 주었다. 이런 동물을 죽이면, 고의로 죽였을 경우에는 사형이고, 고의가 아닐 경우라도 사제가 정한

고대 이집트의 고양이 조각상으로 장식된 동물의 관(메트로폴리탄 미술관 소장).

벌금을 내야 했다. 특히 따오기나 매를 죽인 자는 고의든 아니든 죽음을 면치 못했다.

이집트인이 동물을 얼마나 귀하게 여겼는가는 화재 시에 잘 나타났다. 집에 불이 나면 이집트인은 불 끄는 일은 거들떠보지도 않고 죽 늘어서서 고양이의 안전만을 신경 썼다. 그런데도 고양이는 사람 사이를 빠져나가 불 속으로 뛰어들었다. 이런 일이 일어나면 이집트인들은 슬퍼하며 고양이의 죽음을 애도했다. 고양이가 자연사했을 경우에 그 집 가족은 모두가 눈썹을 밀었다. 개가 죽었을 경우에는 머리와 전신의 털을 깎았다. 죽은 고양이는 부바스티스Bubastis의 매장소로 운반한 다음, 미라로 만들어 신성한 묘지에 매장했다. 암캐는 각자가 그들의 도시에서 신성한 관에 넣어 매장했다. 들쥐와 매는 부토Buto로, 따오기는 헤르모폴리스Hermopolis로 운반하여 매장했다. 이집트인이 이렇게 동물을 신성시했던 것은 그들이 동물신을 숭배했기 때문이었다.

헤로도토스를 비롯한 그리스인은 이런 이집트인들의 풍속을 부자연스럽고 어색한 것이라고 생각했다. 그렇지만, 이집트인은 오히려 다른 나라 사람이 부자연스럽게 살고 있다고 생각했다. 이집트인의 풍속이 이렇듯 달랐지만, 그들의 삶의 방식이 다른 나라들과 근본적으로 다르지는 않았다. 연소자가 연장자를 만나면 길을 양보하고, 연장자를 맞이할 때는 자리에서 일어났다. 왕에서 노예까지 사회는 신분제의 틀 안에 짜여 있었다. 여자들의 지위는 낮아서 관직은 남자들이 독차지했다.[2]

이집트인이 특이한 풍습을 갖고 있었던 것을 어떻게 평가해야 할까? 우리가 일상적으로 너무나 당연한 것으로 여기고 있는 것들 가운데 많은 것은 단지 익숙한 것일 뿐이다. 풍속의 역사를 공부해보면 옛날에 당연하게 여기던 것이 지금은 많이 사라졌다. 우리가 행하고 있는 풍속 가운데 사실은 그리 오래되지 않은 것들도 많다. 따라서 우리가 행하고 있는 풍습이나 진실이라고 믿고 있는 지식이 사실은 그저 단순한 습관일 뿐일 수 있다.

사자의 집,
사자의 몸

영원한 신비, 피라미드와 미라 이야기

　기원전 2600년경 고대 이집트 파라오의 권력은 정점에 달했으며, 이때 거대한 피라미드가 만들어졌다. 고대 이집트인은 피라미드를 '상승하는 곳'이라는 의미를 갖고 있는 메르(mr 또는 mer)라고 불렀다. 우리에게 익숙한 피라미드라는 단어는 '삼각형 모양의 과자'를 의미하는 그리스어 피라미스pyramis에서 유래했다.

　현재 가장 큰 피라미드는 제4왕조(기원전 2613-기원전 2500)의 두 번째 파라오였던 쿠푸 왕의 것으로 이집트의 기자에 있다. 이 피라미드는 높이 약 137미터(2025년 현재), 밑변 약 230미터이고, 각 변은 거의 정확하게 동서남북을 향하고 있다. 네 변은 직각을 이루고 있고, 긴 쪽 변과 짧은 쪽 변의 차이는 약 20센티미터밖에 안 된다. 또한 기조(바닥)의 수평오차는 2.1센티미터 이하이다. 이집트인은 자와 끈, 이것을

기자에 있는 카프레의 피라미드. 기원전 2600년 무렵에 세워진 것으로 추정하며, 쿠푸 왕의 대피라미드에 이어 제2피라미드로 불리기도 한다.

보충해줄 태양과 별의 관측, 그리고 수평선을 측정하기 위한 바다의 수면만을 이용해서 그렇게 정확한 피라미드를 만들었다. 이 정도의 정확성은 현대의 과학기술로도 성취하기 어렵다.

쿠푸 왕의 피라미드에 사용된 돌의 평균 무게는 2.5톤이고, 총 230만 개가 꼭대기까지 210단으로 쌓였다. 전문가에 따르면 여기에 사용된 돌을 30센티미터로 잘라 연결하면 지구의 3분의 2를 에워쌀 수 있다고 한다. 돌들의 무게를 모두 합하면 약 600만 톤이나 된다. 역사의 아버지 헤로도토스는 쿠푸 왕의 피라미드 건설에 대해서 상세하게 설명하였다. 그에 따르면 쿠푸 왕의 피라미드 건설에는 매년 10만 명이 일하여 40년이 걸렸다. 돌을 운반하기 위한 수송로를 만드는 데 10년, 피라미드의 기반 공사를 하는 데 10년, 피라미드를 건설하는 데 20년이 걸렸다.[3]

피라미드의 부지 선정과 기반 공사도 신기에 가까운 미스터리다. 땅에 건물을 지으면 건물의 무게 때문에 필연적으로 땅이 내려앉는

기자의 피라미드군. 왼쪽이 쿠푸의 피라미드, 가운데가 카프레의 피라미드, 오른쪽이 멘카우레의 피라미드다.

현상이 발생한다. 세계 최강대국인 미국의 국회 의사당도 지난 200년 동안 12센티미터나 가라앉았다. 그런데 무게가 약 60억 킬로그램이나 되는 피라미드는 지난 5,000년 동안 약 10센티미터밖에 가라앉지 않았다.[4] 피라미드의 기반이 얼마나 단단하던지, 1992년 10월 이집트에 진도 6의 지진이 일어나서 400명이 죽었는데, 피라미드 안에 있던 관광객들은 피라미드가 잠깐 흔들리는 것을 느꼈을 뿐 모두 멀쩡했다고 한다.

피라미드 건설 작업은 매우 복잡하다. 먼저 돌을 나일강의 반대쪽, 즉 무덤이 있는 곳의 반대쪽에서 채석하여 배로 싣고 와서는 사람이나 동물이 끌어서 건축 지점까지 옮겨야 한다. 당시에 이집트인은 수레나 말을 이용해서 물건을 옮기는 방법을 몰랐기 때문이다. 옮겨온 돌을 높이 쌓기 위해서는 피라미드 옆에 흙이나 나무로 벽을 쌓았다. 그런데 피라미드의 엄청난 규모보다 해명하기 힘든 것이 있다. 피라미드가 만들어졌던 이집트 고왕국 시기는 청동기 시대 초기였다.[1] 더욱이 청동기가 한창 쓰일 때도 청동이 별로 단단하지 않았기 때문에 대개 청동은 과시용이었으며 연장이나 무기로는 별로 의미가 없었다.[5] 그렇다면 이집트인은 채석장에서 원석을 어떻게 자르고, 매끄럽게 다듬었을까?

채석장에서 돌을 깨는 방법은 간단하다. 먼저 정을 이용하여 돌을 조금 깬 다음 구멍이 생기면 거기에 나무를 틀어박고 물을 붓는다. 그러면 나무가 물을 먹어서 팽창하게 되고 돌은 결을 따라서 깨진다. 이집트에서도 비슷한 방식으로 큰 돌을 깨서 작은 돌로 만들었다. 이렇게 큰 돌을 쪼갠 후에는 구리 톱으로 썰었다. 그런데 구리 톱은 강도가 약해서 톱날이 쉽게 나가버린다. 고고학자들은 구리 톱으로 자르면서 모래를 뿌렸고, 모래에는 석영이 들어 있어서 톱날이 나가지 않았다고 생각하고 있다. 돌을 자른 뒤에는 다른 돌로 다듬었다. 헤로도토스는 피라미드의 건축에 관해 서술하면서 마제석馬蹄石, 즉 '간돌'이라는 표현을 사용했다. 결국 돌을 깨고, 그 돌을 다른 돌이나 모래로 갈아 매끈하게 만들었다.

그런데, 이집트인은 왜 그렇게 거대한 피라미드를 만들었을까? 이집트인들은 인간이 몸과 카ka, 바ba라는 세 가지로 구성되어 있다고 믿었다. 몸은 육체이고, 카는 혼이고, 바는 영이다. 몸은 바와 카가 깃들일 영원한 집이고, 카는 바에 생기를 불어넣어준다. 이 세 가지는 하나이기 때문에 분리될 수 없다. 따라서 피라미드는 왕이 죽어

---

[1] 이집트에서 청동기가 연장으로 사용되기 시작한 것은 기원전 1000년 무렵이다. 아르메니아 산간 지역에 거주하고 있는 부족(히타이트·미탄니)들이 기원전 2000년 무렵에 철을 발견했고, 기원전 14세기에 제철법이 사방으로 퍼졌다.

서 계속 사는 집이었다. 이집트의 왕 파라오는 태양의 아들로, 그가 죽으면 자기를 낳았던 태양신과 일체가 된다. 그는 매일 태양의 범선을 타고 태양신과 우주를 순행한다. 파라오는 그것을 통해서 인간에게 빛과 생명을 가져다준다.

이렇듯 피라미드는 파라오가 태양신을 만나러 범선을 타고 출발하는 곳으로 생각되었기에 피라미드 옆에 실물 배가 부장되었다. 현존하는 가장 큰 피라미드인 쿠푸 왕의 피라미드 옆에는 다섯 척의 배가 묻혀 있다. 이 가운데 하나는 쿠푸 왕이 죽었을 때 그의 미라를 옮기는 데 실제로 사용되었다. 이집트인은 멤피스의 궁전에서 쿠푸 왕의 미라를 제작한 후 나일강으로 가져가 배에 실어 피라미드 근처까지 옮겼다. 피라미드 근처에 도착한 후 배를 통째로 육지로 옮겼고, 장례가 끝난 후 배를 분해해 피라미드 옆에 묻었다. 쿠푸 왕의 피라미드 남쪽에 묻혀 있던 배가 1954년 발굴되었다. 4,500년이 지났지만 이집트의 건조한 기후 덕분에 나무가 썩지 않았다. 이집트 정부는 1,224개의 부품을 조립해 배를 복원했다. 복원 결과 배의 길이는 43.4미터이고 폭은 5.9미터였다.[6]

이집트인의 관념에 따르면 사람이 죽으면, 그는 알 수 없는 다른 세계로 가는 것이 아니라 무덤에서 계속 산다. 무덤이 사자의 영원한 집이기 때문에, 온갖 부장품을 넣어야 한다. 금은보석과 술과 음식을 잔뜩 넣어야 하고, 심지어 생전에 부리던 하인도 필요했다. 그렇게 많은 부장을 하자니 무덤이 당연히 커졌고, 그것이 바로 피라미드였다.

그런데 고왕국(기원전 2649-기원전 2234) 이후에는 피라미드 건설이 중단되었다. 고왕국 이후에는 파라오의 힘이 약해졌기 때문일까? 고왕국

『휴네퍼의 사자의 서』에 나와 있는 심장 무게 달기 의식. 저승의 신 오시리스는 저울 한쪽에 죽은 자의 심장을 올리고 다른 한쪽에는 깃털을 놓아 죽은 자를 심판한다.

이후에 지방 세력이 할거하던 시절이 상당 기간 있었고, 중왕국기원전 2040-기원전 1640) 이후에는 외적의 침입도 있었다. 그러나 신왕국기의 위대한 왕들, 예를 들어 람세스 대왕도 예전처럼 거대한 무덤을 만들지 않았다. 이런 정치적인 요인이라든가 도굴을 피하겠다는 의도도 작용했겠지만, 사실은 저승에 대한 관념이 바뀌고 있었다.

이집트인이 믿던 신 중 오시리스 신이 있었다. 오시리스는 땅의 신과 하늘의 여신 사이에서 태어난 큰아들이고, 전 국토를 인자하게 다스리고 있었다. 그런데 아우인 세트가 시기하여 그를 죽인 후 상자에 넣어서 나일강에 떠내려 보냈다. 오시리스의 아내 이시스가 시체를 찾아내어 묻었다. 그러자 세트는 화가 나서 그 시체를 갈기갈기 찢어서 사방에 흩어버렸다. 이시스가 다시 그 시체를 수합하자, 오시리스는 부활하였고, 저승을 다스리는 신이 되었다. 오시리스의 아들 호루스는 작은아버지 세트를 물리치고 왕위를 되찾았다. 오시

리스가 저승신이 된 후 모든 이집트인은 죽으면 그의 앞에서 심판을 받게 된다. ::2

　이런 오시리스 신화는 중왕국 이후에 이집트인의 중심 신앙으로 성장하였다. 그런데 신화에 따르면 죽은 자는 이제 무덤 속에 계속 있는 것이 아니라 저승으로 간다. 더 이상 무덤이 영원히 살게 될 집이 아니게 된 것이다. 따라서 무덤을 크게 만들고 부장을 할 필요가 줄어들었다.

　파라오는 피라미드에 묻히기 전에 미라로 제작되었다. 이집트인은

::2　이집트인들은 평생을 두고 지켜야 할 덕을 '마트maat'라고 불렀는데, 우리말로 하면 '정의로운 중용' 정도의 개념이다. 마트는 태양신 라의 딸이다. 타조 깃털을 머리에 꽂은 모습으로 표현되며, 이집트인들은 마트 여신이 내린 덕목도 마트라고 불렀다. 마트를 잘 지킨 사람은 저승의 신 오시리스의 심판에서 합격하여 영원히 낙원에서 살지만, 지키지 못한 사람은 불합격하여 전설적인 괴물의 밥이 된다. 오시리스는 저울 한쪽에 죽은 자의 심장을 올리고 다른 한쪽에는 마트 여신의 상징인 깃털을 놓아 죽은 자를 심판한다.

『사자의 서』에 묘사된 고대 이집트의 장례 과정.

사후세계를 중요시하였기 때문에 왕뿐만 아니라 일반인도 미라로 만들어 영원히 살 수 있도록 조처하였다.

　미라를 만드는 과정은 다음과 같다. 먼저 시신은 특별히 만든 침상에 놓고, 내장을 제거하여 특수 제작한 항아리에 보관한다. 그리고 시체에 소금을 뿌려 부패를 막는다. 시체가 마르면, 원래의 모양을 복원하기 위해 내장을 꺼낸 곳에 향료를 넣고 아마포로 덮는다. 그리고 시체를 붕대로 둘둘 감아서 공들여 만든 관에 넣는다. 미라 만드는 일을 책임진 사람은 아누비스 신의 복장을 했다. 그리스 역사가 헤로도토스는 가장 좋은 미라를 만드는 법을 다음과 같은 기록으로 남겼다.

　　가장 완벽한 미라를 만드는 과정은 다음과 같다. 작업자가 먼저 쇠갈고리로 콧구멍을 통해 뇌수를 끄집어내는데, 그중 일부는 그렇게 끄집어내지만, 또 일부는 약물을 집어넣는다. 그런 후 날카로운 돌칼로 옆구리 부분을 절개하고 그곳을 통해 복강에 든 것을

무덤 앞에서 미라의 입을 여는 개구 의식.

모두 제거한다. 그리고 복강을 깨끗이 씻어내고 야자수로 헹군 다음 빻은 향료로 다시 헹군다. 그 후 빻은 순수한 몰약과 계피 및 유향을 제외한 다른 향료들로 배 안을 가득 채우고 원래대로 봉합한다. 이렇게 한 다음 그들은 시신을 소다석으로 방부 처리하여 70일 동안 은폐해 보관한다. 그러나 이보다 더 오래도록 방부 처리해서는 안 된다. 70일이 지나면 시신을 잘 씻은 후 길쭉하게 잘라 만든 정교한 아마포 붕대로 전신을 감고 그 위에 이집트인이 대개 아교 대신에 사용하는 점성 고무를 바른다. 그러고 나면 친척들이 시신을 인도받아 사람 모양의 목관을 만들고 그 안에 시신을 안치한다. 그리고 그것을 봉한 다음 묘실의 벽 쪽에 똑바로 세워 보관한다.[7]

이것은 상급 미라의 제작 과정이다. 유족이 비용을 꺼려 중급을 원하는 경우, 미라 제작자는 삼나무 기름으로 내장과 살을 녹여낸 뒤 유가족에게 넘겨주었다. 가난한 사람의 경우 하제를 써서 창자를 세척하고 70일 후에 유가족에게 넘겨주었다. 미라를 만들면서 심장은 제거하지 않았는데, 심장에 영혼이 존재한다고 믿었기 때문이다. 미라가 완성되면 이집트인은 미라를 배 위에 놓고 황소로 끌어서 무덤까지 가져갔다. 미라를 배에 실어 옮긴 까닭은 죽은 자가 지하 세계를 흐르는 강을 배를 타고 가야 한다고 믿었기 때문이다.

미라가 묘지에 도착하면, 제사장이 미라를 똑바로 세우고, 끌로 입을 열었다. 그렇다고 끌을 이용해서 진짜로 입을 여는 것은 아니다. 대부분 시체를 염하면서 입에 넣어두었던 헝겊을 제거하고 입을 여는 흉내만 내는데, 이를 개구 의식이라고 한다. 이집트인은 이 의식을 통해 미라가 살아 있는 사람처럼 서서 숨을 쉬고, 음식을 먹는다고 믿었다.[8]

크산티페는
남편의 죽음을 슬퍼했다?

악처의 아이콘으로 오해받는 소크라테스의 아내를 위한 변명

우리는 막 사슬에서 풀려난 소크라테스와 크산티페가 그의 옆에
앉아 그의 아이를 팔에 안고 있는 것을 발견했습니다. 그녀는 우리
를 보고 비명을 지르며 여자들이 할 법한 말을 했습니다.

_ 플라톤, 『파이돈』

고대 철학자 가운데 가장 유명한 사람은 소크라테스(기원전 469-기원
전 399)이다. 소크라테스는 프로타고라스를 비롯한 소피스트들이 극
단적 상대주의에 빠지자, 인간 세계에 보편적 진리와 절대적 도덕이
있다고 설파하였다. 사실 나는 그의 철학 이야기들을 잘 모른다. 그
러나 그의 말을 잘 이해하지는 못하지만, 소크라테스를 존경한다.
그가 무슨 일을 했는지를 알기 때문이다.

소크라테스에게 작별을 고하는 크산티페. 19세기에 신고전주의 양식으로 그려진 그림이다.

기원전 400년 소크라테스는 나이 일흔 살에 '새로운 신들을 끌어들이고, 젊은이들을 타락시킨다'는 죄목으로 고발당하였다. 몇몇 학자들은 소크라테스가 귀족들과 친했고, 귀족들의 대의를 존중했기 때문에 실망한 민중들이 고발했다고 주장한다. 소크라테스의 제자였던 크리티아스Kritias가 민중파 인사들을 살해하고 공포 정치를 주도했다는 사실, 그리고 역시 소크라테스의 제자였던 알키비아데스Alcibiades가 조국 아테네를 배반하고 스파르타 편에 가담했다는 사실을 고려하면 이 주장에는 나름 근거가 있다.[9] 그러나 플라톤이 전하는 소크라테스의 죄목에는 어떤 계급적 성격이 보이지 않는다. 사실 고발자는 한 평범한 시민이었지만, 그 배후에는 유력자가 있었을 가능성이 있다.

소크라테스에게 물을 퍼붓는 크산티페.

'새로운 신들을 끌어들인다'는 것은 무슨 의미일까? 당시 아테네는 하나의 폴리스였고, 폴리스들은 각각 조상 전래의 부족신을 섬기고 있었다. 그런데 소크라테스가 살던 시대에 아테네는 더 이상 조그마한 독립적인 폴리스가 아니라 여러 폴리스를 통합한 제국이었다. 아마 소크라테스가 전통적인 개별 폴리스의 부족신 숭배를 중단하고, 여러 폴리스가 공유할 수 있는 새로운 신앙이 필요하다고 역설하지는 않았을까?

'젊은이들을 타락시킨다'는 것은 무엇을 의미할까? 설마 소크라테스가 부모를 섬기지 말고, 성적으로 타락하라고 가르치지는 않았을 것이다. 뭔가 새로운 것, 당시의 가치체계에 맞지 않는 것을 소크라테스가 가르쳤고, 전통을 지키려는 자들에게는 그런 그가 눈엣가시였던 것이 아닐까?

하여튼 소크라테스는 고발을 당해서 재판을 받았다. 당시 아테네에서는 재판이 열리면 피고와 원고가 서로 논박하고, 논박이 끝나면 배심원이 투표를 통해 유죄인지 무죄인지를 먼저 가린 뒤, 유죄 판결이 나면 형량을 결정하였다. 소크라테스의 경우 배심원들은 총 501명이었다. 그들은 찬성 280 : 반대 221이라는 근소한 차이로 유죄 판결을 내렸다.[10] 일단 유죄 판결이 났으니 형량을 결정해야 하는데, 형량은 마음대로 하는 것이 아니고, 원고와 피고가 각각 형량을 제시하고 그 가운데서 배심원들이 투표로 결정하였다. 이미 유죄 판결이 났으니, 형량을 얼마나 요구해야 할까? 배심원들을 자기편으로 끌어들이기에 합당한 형량을 제시하면 될 것이다. 소크라테스의 경우, 유무죄 판결에서 표차가 근소했으니 벌금형이나 구류와 같은 가벼운 형량이 어떨까? 만약 소크라테스가 그런 형량을 제시했다면 사형 판결을 면했을 가능성이 높다.

　그러나 이게 어찌 된 일인가? 소크라테스는 이미 일흔 살이 되었기 때문에 더 이상 살고 싶지 않았는지 엉뚱하게도 무죄를 요구하였다. 나아가 소크라테스는 배심원들을 경멸하면서, 아테네인들은 자신을 처벌해서는 안 되고 오히려 상을 주어야 한다고 주장하였다.[11] 플라톤을 비롯한 제자들이 상황이 이상하게 돌아간 것을 인식하고 스승을 설득하였다. 소크라테스는 30므나라는 적은 액수의 벌금형을 받겠다고 말했다. 그러나 배심원들은 소크라테스가 터무니없는 형량을 제시한다고 불만스러워하면서 원고 측에서 요구한 형량대로 사형을 언도하였다.

　유죄 판결을 받은 소크라테스는 감옥에 갇혔다. 그런데 아테네만 벗어나면 소크라테스를 받아줄 나라는 많았다. 설령 받아줄 나라가 없더라도 스스로 망명길에 오르면 그만이었다. 당시에는 국제 경찰이 있지도 않았으니 나라 밖으로 도망간 죄인을 잡아 올 방법은 거의 없었다. 소크라테스를 추종하는 무리가 탈옥 준비를 다 해놓고, 다른 나라로 가시라고 권했다. 그러나 소크라테스는 도망가지 않고 독배를 마시고 죽었다. 이때 소크라테스가 악법도 법이라고 말했다고 전하지만 당시 기록에는 이런 말이 없다.

　도대체 소크라테스는 왜 형량을 제시하지도 않았고, 해외로 망명하지도 않았을까? 이미 나이 70에 이르렀으니 더 살고 싶지 않았던 것일까? 아마 철학자로서 자신의 신념을 굽힐 수 없었던 모양이다. 비굴하게 사느니 명예롭게 죽는 것이 훨씬 나은 일이라고 생각했을까. 그렇게 늙어서까지 정의와 신념에 대한 열정을 가진 사람이라면 존경할 만하지 않은가!

서당 개 3년이면 풍월을 읊는다는데. 위대한 철학자 소크라테스의 부인 크산티페도 제법 대단한 철학자가 아니었을까? 고대 그리스 기원전 5세기에서 기원전 4세기. 민주주의가 한창 무르익고 아테네가 번영을 구가하던 시절, 그 시절에는 소피스트라는 철학자 겸 교사들이 있었다. 소피스트들은 고액의 수업료를 받고 특별과외까지 하였다. 아테네 최고의 소피스트였던 프로타고라스는 한 과목에 2달란트나 받았는데, 이 돈이면 당시 군함 두 척을 건조할 수 있었다.

그런데 우리의 철인 소크라테스는 많은 제자를 거느렸지만, 수업료를 받지 않았다. 심지어 소크라테스는 한 제자가 수업료를 밀가루로 주겠다고 한 것조차도 거절하고, 그 제자의 집에 가서 밥을 얻어먹는 것으로 대신했다. 사실 소크라테스는 워낙 미식가였던지라 제자들이 음식을 대접한다고 하면 아무리 먼 길이라도 주저하지 않고 달려갔다. 그러니 당연히 집에는 돈이라곤 한 푼도 갖다주지 않았고, 생계는 전적으로 부인인 크산티페가 책임졌다. 엄청난 돈을 벌수 있는 능력과 지위를 갖추고 있으면서도, 집안 걱정은 하나도 하지 않는 우리의 철인 소크라테스. 그 부인 크산티페에게 남편의 말 '너 자신을 알라'::3는 어떻게 들렸을까? 아마 '자기 마누라 밥도 못 먹이는 주제'에, 무슨 얼어 죽을 철학 나부랭이를 한다고 설치고 다니는지 참 대책 없는 사람이라고 생각하지 않았을까?

하도 화가 난 크산티페는 어느 날 소크라테스가 강의를 하고 있을 때(강의할 때가 아니라 집에 돌아올 때라는 설도 있다), 강의 중간에 들어가서는 실

::3 이 말은 실제로 소크라테스가 처음 사용한 말은 아니고, 그리스인들이 신탁을 묻는 장소인 델피의 신전 기둥에 새겨져 있던 말이다.

소크라테스의 죽음을 묘사한 자크 루이 다비드의 그림(1787).
감옥에서 보낸 최후의 밤, 소크라테스는 자신을 찾아온
친구와 제자들과 토론을 벌였다.

컷 욕설을 퍼붓고, 그것도 모자라서 물을 한 바가지 퍼부었다. 이 일을 기화로 크산티페는 악처라는 별명을 얻었건만. 소크라테스는 이 사건에 대해서 "천둥 번개가 친 뒤에 비가 오는 것이 순리다."라는 유머를 남겼다.

그런데 사실 크산티페는 그렇게 악처는 아니었던 것 같다. 플라톤은 『파이돈』에서 스승인 소크라테스의 최후를 자세히 기록했는데, 그에 따르면 소크라테스의 사형이 집행되던 날, 스승의 마지막 가는 길을 보기 위해서 제자들이 찾아가보니 크산티페가 아이를 데리고 먼저 와서 흐느껴 울고 있었다. 그녀는 제자들이 다가오는 것을 보고는 "여보, 이 사람들과 얘기할 수 있는 것도 오늘이 마지막이에요." 라며 슬퍼했다. 이렇듯 크산티페는 남편의 죽음을 진정으로 애도했던 여자였다. 불쌍한 크산티페여, 남편을 너무 원망하지는 마소서. 원래 남자 중에는 그렇게 철없는 사람이 있게 마련이고, 그런 인간 가운데 위대한 영웅이 탄생한다오.

저 젊은 처녀, 눈부신 넓적다리를
맨살로 드러내네

잘 먹고, 일하지 않고, 운동을 많이 했던 스파르타의 여성들

저 젊은 처녀, 튜닉은 아직 꿰매지 않아,

눈부신 넓적다리를 맨살로 드러내네,

_ 소포클레스

저 젊은 남자들과 함께 집을 나가는 처녀들,

맨살의 넓적다리를 드러내고, 치마는 벌어지네.

_ 에우리피데스

스파르타의 처녀들은 왜 '넓적다리'를 드러내고 다녔을까?

기원전 7세기 중엽에 스파르타의 법제를 창시한 리쿠르고스 Lycurgus는 여자들이 잘 먹지 못하고 고된 노동에 시달리면 건강한 전사를 낳을 수 없다고 생각하여, 스파르타 여자들을 잘 먹이고 일을 시키지 말 것이며 충분한 운동을 시키도록 했다.[12]

그의 가르침에 따라서 스파르타 여자들은 일체 노동하지 않았고 몸을 튼튼하게 하기 위해 달리기, 레슬링, 원반 던지기, 투창 같은 운동을 열심히 하였다. 심지어 소녀들은 벌거벗은 채 넓적다리를 보이면서 스스럼없이 소년들과 운동경기를 하였다. 또한 종교적인 축제 때에 알몸으로 운동경기에 참가하여 남자들과 겨루기도 하였다. 소녀들은 남자들 앞에서 자신의 알몸을 드러내놓고 시합하는 것을 부끄럽게 생각하기는커녕, 자신의 육체적 능력, 즉 건강한 아이를 낳을 수 있음을 과시하기 위한 좋은 기회라고 생각했다.

왜 이렇게 아이 낳는 일이 중요할까? 원래 결혼의 최대 목적은 아이를 낳는 것이다. 대개의 사회에서 아이를 낳는 것, 특히 남자아이를 낳는 것은 대를 잇고 노동력을 재생산하기 때문에 중요했다. 스파르타에서는 특히 아이를 낳는 것이 중요했다. 스파르타의 인구 구성이 독특했기 때문이다. 스파르타의 남자 성인이 1만 명 정도였으니, 성인 여성과 아이들을 합하면 스파르타 시민은 4만 명이었다. 그런데 국가 노예였던 헤일로타이heilotai는 4배 이상 많은 17만~18만 명이나 되었다. 이렇게 많은 노예를 거느리고 있었기 때문에 스파르타 시민은 일하지 않고도 안락한 생활을 누렸다. 그렇지만 헤일로타이가 언제든 반란을 일으킬 수 있었기 때문에 스파르타인은 많은 전사를 육성하고 사회 기풍을 엄격하게 유지해야 했다.

모든 스파르타의 시민은 전사였으며, 소박하고 엄격하게 생활하였다. 이들의 의식주에는 허례허식이 없었으며 간결하고 질박했다. 스파르타인이 얼마나 소박하게 살았는지 알 수 있는 좋은 일화가 있

심판을 받는 스파르타의 아이를 묘사한 그림. 스파르타에서는 아이가 태어났을 때 건강하지 않다고 판단되면 죽도록 버려졌다.

다. 스파르타인들이 즐겨 먹던 음식으로 멜라스 조모스(Mélas Zomós, '검은 스프'라는 뜻)가 있었다. 이 검은 스프는 돼지고기와 피를 섞어 끓인 후 소금과 식초를 친 음식이었다. 스파르타인이 이 음식을 좋아한다는 소문이 널리 퍼지자, 아시아 폰투스 왕국의 왕이 스파르타의 일급 요리사를 불러다 음식 맛보기를 청하였다. 요리사가 정성껏 요리를 해왔건만, 왕은 한 숟가락도 제대로 먹을 수가 없었다. 너무나 맛이 없었기 때문이다. 왕이 너희는 이렇게 맛없는 것을 어떻게 먹느냐고 묻자, 요리사는 "저희 스파르타인은 반드시 먼저 군사 훈련을 고되게 받은 뒤에 조모스를 먹습니다."라고 대답하였다. '시장이 반찬'이었던 것이다.

이런 엄격한 기풍은 세세한 부분까지도 제도화되어 규정되었다.

집의 지붕과 대들보를 만들 때는 도끼 이외의 도구를 사용해서는 안 되었으며, 문을 만들 때는 톱만을 사용해야 했다. 여자들은 남자들과 달리 머리를 짧게 하였고, 화장을 해서도 안 되며 향수를 발라도 안 되었다. 사람이 죽으면 장례는 11일을 넘기지 못했으며, 부장을 해도 안 되고 묘비를 세워서도 안 되었다. 다만 공을 세운 전사자의 경우에는 진홍색 튜닉을 부장할 수 있었다.

이렇게 엄격한 생활을 하는 가운데서도 특이한 일이 있었으니, 아이를 낳다가 죽은 여자는 묘비를 세울 수 있었다.[13] 여자가 아이를 낳는 것은 남자가 전투하는 것과 같은 일이니, 스파르타를 위해 아이를 낳다가 죽는다는 것은 남자가 전투를 하다 죽는 것과 같은 것이기 때문이다. 스파르타의 이 조처는 참으로 현명한 것이다. 여자가 아이를 낳지 않으면, 어떻게 한 사회가 유지될 수 있겠는가. 그리스의 유명한 비극 작가 에우리피데스의 작품 가운데 『메데이아』가 있다. 여주인공 메데이아는 남자들의 폭압과 오만 속에 여자들이 신음하고 있다고 주장하면서 다음과 같이 말했다.

> 남자는 집안에서의 생활에 싫증이 나면 밖에 나가 친구나 같은 또래와 어울려 울적한 마음을 풀곤 하지요. 그러나 우리는 한 사람만 쳐다보고 있어야 해요. 그들은 말하죠. 우리는 집에서 안전하게 살고 있지만 자기들은 창을 들고 싸운다고. 바보 같으니라고! 저는 한 번 아이를 낳느니 차라리 세 번 싸움터로 뛰어들고 싶어요.[14]

메데이아의 말은 의학이 발달하지 않았던 옛날에 여성이 아이를 낳은 일이 얼마나 고통스럽고 위험한 일이었는지 잘 보여준다. 옛사람들은 이 사실을 잘 알고 있었기 때문에 아이를 낳은 여자에 대해 보상제도를 발달시켰다. 전근대의 여성들은 시민이 아니었기 때문에 참정권이 없었을 뿐만 아니라, 독립적으로 재산권조차도 행사하지 못하는 경우가 많았다. 여성들은 가까운 친척을 '후견인'으로 삼아 그를 통해서 자신의 법적 권리를 주장했다. 그런데 로마의 초대 황제 아우구스투스가 만든 혼인법에는 자식을 셋 이상 낳은 여자는 후견인을 설정하지 않고 독자적으로 법적 권리를 행사할 수 있었다. 여자 노예들도 자식을 셋 이상 낳으면 해방시켜주는 경우가 많았다.

아이를 낳는 고통은 여자가 혼자 담당하지만, 그 과실은 남자들도 공유하였다. 예를 들어 아우구스투스의 혼인법은 자식이 있는 부모에게 여러 가지 혜택을 주었던 반면에 결혼하지 않거나 자식이 없는 자들에게는 여러 가지 불이익을 주었다. 로마의 최고 관리는 2명의 콘술consul인데, 아우구스투스 이전에는 연장자가 상위 콘술이 되었지만, 혼인법이 발령된 이후에는 자식의 수가 상위 콘술이 되는 기준이 되었다. 다른 여러 관직들 내의 서열이나 임용 기준에도 자식이 몇 명인가는 중요한 기준이 되었다. 반면에 자식이 없는 경우 상속권조차 제한을 두었다. 독신자는 상속인의 권리를 상실해서 부모로부터 유산을 한 푼도 받을 수 없었고, 자식이 없는 자는 부모의 유산을 반밖에 받을 수 없었다.[15]

스파르타 이야기를 하면서 빼놓고 가기에는 너무나 재미있는 이야기가 있다. 스파르타 여자들은 애를 두셋씩 낳을 때까지 남편 얼굴을 모르는 경우가 많았다고 한다. 스파르타의 결혼 방식에는 세 가지가 있었다. 첫 번째는 부모가 자녀의 혼처를 정하는 방법이었고,

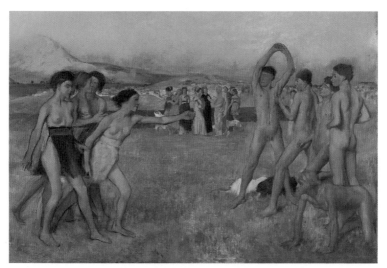

스파르타에서는 여성들의 몸을 단련하기 위해 레슬링을 권장했다. 인상파 화가 에드거 드가가 묘사한 「운동하는 스파르타 젊은이들」.

두 번째는 총각이 야밤에 처녀를 보쌈하는 방법이었으며, 세 번째는 '까막잡기'라고 하는데 어두운 밤에 여러 명의 처녀와 총각을 한 방에 넣어놓고 서로 결혼 상대를 구하도록 하는 것이었다. 세 번째 방법은 기이해 보이지만, 결혼 비용이나 지참금 문제, 기타 여러 가지 사회적인 문제로 결혼하지 못하는 이들을 위해서 특별히 고안된 좋은 제도였다고 한다.

전근대 세계에서 남자는 보통 20대 중후반에, 여자는 10대 중후반에 결혼하였다. 그런데 스파르타 남자는 30세까지 현역으로 복무하였다. 따라서 현역 복무 기간과 신혼 기간이 겹친다. 남자들은 일과가 끝난 후에야 쉬는 시간을 이용해서 잠깐 집에 들러서 부부생활을 했다. 따라서 스파르타 여자들은 어두운 때에 잠깐 왔다가는 남편의 얼굴을, 아이를 두세 명 낳을 때까지도 몰랐다.

스파르타 병사들이
전투 전에 머리를 손질한 이유는?

긴 머리를 초능력의 원천이라고 생각했던 고대인의 마인드

네가 임신하여 아들을 낳거든 그 머리에 면도칼을 대지 마라. 그
아이는 모태에서부터 이미 하느님께 바쳐진 나지르인이다. 그 아이
가 비로소 이스라엘을 블레셋 사람들 손에서 건져낼 것이다

_ 『구약성경』 「사사기」 13장 5절

기원전 1100년경에 살았던 삼손은 이스라엘의 영웅으로 맨손으
로 사자를 때려잡고, 이스라엘을 압박하고 있던 블레셋 사람(필리스티
아인)을 1,000명이나 죽였다. 블레셋 사람은 도저히 무력으로 삼손을
상대할 수 없다는 것을 깨닫고는, 여러 번 미인계와 속임수를 써서
포박하였건만 삼손은 쉽게 결박을 풀고 도망가버렸다. 그러나 남자
는 여자를 항상 조심해야 하는 법이다. 들릴라라는 기생이 삼손의

루벤스가 그린 「삼손과 들릴라」(1650).

마음을 빼앗았다. 그녀는 삼손이 정신줄을 놓을 정도로 그녀를 좋아한다는 것을 알고는 삼손에게 그의 힘이 어디에서 나오는지 캐물었다. 삼손이 자신의 힘의 원천이 머리카락임을 알려주자 블레셋 사람이 보낸 첩자였던 들릴라는 삼손이 잠든 틈에 머리카락을 잘라버렸다. 결국 삼손은 힘없이 블레셋 사람들에게 붙잡혔다.

블레셋 사람들은 삼손의 눈을 뽑아버리고, 맷돌을 돌리게 하였다. 그러나 삼손의 머리카락은 어느새 자라났고, 화가 난 삼손은 많은 블레셋 사람들이 모인 광장의 기둥을 뽑아버렸다. 결국 자신도 그 건물더미에 묻혀 죽으면서 말이다.

화해를 청하기 위해 아가멤논이 보낸 전령들을 맞이하는 아킬레우스. 금발로 묘사되어 있는 것을 볼 수 있다.

삼손과 같은 전사의 초능력을 '마나mana'라고 하는데, 고대 세계에서는 '마나'가 긴 머리에서 나온다는 관념이 널리 유행했다.[16] 예를 들어 스파르타에서 여자들은 단발이었던 반면에 남자들은 장발이었다. 그들은 머리를 기르면 키가 더 커 보이고, 잘생긴 사람은 더 고상하게 보이는 반면, 못생긴 사람은 더 사납게 보일 것이라고 믿었다. 그러나 스파르타 남성들이 머리를 길렀던 더욱 중요한 이유는 장발이 남자 속에 내재하는 초인적인 힘, 즉 마나의 발원지라고 믿었기 때문이다. 따라서 스파르타의 병사들은 전투 전에 각별히 머리를 세심하게 손질했다.

스파르타인뿐만 아니라 고대의 여러 사람이 긴 머리를 뛰어난 사람, 훌륭한 영웅의 상징이라고 여겼다. 예를 들어 그리스인이 최고의 영웅으로 여기는 아킬레우스는 "머리카락이 두꺼웠고, 금보다 아름다웠다. 언제, 어떻게 바람이 불더라도, 그가 어느 방향으로 움직이더라도 그의 머리카락은 항상 좋은 모양을 했다."라고 전해진다.[17] 그리고 철학자 아리스토텔레스는 그의 책『수사학』에서 "스파르타에서 머리를 기르는 것은 자유의 상징으로 여겨진다. 긴 머리를 한 사람이 다른 사람을 위해서 어떤 천한 일을 하는 것은 어렵다. 천한 직업을 가지지 않은 것이 좋다. 자유인은 다른 사람에게 의존해서 살지 않기 때문이다."라고 말했다.[18]

장발이 자유인의 상징이고, 초능력의 상징인 시대에 대머리들은 어떻게 해야 했을까? 현대 이탈리아 남자들의 최대 고민은 대머리라는 이야기를 들었다. 지중해의 이글거리는 태양이 머리를 뜨겁게 달구고, 덕분에 많은 남자들이 대머리가 되었다. 그래도 현대 세계는 남자 머리가 짧으니 괜찮지만, 고대 세계에서는 귀족이 대머리가 되면 큰 낭패가 아닐 수 없다. 로마인 가운데 싸움을 가장 잘했고 연애도 가장 잘했던 로마의 장군 율리우스 카이사르도 대머리였다. 그는 매일 아침 출근하기 전에 얼마 남지 않은 머리카락이 길어 보이게 하려고 다듬고 또 다듬었다.

대머리들의 고민을 해결해주기 위해서 일찍부터 가발이 발달하였다. 고대 이집트인은 평상시에는 머리를 짧게 깎았지만, 공식 행사나 축제 때는 긴 가발을 썼고, 로마인도 가발을 즐겨 사용했다. 로마의 남성들은 대개 대머리를 감추기 위해서 가발을 썼지만, 여성들은 머리 모양새를 내기 위해서 색깔 있는 가발을 많이 썼다. 중세에도 사치스럽게 가발을 치장하는 일이 늘어나자 교회는 엄격하게 가발 사용을 금지하려 했지만, 큰 효과는 없었다. 가발은 17세기에 선풍적인 인기를 끌었다. 여성들은 예쁘게 보이기 위해서 높이가 자기 키의

자기 키의 절반이나 되는 거대한 가발을 쓴 우스꽝스러운 모습을 풍자한 그림(1768).

처형장으로 끌려가는 마리 앙투아네트를 묘사한 그림(1794). 머리카락이 짧게 잘려 있다.

절반이나 되고, 몇 개의 층으로 쌓은 가발을 쓰기도 했다.[19] 남자의 경우 주로 정치가들과 성직자, 변호사, 의사 같은 전문직 종사자들이 자신들의 권위를 강조하기 위해서 가발을 사용했다.

긴 머리가 초능력과 권위의 상징인 반면에, 머리를 짧게 잘리는 것은 '모욕과 죄'의 상징인 경우가 많았다. 예를 들어 프랑스 혁명 당시에 혁명군에게 처형당한 루이 16세와 마리 앙투아네트는 처형당하기 전에 머리를 짧게 잘렸다.

II.
두 번째 밤

로마 제국
흥망사

자식을 팔거나 죽이는 것은
아버지의 권리였다

고대 세계의 아버지들은 왜 그토록 강력한 권한을 가졌을까?

로마인은 법의 민족이다. 개인의 권리와 의무, 그리고 사회의 구성과 운영을 법으로 세밀하게 규정하였다. 어떤 사람의 집 나무의 가지가 다른 사람 집으로 넘어갔을 때 그 가지에 열린 열매는 누구 것인지, 반려동물이나 가축이 다른 사람에게 피해를 주면 어떻게 처리할 것인지 등등 일상의 모든 것을 법으로 규정하였다. 이 점을 높이 평가한 역사가는 '로마가 법으로 세상을 정복했다'고 말한다.

로마법의 시초는 기원전 449년에 제정된 「12표법」이다. 「12표법」은 재판, 상속, 채무와 같이 12가지 주요 항목을 정하고, 그 아래 하위 규정들을 제시하였다. 제4표는 가족 문제를 다루었다. 제4표의 규정들에 의하면 로마의 아버지는 자식에 대한 생사여탈권을 가졌다. 자식이 아버지의 말을 듣지 않는다면 사회적으로 아무리 높은 지위를 가졌다고 해도 죽일 수 있었다. 로마인은 이 법을 신성하게 생각했다. 기원전 140년 로마의 법무관이었던 만리아누스Manlianus가 부패 혐의로 고발당했다. 법무관은 콘술 다음으로 높은 직책이기에 우리나라로 치면 국무총리에 해당한다. 그의 아버지 토르쿠아투스Torquatus는 원로원에 나아가 국가가 재판을 하기 전에 자신이 가부장으로서 아들을 취조하겠다고 말했다. 토르쿠아투스는 아들의 부패 행위를 확인하고 자살을 명했다. 다음 날 아들은 자살했고 장례식이 치러졌는데, 아버지는 참석하지 않았다.

한편 「12표법」은 "아버지가 세 번 그의 아들을 팔았다면, 아들은 아버지의 권위로부터 자유롭게 될 것이다."라고도 규정하고 있다. 이는 아버지가 두 번까지 자식을 마음대로 팔 수 있음을 의미한다. 아버지는 집안의 모든 재산에 대해서도 독점적인 권한을 행사했다. 즉 자식이 돈을 벌어도 그것은 아버지의 소유권 아래 있었다. 결혼과 이혼도 강요할 수 있었다. 로마 제국의 건설자 아우구스투스는 이 권한을 이용하여 딸 율리아를 여러 차례 강제로 이혼시키고, 또 결혼시켰다.

이렇듯 강력한 가부장권은 때때로 부작용을 일으켰다. 앞에서 언급했듯이 자식들이 돈을 벌어도 그것은 모두 아버지의 소유가 되었다. 자식들은 성년이 된 후에도 돈을 마음대로 쓸 수 없었다. 따라서 많은 로마의 젊은이가 마음대로 술과 여자를 누릴 수 없었다. 그들은 아버지가 죽고 나면 상속을 받아서 갚겠다는 조건으로 돈을 빌렸다. 그런데 아버지가 그들이 기대할 때 죽지 않으면 어떻게 되는가? 품성이 나쁜 자식들은 아버지가 하루빨리 죽기를 고대하였다. 가끔 그 고대를 실천하는 자들까지 생겨났다. 예를 들어 베스파시

태어난 아기의 건강 상태를 선별하고 있는 스파르타인. 18세기 화가 장 피에르 생 투르가 그린 그림이다.

아누스(재위 69-79) 황제 시절에 마케돈이라는 자가 상속받으면 갚겠다는 명목으로 돈을 빌렸지만, 채권자가 채근하자 아버지를 살해했다. 로마 원로원은 그를 맹수와 함께 자루에 넣어서 물속에 던져버렸다. 그리고 '아버지가 사망'한 이후 갚겠다는 조건으로 돈을 빌리는 행위를 금지하는 법을 만들었다.[20]

가부장권이 그토록 강했던 것이 로마 세계에만 있었던 독특한 제도였을까? 아니다. 로마는 결코 이상한 나라가 아니었다. 정도의 차이는 있을지라도 대개의 전근대 국가들에서 비슷했다. 스파르타의 경우, 자식이 태어났을 때 아버지가 기르고 싶지 않다면 아포테타이 Apothetai라는 곳에 갖다 버리면 그만이었다. 스파르타의 아버지들은 자식을 낳아서 기를 만하다고 생각되면 우선 자가검사를 하였는데, 그 검사법은 포도주에 아이를 넣어보는 것이었다. 포도주 안에서 아이가 움츠러들지 않으면 튼튼하다고 생각해서 키웠고, 아이가 움츠

러든다면 간질이나 어떤 병이 있는 것으로 생각하여 아포테타이에 버렸다. 일단 자가검사에 합격한다고 해도 마음대로 기를 수 없었다. 한 달에 한 번씩 열리는 원로들의 회의에 데려가서 합격 판정을 받아야 했기 때문이다.

아버지의 권한이 이토록 강했던 이유는 무엇일까? 그것은 전근대의 가족이 오늘날 가족과 성격이 달랐기 때문이었다. 전근대의 가족은 생산의 단위였고, 전혀 혈연관계가 없는 머슴이나 심지어 노예까지 가족의 범주에 포함되었다. 그리고 전근대 가족은 대가족이 많았다. 많은 사람이 모여 사는 것이 생산이나 소비 면에서 훨씬 경제적이었기 때문이다.

대개 상층일수록 가족의 규모가 컸는데, 가족의 숫자가 곧 가문 위세의 상징이기도 했다. 예를 들어 17세기 말 영국의 왕가는 한 가족이 평균 40명이었지만, 상층 귀족은 20명, 기사는 13명, 젠트리 계층은 8명이었다. 아버지는 그런 가족의 총책임자였다. 많은 사람이 모인 생산의 단위를 총지휘하는 아버지. 그런 아버지가 흔들리거나 자식을 제대로 통제하지 못한다면 상황이 어떻게 되겠는가? 자식이 꾀를 부리고 일을 하지 않는다면 가족은 굶어 죽게 된다. 그러니 아버지는 자식을 엄격하게 통제할 수밖에 없고, 사회적으로 아버지의 강력한 권위가 인정되었다.

아버지는 자식뿐만 아니라 아내에 대한 통제권도 가지고 있었다. 근대 초까지도 여자는 법률적으로 남편에게 종속되어 독립적인 권한을 갖지 못했을 뿐만 아니라 재산권도 없었다. 남편은 가부장으로서 아내를 구타할 수 있었고 아내는 남편을 '주인님lord'이라고 불러야 했다. 그리고 여성이 하는 일은 별 볼 일 없는 것으로 평가되었

귀족 집안의 식사 장면. 17세기 화가 길리스 판 틸보르가 그린 가족 초상화다.

다. 다만 여자가 재혼한 경우 자신의 재산과 자식들에 대해 어느 정
도 통제권을 가졌을 것으로 추측된다.

　산업 사회가 열리면서 집과 일터가 분리되고 가족은 소비의 단위
로 탈바꿈했다. 이것을 실감하고 싶다면, 경제학에 관한 기본적인
책을 펴보라. 현대경제학에 의하면 경제에는 세 가지 주체가 있다.
국가와 기업과 가계가 그것이다. 거기서 가계는 소비의 주체로 설정
되어 있다. 이제 아버지들은 아침 일찍 출근하여 일터에 가서 일한
다. 일터에서 하루 종일 힘들게 일하고 온 아버지는 자식들에게서 일

농가의 내부 풍경. 17세기 네덜란드의 풍속화가 아드리안 반 오스타데가 그린 그림으로, 한 공간에 온 가족이 옹기종기 모여 있다.

이 아니라 휴식을 찾는다. 즉 자식들이 재롱을 부려주고, 자기를 기쁘게 해주기를 바라게 된다. 그러면서 점차 아버지는 자식의 노예가 되기 쉽다. 자식이 응석받이가 되고, 아버지에게 많은 것들을 요구하기 때문이다.

이런 가정의 변화는 공간의 구조 변화를 보아도 잘 알 수 있다. 1800년까지도 가난한 이들에게 집이란 네 벽으로 둘러싸이고 천장이 있는 공간을 의미했고, 그 안에는 어떤 구분도 없었다. 부자들의 집도 내부 구분이 명확하지 않았다. 모든 가족 구성원이 현대로 치면 한 방에서 자는 것이 다반사였다. 18세기에야 최초로 부엌이 요리하는 장소로 분리되었고, 18세기 중엽부터 여러 가지 방이 생겨났다. 침실과 부엌이 생겨나고, 부자들의 집에는 하인들을 위한 방이 따로 만들어졌다. 집 내부의 구조 변화는 가정이라는 것이 매우 사적인 장소가 되었고, 소비자들의 안식처라는 것을 잘 보여준다.[21]

배우가 된 그 황제는
정말로 폭군이었을까

로마에서 가장 미천한 직업이었던
배우로 무대에 선 네로의 기행

세계 최고의 폭군 네로 황제(재위 54-68). 어머니 아그리피나, 부인 옥타비아, 스승 세네카를 죽이고 수많은 기독교 신자들을 사자 밥으로 던져준 황제. 그는 온갖 기행으로 후대에 수많은 이야기를 남겼다.

로마 역사가 수에토니우스Suetonius에 따르면, 64년 7월 로마가 대화재로 불타고 있을 때, 네로는 불타는 로마의 아름다움에 감탄하여 「불타는 트로이」라는 노래를 불렀다. 네로는 노래를 부르는 것에 만족하지 않았다. 시민들이 화재로 고통받고 있을 때, 시체나 쓰레기 더미를 공짜로 치워준다고 약속하고는 아무도 불탄 시내로 들어가지 못하게 하고, 근위대를 보내서 닥치는 대로 약탈하게 하였다.

그 밖에도 네로는 도저히 황제의 행동이라고 볼 수 없는 수많은

원로원 의원 트라세아 파에투스에게 사형 선고를 읽고 있는 재무관.

기행을 일삼았다. 네로는 어둠이 깔리기 시작하면 궁궐을 떠나 가발을 쓰고 음식점들을 돌아다니면서 장난을 쳤다. 그는 지나가는 사람을 채찍으로 때리고, 반항하면 중상을 입혀 하수구에 버렸고, 음식점 문을 부수고 음식을 훔쳐 가기도 했다. 이렇게 분탕질을 치고 다니다가 종종 네로 자신도 크게 화를 입었다. 어느 원로원 의원의 아내를 건드렸다가 들켜서는 두들겨 맞아 죽을 뻔하기도 했다.

그리고 네로는 매우 잔인하였다. 온갖 구실을 붙여 사람들을 죽였는데, 원로원 의원 트라세아 파에투스Thrasea Paetus는 교사처럼 무뚝뚝하고 얼굴이 마음에 들지 않는다는 이유로 처형했다. 네로는 사람들을 처형할 때 자주 자살을 명했고, 자살하도록 판결받은 자에게는 1시간 이상의 여유를 주지 않았다. 1초라도 늦으면 빨리 '치료해주라'고 의사를 보냈다. 네로는 자살하는 사람을 위해 혈관을 잘라주는 사람을 '의사'라고 불렀다.[22]

네로는 혈육을 죽이는 데도 아무런 망설임이 없었다. 그는 배다른 형제 브리타니쿠스, 어머니 아그리피나, 그리고 아내였던 옥타비아와 포파이아를 죽였다. 역사를 보면 형제인 브리타니쿠스를 죽인 일은 큰 논란거리가 아니다. 브리타니쿠스는 친형제가 아닌 데다가 제위를 다투는 경쟁자였다. 황제가 잠재적 제위 경쟁자를 제거하는 일은 동서양 정치사에 두루 흔했다. 로마의 경우만 봐도 아우구스투스는 양아버지 카이사르의 친아들인 카이사리온을 죽였고, 칼리굴라는 선왕 티베리우스의 친손자 게멜루스를 죽였다. 하지만 이것을 문제 삼아 아우구스투스나 칼리굴라를 비난하는 사람은 거의 없다. 왕이 왕위를 위협하는 잠재적인 후계자를 죽이는 것은 으레 있을 수 있는 일이다.

그러나 네로가 친어머니를 죽인 일은 변명의 여지가 없다. 아무리 폭군이라도 친어머니를 죽인 사례는 드물다. 더욱이 네로가 친어머니 아그리피나를 죽인 방식은 매우 잔인했다. 네로는 아그리피나를 죽이기로 결심한 후 음식에 여러 번 독을 넣었고, 천장에 무거운 물체를 두었다가 잠든 후에 떨어지게 만들기도 했다. 아그리피나는 아들의 음모를 미리 알고 있었기 때문인지, 아니면 운이 좋아서인지 매번 위기를 모면했다. 그러자 네로는 어머니를 잔치에 초대해 화해의 제스처를 취하고는 그녀가 타고 갈 배에 구멍을 내놓았다. 아그리피나는 바다를 건너 바울리Bauli로 가야 했는데, 물이 들어와 배가 가라앉았지만 용케 헤엄쳐 육지로 올라왔다. 모든 계획이 수포로 돌아가자 네로는 몰래 죽이기를 포기하고 병사들에게 그녀를 죽이라고 명령했다. 이렇게 네로는 공개적으로 친어머니를 죽였다.

어머니를 죽였으니 다른 누군들 죽이지 못하겠는가. 네로는 몇 년

후 아내 옥타비아를 죽였다. 바람이 나서 다른 여자와 결혼하기 위해 아내를 죽였으니 정말 사악한 짓이다. 네로는 어린 나이에 양아버지 클라우디우스의 딸인 옥타비아와 결혼했다. 정략결혼이었지만 네로는 옥타비아와 사이가 그리 나쁘지는 않았다. 하지만 바람기가 심해서 한 여자에 만족할 수 없었다. 네로는 여러 여자와 남자를 편력하다가 포파이아라는 여자가 마음에 들었다. 네로는 이 여인과 결혼하기 위해 옥타비아를 죽이려고 몇 번 시도했지만 여의치 않자 이혼했다. 사람들이 죄 없는 옥타비아를 내쳤다고 비난하고 수군거리자, 그녀를 죽여버렸다. 네로는 그토록 열렬히 사랑해서 결혼한 포파이아조차 임신해서 배가 불렀을 때 발로 차 죽였다. 네로가 전차 경기에 빠져 자신에게 소홀하다고 불평했기 때문이었다.[23]

네로는 이렇게 온갖 기행과 무도함을 일삼았다. 그런데 네로의 수많은 기행 가운데 귀족들이 가장 혐오하고 비난했던 것은 네로가 배우로 활동했다는 것이다. 네로는 58년 나폴리에서 처음 연극배우로 활동을 시작했고, 수많은 인민이 모인 65년 로마의 국가적인 축제였던 네로니아Neronia 축제에서 공식적으로 배우로 무대에 섰다.

연기자로서 무대에 선다는 것은 로마 귀족 사회의 전통에서는 상상도 할 수 없는 끔찍한 일이었다. 왜냐하면 로마법에 따르면 배우는 검투사, 창녀처럼 '수치스러운 자들'이었고, 만약 로마 시민이 배우로 활동한다면 시민으로서 법적 권리를 상실했다. 그는 선거에 나갈 수 없었으며, 법정에서도 시민으로서 보호받지 못했고, 투표를 할 수도 없었다. 로마가 법으로 시민들의 배우 활동을 금지했던 이유는 배우가 생계를 위해 계속 거짓말하는 자들이라고 판단했기 때문이다. 로마의 시민은 항상 정직해야 하는데, 배우들은 무대에서 자신의 감정을 속이고 다른 사람 행세를 함으로써 박수갈채를 받는다. 이렇게 로마인은 배우를 '거짓말을 파는 사람', '자신의 감정을 숨기고 다른 사람 행세를 하는 사람'이라고 규정하고 천시했다. 따라서 일반 시민도 배우로 활동해서는 안 되는데, 하물며 국가의 최고 지도자인 황제가 배우가 된다는 것은 상상하기도 힘든 일이었다. 따라서 로마의 역사가 타키투스는 네로가 배우로 활동했던 일을 묘사하면서 그가 공공극장에서 배우로 활동하면서 "몸을 더럽혔다."라고 거듭 묘사했다.[24]

네로는 왜 황제에 걸맞게 품위있게 처신하지 않고, 하층 시민조차도 해서는 안 되는 일을 했을까? 여러 번의 살인을 하다 보니 권력에 정통성이 없고, 지지 기반이 약했기 때문이었을까? 한 가지 분명한 것은, 네로와 같은 폭군들에 대해 혹평을 하는 기록들은 모두 귀족들이 서술한 것이라는 점이다. 그들은 자신들의 권위를 무시하고 전통을 짓밟은 네로를 결코 좋게 기록할 수 없었다.

여기서 이야기를 거꾸로 돌려보면, 네로가 귀족들을 무시하고 평민들을 위한 여러 가지 정책을 펴지 않았을까 하는 추론을 해볼 수 있다. 귀족들의 전통과 권위를 무시하는 네로의 여러 행동에 대해 귀족들은 극도의 불안과 불쾌감에 휩싸였던 반면에 평민들은 쾌감을 느끼고 환호했다. 당연히 네로는 평민들에게 더 인기가 높았다. 네로가 자살하자 평민들은 네로의 무덤에 꽃을 바치며 그를 애도했고, 어려움을 겪을 때마다 네로가 부활하여 자신들을 구원해줄 것이라 믿고, 또 말했다.

네로의 인기가 높았다는 것은 네로가 죽은 뒤에 정치 지도자들이 서로 네로의 후계자라 자처했다는 사실을 통해서도 알 수 있다.

69년에 황제가 된 비텔리우스(재위 69-69)는 사람들에게 자신이 앞으로 어떤 통치를 할 것인가를 분명하게 보여주기 위하여, 네로의 무덤에 수많은 사제들을 거느리고 가서 참배하고 제물을 바쳤다. 그리고 만찬에서 한 플루트 연주자가 사람들의 박수갈채를 받자 비텔리우스는 공개적으로 네로의 작품을 한 곡 연주해달라고 요청하였다. 연주자가 네로의 작품을 연주하기 시작하자 비텔리우스는 가장 먼저 그에게 박수갈채를 보냈다. 훗날 '오현제' 중 한 명인 트라야누스(재위 98-117) 황제는 "어느 다른 황제도 네로의 (통치) 5년에 미치지 못한다."라고 말하고 있다.[25]

전근대 사회에서는 귀족들만이 문자를 해독할 수 있었다. 평민들이나 가난한 자들은 자기 자신들을 위한 어떤 역사도 남길 수 없었다. 만약 혁명적인 발상을 가진 어떤 위대한 정치가가 나와서, 귀족들의 전통을 파괴하고 당시 사회질서를 무시하고, 귀족들을 모욕하고 평민들을 위해 귀족들의 토지를 빼앗아서 나누어준다면 그 사람은 역사에 어떻게 기록될까? 그 사람은 폭군 칭호를 벗을 수 없을 것이다. 모두 그런 것은 아니지만, 지금까지 존재했던 수많은 폭군들 가운데, 오명을 뒤집어쓴 사람도 있을 것이다.

네로가 도저히 상상할 수도 없는 악행을 일삼았다고 알려진 것도 이런 맥락에서 이해해야 할 것이다. 예를 들어 그가 변장하고 거리에 나가서 악행을 했다는 수에토니우스의 기록은 다분히 과장된 것이다. 수에토니우스는 네로가 심지어 어머니를 욕보이려 했다고 쓰고 있지만, 기이하게도 그 자신이 네로가 효심이 깊은 사람이었다고 기록했다.

역사가 타키투스 또한 네로를 폭군이자 독재자라고 묘사했지만

로마 대화재를 묘사한 18세기의 그림.

그의 기록을 면밀히 살펴보면 네로는 현명한 통치자였다. 예를 들어 타키투스는 로마 대화재 때 네로의 처신에 대해서 수에토니우스와는 전혀 다르게 서술하였다. 타키투스에 따르면, 64년 7월 로마에 대화재가 발생했을 때 네로는 로마에 없었다. 네로는 로마에서 50킬로미터 떨어진 안티움이라는 도시에 머물다가 로마에 큰불이 났다는 소식을 들었다. 네로는 즉시 로마로 귀환하여 다음과 같이 구호 정책을 펼쳤다.

황제는 집 잃은 이재민들을 위해 광장과 공공건물뿐만 아니라 자기 정원마저도 개방했다. 많은 난민들을 위해 긴급 수용 시설을

만들었다. (중략) 그리고, 오스티아 항구와 인근 도시로부터 구호
식량을 운송해 왔다.[26]

　네로는 이렇게 이재민을 위해서 헌신하였고, 그의 재산도 아끼지
않았다. 따라서 네로가 로마가 불탈 때 노래를 불렀다는 수에토니우
스의 진술은 터무니없다. 심지어 네로에 대해 비판적이었던 타키투
스가 네로의 몰락에 대해 평가한 한마디는 더욱 의미심장하다. 그에
따르면 "네로는 군대에 의해서라기보다는 소식과 소문에 의해서 제
위에서 쫓겨났다."[27] 지금까지 살펴본 네로의 이야기는 역사에 대한
기록이 얼마나 심하게 왜곡될 수 있는가를 보여준다. 근본적으로 모
든 글은 쓰는 사람의 생각을 반영하고 있다.

양털은 깎아도
가죽은 벗기지 말라

피정복민을 관대하게 통치한 로마 제국의 정책

"훌륭한 양치기는 양털은 깎아도 가죽은 벗기지 않는다."

이 말은 몇몇 속주 총독들이 속주의 조세 부담을 높이라고 권고했을 때, 로마 2대 황제 티베리우스(재위 14-37)가 그 제안을 거부하면서 한 말이다.[28] 기원전 753년에 티베르 강변에 7개의 조그마한 언덕에서 출발한 로마는 기원전 275년 무렵에 이탈리아반도 대부분을 통일하였고, 절정기인 100년 무렵에는 유럽의 절반, 중동 지방의 대부분과 아프리카 북부 해안 지방, 그리고 이집트를 지배하였다. 로마 제국은 단순히 무력으로 세계를 정복했기 때문에 위대한 것이 아닙니다. 로마는 로마 제국에 통합된 수많은 사람들을 훌륭하게 통합하고 통치하는 통치 시스템을 개발하였고, 서양 문화의 원류가 되는

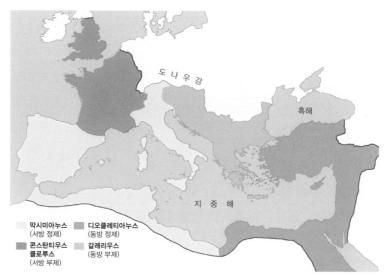

도 나 우 강

사분통치되던 300년 무렵의 로마 제국 지도. 디오클레티아누스 황제는 286년에 광대한 제국을 효율적으로 다스리고 국경 지대를 안정시키기 위해 황제 자신과 막시미아누스의 통치 구역으로 이분했다. 다시 293년에는 두 사람이 정제正帝가 되고 그 밑에 갈레리우스와 콘스탄티우스 클로루스를 부제副帝로 삼아 제국을 4명의 황제가 분할통치했다.

거의 모든 것들을 만들어냈다. 그들은 근대 민주주의의 원류를 제공했으며, 근대법의 근원을 제시하였고, 서양인들의 종교인 기독교를 세계종교로 키웠다. 근대 역사학의 아버지 랑케Leopold von Ranke는 이런 로마의 업적을 다음과 같이 표현하였다.

모든 고대사는 많은 개울이 호수로 흘러 들어가듯이 로마의 역사로 흘러 들어갔고, 모든 근대사는 다시 로마로부터 흘러나왔다.

그리고 로마 제국의 역사는 매우 강인하여 1453년 동로마제국이 멸망할 때까지 정통성이 상실되지 않았다.

그 작은 마을이 세계를 정복하고 그렇게 오랫동안 유지할 수 있었던 비결은 무엇일까? 여러 가지 원인이 있겠지만, 티베리우스의 말에 나타나듯 피정복민들을 관대하게 통치하고, 그들을 로마라는 제국 속에 편입시키기 위해서 노력했다는 것이 중요하다. 로마는 어떤 곳을 정복하면 그곳의 정치, 행정, 관습, 법률을 존중하여 가능한 한 보존시키려 했다. 로마인들은 심지어 유대인들의 안식일까지도 존중하여 안식일에 조세를 징수하거나 공무를 행하여 유대인들의 종교 생활이 침해되는 일이 없도록 하였다.

그리고 로마인들은 비록 피정복민이라고 할지라도 로마의 통치에 기여하거나 로마를 위해서 공을 세운 자들에게 시민권을 주었다. 로마 제국 시기에 명성을 날린 수많은 사람들이 로마 본토 출신이 아니라 피정복지 출신들이었다. 예를 들어 철학자 세네카 부자는 로마의 속주였던 히스파니아 울테리오르(오늘날의 안달루시아 지방) 출신이었고, 신학자 아우구스티누스는 북아프리카의 타가스테(오늘날 알제리의 수도인 수크아라스) 출신이었다. 심지어는 황제나 원로원 의원들 가운데도 피정복지 출신들이 많았다. 예를 들어 3세기에 위기에 처한 로마를 구한 위대한 황제 디오클레티아누스(재위 284-311)도 일리리쿰(오늘날 크로아티아의 솔린)이라는 변방의 노예 출신이었다.

로마인들의 통치가 관대한 것이었다는 것은 피정복자들에게 부과했던 세금에서도 잘 나타난다. 문명이 시작되면서부터 인간들은 사회를 이루고 살았는데, 사회생활을 하는 인간들은 나라를 지키고, 국가를 운영하기 위한 세금을 납부해야 했다. 세금은 모든 사람들의 이해관계가 첨예하게 대립하는 문제였기 때문에, 늘 사람들의 중요한 관심사였다. 과연 로마의 세금 부과는 어느 정도였을까? 로마는 곡물, 올리브, 기타 과일 같은 생산물에 십일세decuma를 부과했는데,

당시 세계에서 십일세는 결코 억압적인 조세가 아니었다. 알렉산드로스 대왕이 죽은 다음 부하 장군이었던 니카토르(셀레우코스 1세)가 세운 셀레우코스 왕조(기원전 323-기원전 60)의 경우에는 생산물의 3분의 1을 징수했다.

그리고 로마는 피정복자들과 로마 시민들 사이의 세금 부담의 편차를 줄이기 위해서 노력했다. 아우구스투스는 로마 시민들만 부담하는 상속세를 신설하였다. 로마 시민은 아무리 적더라도 재산을 상속할 때는 5%의 상속세를 내야 했다.[29] 아우구스투스가 상속세를 부과하게 된 이유는 당시에 군대 유지비가 부족했기 때문이었다. 로마 예산의 부족을 속주에 대한 과세 강화가 아니라 로마인에 대한 조세 부과로 해결하려는 아우구스투스의 태도는 이후 로마 제국이 조세제도를 어떻게 운영했는가를 보여주는 상징적인 사건이다. 3세기 말 디오클레티아누스 황제는 로마 시민들에게도 직접세를 부과함으로써 로마 시민들과 피정복자들 사이의 차이를 모두 없앴다.

이렇듯 로마가 정복한 모든 민족을 포용하여 '하나의 통합된 세계'를 만들었다는 것을 2세기의 작가 아리스티데스Aristides는 "가치 있는 자라면 누구라도 이방인이 아니다."라고 표현하였다. 아리스티데스의 말이 허언이 아니었음을 보여주는 좋은 사례가 있다. 기원후 48년 로마 원로원에서 격렬한 토론이 벌어졌다. 카이사르가 정복했던 지역 가운데 갈리아 코마타Gallia Comata가 있었다. 갈리아 코마타는 '장발자長髮者 갈리아'라는 뜻으로, 오늘날의 중앙 프랑스와 북프랑스, 벨기에, 네덜란드의 대부분, 그리고 독일 라인란트 지역을 포괄한다. 이 지역 사람들에게 원로원 의원직을 개방할지 여부가 논쟁거리였다.

반대파는 먼저 지금까지 로마인들이 희생과 용기를 통해서 로마 제국이 건설되었다는 것을 지적했다. 그때까지 로마 제국을 건설하기 위해서 피와 땀을 흘린 것은 자기들 조상인데 그 과실을 남과 나눈다는 것은 부당하다는 것을 알리기 위해서였다. 그들은 원로원 의원직이 매우 귀하기 때문에 로마의 명문 가문들도 원로원 의원직을 차지하기 힘든 상황을 고려해야 한다고 주장했다. 그리고 갈리아 코마타는 유명한 갈리아인 지도자 베르킨게토릭스Vercingetorix의 본국임을 지적하였다. 그들은 불과 100여 년 전에 베르킨게토릭스의 지도 하에 대규모 반란을 일으켜 수많은 로마군을 죽였으며, 율리우스 카이사르를 위험에 빠뜨렸다. 반대파들은 그들의 반란 때문에 할아버지를 잃은 사람들이 살아 있음을 지적하면서 감정에 호소했다.

찬성파를 대표한 사람은 클라우디우스 황제(재위 41-54)였다. 그는 말더듬이에다 못생겨서 친척들, 심지어 그의 어머니까지 '괴물'이라고 놀려댔다고 한다. 그러나 그는 연설로 사람들을 감동시키는 능력이 있었다. 못생기고 말까지 더듬는 그가 연설을 잘하는 것을 보고 많은 사람들이 놀랐다고 한다. 더욱이 그는 학식이 깊어서 에트루리아와 카르타고 역사를 집필했으며, 특히 로마 역사에 해박했다.

로마의 역사를 되짚으면서 클라우디우스는 로마가 성공할 수 있었던 원인이 유능한 인재를 중용했기 때문이라고 생각했다. 이 때문에 클라우디우스는 카이사르가 정복한 지 100여 년이 지나서 로마의 문화와 제도를 받아들이는 데 성공했던 갈리아 코마타인들을 원로원 의원으로 중용하고 싶었다. 인적 자원이 크면 클수록 더 뛰어난 사람이 원로원 의원이 될 것이기 때문이다. 그는 다음과 같은 취지의 연설로써 반대파의 논거를 격파하였다.

우리 조상들은 출신을 가리지 않고 능력 있는 자들을 받아들였습니다. 율리우스 가문은 알바 출신이고, 코룬카니우스 가문은 카메리움 출신이고, 포르키우스 가문은 투스쿨룸 출신입니다. 처음에는 에트루리아와 루카니아 출신자들이, 후에는 전 이탈리아 출신들이 원로원 의원으로 중용되었습니다. 그리고 이탈리아의 영역도 알프스산맥까지 확대되었습니다. 그리하여 이탈리아 내의 모든 사람들, 모든 부족들이 로마 시민권을 갖게 되었습니다. 포강 너머에 살던 이탈리아인들에게 시민권을 주자 그들은 우리의 군대에 지원하여 모자란 병력을 채워주었습니다. 발부스 가문은 히스파니아에서 왔고 그들 못지않게 뛰어난 자들이 나르본 지역에서 왔습니다. 그들의 후손이 지금 우리와 함께 있는데, 그들의 애국심은 우리의 애국심에 조금도 뒤지지 않습니다.

뛰어난 전쟁 능력을 갖고 있던 아테네와 스파르타가 왜 멸망했습니까? 그들이 정복한 자들을 이방인으로 배척하였기 때문이 아니겠습니까? 그들과 달리 로마의 창설자이신 로물루스는 너무나 현명해서 전쟁에서 승리하면 그날로 정복한 자들을 동료 시민으로 받아들였습니다. 그래서 외국인 출신으로 왕이 된 자도 있습니다. 누마 왕은 사빈 출신이었고, 타르퀴니우스 프리스쿠스 왕의 아버지는 코린트 사람이었습니다. (중략) 정복당한 자들로 하여금 그들의 금과 자산을 로마로 가져오게 하십시오.

클라우디우스의 연설은 출신과 태생을 가리지 않고 능력 있는 자를 중용하는 것이 로마의 전통이자, 성공의 비결이라는 것을 명확히 보여준다. 클라우디우스의 연설이 끝나자 기득권을 지키려던 반대파 원로원 의원들은 자신들이 옹졸한 생각에 사로잡혔음을 깨달았다. 이렇게 해서 로마에 반란을 일으켜서 수많은 로마인을 죽였고, 율리우스 카이사르를 위험에 빠뜨렸던 갈리아 코마타인들도 원로원 의원으로 받아들여졌다. 이후 로마는 거의 모든 속주에 원로원 의원직을 개방했다.

속주민에게 원로원 의원직을 개방했다고 해서 한두 명만이 상징적으로 원로원 의원이 되었다면 그것은 진정한 개방이 아닐 것이다. 로마는 이 점에서 결코 인색하지 않았으며 한번 세워진 원칙을 철저히 지켰다. 따라서 많은 속주민들이 원로원 의원이 되었으며 시간이 지나면서 그 비율은 갈수록 높아졌다. 베스파시아누스 황제(재위 69-79) 때부터 세베루스 황제(재위 193-211) 시기까지 출신지가 확인된 원로원 의원들을 정리해보면 아래 표와 같다.

68~217년 원로원 의원의 출신 비율

황제명	원로원 의원 총수	출신이 확인된 의원 수	이탈리아 출신 의원	속주 출신 의원	백분율(%)
베스파시아누스	386	178	148	30	16.8
도미티아누스	404	163	125	38	23.4
트라야누스	428	152	100	52	34.2
하드리아누스	332	156	88	68	43.6
안토니누스	355	167	96	71	42.5
아우렐리우스	342	180	98	82	45.6
코모두스	259	114	63	51	44.7
세베루스와 카라칼라	937	479	204	275	57.4

표에 나타나듯이 2세기 말 로마의 원로원은 절반 이상이 속주 출신이었다. 즉 정복당한 자들이 로마의 최고 권력 기구인 원로원을 장악한 셈이다. 로마인들의 이런 개방성은 고대 국가에서는 유례가 없다. 이렇듯 로마인들은 정복자로서 기득권을 포기하고 피정복자 가운데에서도 유능한 자들을 적극적으로 중용했다.[30] 역사상 수많은 제국이 존재했지만 로마만큼 피정복자를 적극적으로 포용한 경우는 없다. 이 점에서 로마는 대단히 특이했다.

다음 메뉴는 암퇘지의 자궁,
낙타의 발뒤꿈치 요리입니다

먹기 위해 토하고, 토하기 위해 먹었던 로마의 음식 사치

세계의 지배자가 되기 전에 로마인들은 근검하고 질박하게 살았다. 고대 그리스인과 로마인의 생활을 알려주는 좋은 이야기가 있다. 전하는 이야기에 따르면 그리스인은 자기들의 정체政體인 민주주의에 대한 자부심이 강했고, 민주주의를 신봉하고 있는 시민은 모두 평등하고 존중받아야 한다고 생각했다. 그래서 시민이 가다가 길을 묻는데 알려주지 않는 이가 있다면 그자를 때려죽여도 죄가 되지 않았다. 한편 로마인들은 너무나 질박하고 검소했던지라 물질에 욕심을 부리지 않았고, 때문에 로마에는 도둑도 사기꾼도 없었다. 키케로(기원전 106-기원전 43) 시대에 파티우스라는 자가 카니우스에게 사기를 쳤는데, 로마에는 당시까지도 사악한 속임수를 처벌할 법 규정이 없었기 때문에 재판관이 매우 곤란해했다고 한다.

그러나 기원전 2세기에 로마가 세계를 정복한 뒤 세계의 모든 부와 인력이 로마로 흘러들었다. 얼마나 많은 돈이 로마로 흘러들어왔던지 기원전 167년 이후 로마인은 세금조차 내지 않았다. 엄청난 부가 흘러들어오면서 사치풍조가 만연하게 되었다. 로마인은 남아도는 돈을 주체할 수 없어 동방과 멀리 중국의 온갖 진귀한 물건들을 수입해 왔다. 귀족들은 경쟁적으로 값비싼 고급 가구로 집을 장식하였고, 여인네들은 보석과 비단으로 몸을 치장하기 바빴다. 카토를 비롯한 전통주의자들이 사치 금지법을 만들어 막으려고 노력했지만 성과는 없었다.

로마인의 사치 중에서도 가장 심했던 것은 음식 사치였다. 로마의 귀족은 연회를 열고 여흥을 즐기는 데 세월을 보냈다. 로마 말로 연회는 '함께 보내는 시간con+vivere'을 의미한다. 로마에서는 끊임없이 연회가 열렸고 세력이 있는 자라면 매일 연회에 참석하였다. 연회는 오후 4시쯤 시작되어 밤늦도록 계속되었다. 참석자들은 가벼운 옷차림으로 왔고 신을 벗는 경우가 많았다. 노예들은 손님들이 씻을 수 있도록 향기 나는 물병을 들고 연회장을 부지런히 돌아다녔다. 손님들은 네모난 테이블 옆에 놓인 경사진 침대 위에 드러누웠다. 침대에는 손님의 편안함을 도모하기 위해서 푹신한 쿠션이 갖추어져 있었다. 로마의 귀족들은 주로 누워서 먹었기 때문에 식사 시간이 길었다.[31] 당시 누워서 음식을 먹는 행위는 로마의 귀족이나 부유층에게만 허용되었으며, 따라서 그 행위는 부와 권위의 상징이었다. 그리고 연회에는 항상 음악이 연주되었다. 음식이 바뀔 때마다 막간극으로 악기가 연주되거나 곡예나 묘기 대행진이 펼쳐졌다. 손님들의 관능을 자극하는 농염한 무희들의 춤도 인기가 있었다.

로마의 향연을 묘사한 로마 시대의 모자이크.

　연회의 3대 요소는 성적 방종, 음식, 술이었다. 그리스의 연회는
심포지온symposion이라고 한다. 심포지온은 '함께sym 마신다posion'는
뜻이고, 이때 마시는 것은 포도주였다. 일반적으로 이 단어를 '향연'
이라고 번역한다. 그리스의 향연에는 남성들만 참석하였다. 남성들
만 참석했던 것은 모임에 동성애적인 요소가 있었기 때문이다. 참석
자들은 나이 든 귀족과 귀족의 자제들이 짝을 이루었다. 나이 든 귀
족은 취하도록 마셨지만, 자제들은 배운다는 입장이었기 때문에 적
당히 마셨다. 그리고 두 사람은 때때로 동성애를 맺었다.[32] 그렇지
만 향연에 참석하는 여자들이 없었던 것은 아니다. 기생인 헤타이라
hetaira는 참석했다. 그들 역시 성적 봉사를 하였다. 그리스의 헤타이
라 가운데 가장 유명한 사람은 아스파시아Aspasia이다. 밀레토스 출

신이었던 그녀는 기원전 440년대 초 아테네로 이주하였다. 그곳에서 소크라테스, 헤로도토스 같은 최고의 지식인들과 교유하였고, 페리클레스의 아내가 되었다. 소크라테스는 그녀가 자신을 가르쳤다고 고백했다.

그리스의 연회와 달리 로마의 연회에는 여성도 남성과 동등하게 참석할 수 있었다. 연회에 참석한 귀족 여성은 노예로부터 봉사를 받으면서 술과 음식을 마음껏 즐겼다. 이때 여성들은 성적인 면에서도 대담했다. 그들은 자발적으로 상대를 골라서 성행위를 즐겼다. 수에토니우스가 전하는 바에 따르면 옥타비아누스는 전직 집정관의 아내를, 그것도 남편이 보는 앞에서 식당에서 침실로 데려갔다. 얼마 뒤 그녀는 머리카락이 심하게 헝클어진 상태로 돌아왔지만 아무도 문제 삼지 않았다.[33]

연회의 전반부는 좋은 음식을 마음껏 먹는 것이었다. 수많은 요리가 제공되었다. 닭새우 요리가 가장 인기가 있었다. 그것은 한 마리에 1만 세스테르티우스sestertius였다. 이 돈은 로마 군인 10명의 1년 연봉이 넘는 액수였다. 암퇘지의 자궁과 젖통도 최상의 요리였다. 그 가운데서도 생후 한 번도 어미젖을 빨지 않은 새끼 암퇘지의 젖통이 최고로 여겨졌다. 이외에도 로마인은 세련미를 추구한 여러 가지 요리를 즐겼는데, 낙타의 발뒤꿈치, 코끼리의 코, 앵무새의 머리, 밤꾀꼬리(나이팅게일)의 간 스튜, 새의 혀로 만든 요리 등을 즐겼다. 사람만이 아니라 반려동물에게도 호사스러운 음식이 제공되었다. 3세기 초의 황제였던 엘라가발루스는 낙타의 뒷발꿈치, 홍학의 뇌수를 거위 간과 섞어 그가 사랑하던 개에게 먹였다.

연회가 발달하면서 음식의 질과 양이 갈수록 좋아졌고, 현대의

로마인의 타락을 묘사한 그림.

코스 요리 같은 것도 개발되었다. 가장 먼저 생굴이나 소스를 친 굴을 먹었다. 굴을 너무나 좋아하는 사람이 많았다. 1세기의 황제인 비텔리우스는 앉은 자리에서 1,200개를 먹었고, 2세기의 황제인 트라야누스는 전쟁터에 가서도 신선한 생굴을 먹었다. 굴 수요가 너무 많아서 국내에서 조달할 수 없어 멀리 브리타니아에서 수입하였다. 이어서 성게, 대합류, 그리고 암퇘지의 젖통이나 구운 연작류, 각종 고기 요리를 먹었다. 디저트로는 길쭉한 케이크와 꿀을 넣은 단것을 먹었다. 이렇듯 연회가 자주 열리니, 배가 불러 음식을 먹지 못하고 버리는 경우가 많았다.[34]

배는 부른데 음식은 너무나 맛있고 도대체 이 일을 어떻게 해야 한단 말인가? 이렇게 고민하는 자들을 위해서 토하는 기술이 발달하기 시작했다. 뻐꾸기 풀의 뿌리나 수선화의 알뿌리를 이용하여 만든 구토제가 날개 돋친 듯 팔렸다. 새의 깃털로 목구멍을 간질어서 토하는 방법도 흔히 사용되었다. 세네카는 이런 정황을 다음과 같이 전한다.

먹기 위해 토하고, 토하기 위해 먹는다.[35]

인간은 먹기 위해서 사는 것일까, 살기 위해서 먹는 것일까? 대부분 사람들은 살기 위해서 먹는다고 말한다. 그러나 동물 가운데 인간은 미각이 가장 발달하였다. 따라서 인간은 단순히 생존을 위해서 먹는 것이 아니라 맛있게 먹기 위해서 먹는다. 다시 말해서 인간은 살아가는 중요한 이유가 잘 먹는 데 있다.

음식을 마음껏 먹고 난 뒤에는 본격적으로 술자리가 열렸다. 술

로마인들의 연회.

자리의 기본 규칙은 '술을 마시든지, 안 마실 거면 자리를 떠나든지'
였다. 로마인이 즐겨 마신 술은 포도주였다. 로마 시대의 포도주는
알코올 도수가 강해서 희석하지 않고 먹으면 너무 빨리 취해서 술자
리가 재미없었다. 로마인은 대체로 포도주의 3분의 1에서 5분의 4까
지 물을 섞었다. 술자리는 자유 그 자체였다. 사람들은 마음껏 자기
를 풀어헤치고 온갖 농담을 주고받으면서 한껏 취했다.[36] 그들에게
인생의 즐거움, 그것은 바로 술이었다.

검투 경기는 원래
장례식 이벤트였다?

'빵과 서커스'라는 말에 숨어 있는 로마의 검투 경기에 대한 오해와 진실

로마가 세계를 지배하던 시기 로마의 번영을 상징하는 말 가운데 하나가 '빵과 서커스'이다. '빵과 서커스'라는 말은 로마의 풍자 시인이 었던 유베날리스(Juvenalis, 55-140)가 돈과 흥행으로 민중들의 마음을 사로잡으려는 로마 황제들의 정책을 풍자한 것이다. 로마가 세계를 정복하면서 로마인들은 전대미문의 풍요와 사치를 누렸지만 그 과실은 귀족들이 독차지했다. 평민들의 삶은 오히려 빈궁해졌는데 의무병으로서 로마의 번영을 위해서 싸웠던 그들에게 국가나 지배층이 합당한 대가를 지불하지 않았기 때문이다. 수십 년간의 전쟁에 대가없이 봉사했던 평민들은 집과 땅을 잃고 도시 로마로 몰려들었고 그들의 불만은 갈수록 거세졌다. 분노에 찬 그들에게 황제들은 빵을 주고 서커스를 열어 그들의 마음을 누그러뜨리려 했다. 이후 민중들

의 정치의식과 불만을 잠재우려는 지배자들의 정책을 '빵과 서커스' 라고 부르게 되었다.

그런데 사람들은 로마의 '빵과 서커스' 하면 자연스럽게 로마의 검투 경기를 연상한다. 로마 문명에 비판적인 견해를 가진 학자들과 많은 대중물들이 검투 경기를 로마인들의 대표적인 축제로 묘사했기 때문이다. 이는 어찌 보면 자연스러운 일인데, 7만여 명의 관중들이 지켜보는 가운데 수천 마리의 동물들과 수백 명의 검투사들이 싸우고 죽이는 장면은 정말 '끔찍한' 장관이었고, 검투사가 패배한 검투사를 죽이는 장면이나 동물들의 목을 베는 장면을 보고 일제히 환호성을 울려대는 로마인들의 '잔인함'은 로마 제국의 '폭력성'을 상징하기에 충분했기 때문이다.[37] 이미 로마 제국기에 '사랑'을 부르짖는 기독교인들과 이성을 강조하는 일부 철학자들이 잔인한 검투 경기를 로마의 문명의 특징으로 묘사했고, 계몽사상과 인권의 세례를 받은 근대의 학자들은 검투 경기의 잔인함에 혀를 내두르면서 로마를 폭력적인 문명이라고 규정했다. 예를 들어 키케로는 「친지들에게 보내는 서신Ad Fam. 7. 1.」에서 이렇게 말했다.

그 게임들은 당연히 매우 장대하였지만, 당신의 취향에는 맞지 않았을 것이오. 내 자신의 느낌에 그런 생각이 들었소. 아니, 그 게임들은 심지어 작은 규모의 게임들보다 매력이 없었소. 「클뤼템네스트라Clytemnestra」에서 600마리의 노새가 또는 「트로이의 목마」에서 3,000개의 사발이 등장하는 장면을 보는 것에 무슨 즐거움이 있겠소? 5일 계속 매일 2회 맹수를 사냥하는 장면은 물론 장대하오. 그러나 왜소한 인간이 거대하고 힘센 맹수에게 찢기는 것이나, 홀

류한 맹수가 창에 찔리는 것을 보면서 교양 있는 사람이 무슨 즐거움을 느낄 수 있겠소? 그리고 그것이 비록 장관이라고 해도, 당신은 그것을 너무나 자주 보았고, 내가 보기에 새로운 것은 아무것도 없었소. 마지막 날에 코끼리가 등장했는데, 매우 인상적이기는 했지만, 군중들은 결코 즐거워하지 않았소. 진실로 측은한 감정, 그 거대한 생물이 인간과 어떤 종류의 우정을 갖고 있지 않을까 하는 감정이 느껴졌소.

그러나 과연 검투 경기는 로마인들이 잔인하고 폭력적이었다는 것을 상징적으로 보여주는 것일까? 먼저 짚고 넘어가야 할 것은 유베날리스가 '빵과 서커스'라고 했을 때 서커스는 검투 경기가 아니라 '축제'를 의미했다는 점이다.

로마가 전성기를 누리던 시절에 검투 경기는 1년에 10여 차례밖에 열리지 않았다. 따라서 로마의 인민들이 콜로세움의 안락의자에 앉아서 검투사들이 싸우고 죽이는 것을 관람하고 승리한 검투사가 패배한 검투사를 죽일 때 환호의 박수를 치면서 연중 대부분의 시간을 보냈다고 생각하는 것은 잘못이다. 반면에 '축제'는 1년에 135회나 열렸다. '축제'는 라틴어 루디ludi를 번역한 것인데 정확한 번역어라고는 할 수 없다. 로마인들은 전차 경기를 필두로 한 체전과 극장의 연극 상연을 모두 루디라고 불렀다. 국가가 이 '축제ludi'의 비용을 거의 전적으로 책임졌으니 로마 제국은 민중들을 위해 사흘에 한 번씩 축제를 열어주었던 셈이다. 민중들은 무료로 축제를 관람했으며 때로 황제와 귀족들이 주는 선물을 받기도 했다. 바로 이것을 유베날리스가 풍자했던 것이다.

19세기 프랑스 화가 장 레옹 제롬이 로마 시대 검투장의 풍경을 묘사한 「내려진 엄지」(1872).

그러나 비록 1년에 10여 회밖에 열리지 않았지만 검투 경기의 규모가 너무나 장대했을 뿐만 아니라 로마 인민들이 검투 경기에 광기에 가까운 열광을 보였기에 검투 경기가 로마의 상징물이라는 주장에 근거가 없는 것은 아니다. 사실 로마인들 자신이 검투 경기를 로마의 상징물로 여겼다. 제도화된 검투 경기는 4월과 12월에 열렸는데 4월의 검투 경기는 봄이 다시 시작된다는 것, 즉 만물이 소생하는 것을 상징하고 12월의 검투 경기는 한 해가 끝나고 새해가 시작한다는 것을 상징했다. 즉 로마인들은 1년을 마감하고 시작하는 것을 검투 경기로 기념했고, 만물이 소생하는 봄에 검투 경기를 열어서 풍요를 기원했다. 따라서 유베날리스가 말한 서커스가 검투 경기를 말하는 것은 아닐지라도 검투 경기가 로마의 상징임은 틀림없다. 그러나 검투 경기가 과연 로마의 폭력성을 상징하는 것일까. 검투 경기의 기원과 면모를 살펴보면서 답을 찾아보자.

공화정 시기(기원전 509-기원전 27) 로마인들은 검투 경기를 자신들의 상징물이라고 여기지 않았을 뿐만 아니라 전통에도 어긋난 일이라고 생각했다. 로마인들이 자신들의 전통에 맞는 축제라고 생각했던 것은 앞에서 말했던 '축제' 중에 행해지는 체육행사, 즉 원형경기장에서 벌어지는 달리기, 권투, 레슬링, 전차 경기였다. 이 축제는 로마가 건국되었을 때부터 행해졌고, 로마 국가는 신들을 기쁘게 하고 로마의 힘을 과시하기 위해서 국가의 비용으로 이 행사를 주관하였다.

반면에 검투 경기는 로마인들의 전통 풍습이 아니라 어딘가에서 전래된 것이었다. 즉 검투 경기는 로마인이 처음 나라를 세웠을 때 즉 기원전 753년부터 행해지던 것이 아니라 기원전 264년에 처음 시작되었다. 그때 명문 귀족이었던 유니우스 브루투스 페라Junius Brutus Pera의 장례식이 있었는데, 그 자식들인 마르쿠스와 데키무스가 아버지의 장례식을 빛내기 위해 포룸 보아리움Forum Boarium에 경기장을 설치하고 세 쌍의 검투사들이 싸우게 했다. 이것이 로마에서 최초로 열린 검투 경기였다. 이후 명문 귀족들의 자제들이 앞다투어 조상들의 장례식 때 검투 경기를 열었다. 그 비용을 개인들이 전적으로 부담했기에 검투 경기는 철저하게 사적인 행사였지만 규모는 점점 더 커졌다. 기원전 3세기 후반기까지만 해도 몇 쌍의 검투사들이 싸우는 것이 고작이었지만 기원전 2세기부터 수십 쌍의 검투사와 수십 마리의 동물이 동원되었다.

로마의 귀족들이 막대한 비용을 들여서 검투 경기를 열었던 것은

「황제에게 경의를 표하는 투사들」(1859). 화가 장 레옹 제롬의 그림이다.

그것이 가문의 위세를 높이고 자신의 출세를 도왔기 때문이다. 로마 공화정 시절에는 대부분의 관직이 선출직이었기에 관직을 차지하기 위해서는 자신의 명망을 높이고 인민들의 인기를 끌어야 했다. 검투 경기를 크게 열어서 인민들에게 오락거리를 제공하는 것은 좋은 수단이었다. 예를 들어 카이사르는 기원전 65년에 조영관(造營官, 아이딜리스Aedilis) 직을 차지하기 이전에는 검투 경기를 열지 않았지만, 당선된 후 유권자들에게 그때까지 행해졌던 어떤 검투 경기보다 성대한 검투 경기를 약속했다. 이는 인민들의 인기를 독차지함으로써 자신의 힘을 키우고 더 높은 관직을 얻기 위한 전략이었다. 이에 놀란 원로원이 법으로 검투 경기 규모를 제한했을 정도였으니 검투 경기

가 세력을 키우려는 귀족들의 수단으로 이용되었음을 쉽게 알 수 있다.[38]

아우구스투스가 초대 황제가 되고 로마 제정 시대가 열리면서 검투 경기는 사적인 영역에서 공적인 영역으로 옮겨갔다. 로마 황제들은 검투 경기를 여는 사람의 인기와 세력이 강해진다는 것을 알고 있었기 때문에 귀족들이 사적으로 검투 경기 여는 것을 금지했다. 귀족들이 인민의 인기를 기반으로 황제권에 도전하는 것을 막기 위한 조치였다. 귀족들은 검투 경기를 주재하지 못하게 하고 황제와 황제를 대신하는 관리들만이 검투 경기를 열 수 있게 되자 검투 경기는 로마 국가가 주재하는 공적인 행사가 되었다.

이렇게 공적인 행사가 되면서 검투 경기일은 로마 국가가 발표하는 휴일에 포함되었다. 그런데 제정기에 황제가 주재하는 공적인 행사가 된 검투 경기는 인민을 위해서 제공되는 오락거리 이상의 의미를 갖게 되었다. 그것은 로마의 우월성과 힘을 표현하는 것이었고 로마의 영광과 번영을 노래하는 것이었다. 제정기 검투 경기의 절차와 의미를 살펴보면 이를 쉽게 알 수 있다.[39]

검투 경기 전에 동물을
죽이는 행위에는 의미가 있다?

로마의 대규모 동물 도살에 숨어 있는 로마인의 진심

로마 제국에서는 본 시합인 검투 경기가 열리기 전에 두 가지 행사가 치러졌다. 먼저 치러진 것은 대규모의 동물 도살이었다. 제국 각지에서 잡아 가져온 갖가지 동물을 전시하고 공개적으로 도살하는 것은 로마가 제국이 되면서, 그러니까 기원전 2세기 이후에 등장한 풍습이었다. 대규모 동물 도살로 가장 잘 알려진 것은 기원전 55년 폼페이우스가 행한 것이었다. 그는 자신의 두 번째 콘술직 때 1,000마리가 넘는 사자와 표범, 북유럽의 스라소니, 인도의 코뿔소를 도살하였다. 폼페이우스의 라이벌이었던 카이사르는 여러 마리의 코끼리와 400마리의 사자를 공개적으로 도살하였다. 카이사르의 양아들로 제정 시대를 연 아우구스투스는 420마리의 표범, 수십 마리의 코끼리, 400마리의 곰을 도살했다.

이렇게 대규모로 동물을 도살하는 것은 서로마제국이 멸망하기 직전까지 계속되었다. 로마인들은 전차에 묶여 끌려다니다가 칼에 찔려 죽는 동물들을 보고 환호했다. 왜 로마의 권력자들은 대규모로 동물 도살을 공식적으로 행했고 로마인들은 거기에 환호했을까? 대규모 동물 도살은 로마의 힘을 상징하는 것이었다. 로마인들은 생전에 보지 못했던 기이한 동물들을 보면서 자신들이 정복한 영토가 그렇게 넓다는 것과 그 동물들이 원래 살던 곳이 로마에 복속되었다는 것을 의식儀式을 통해 확인했다. 즉 로마인들은 기이한 동물들을 죽이면서 로마 제국의 위대한 힘을 확인하고 과시했던 것이다.

이런 관습은 로마인들이 처음 만들어낸 것은 아니었다. 메소포타미아 지역의 고대 왕국들도 다른 지역을 정복하면 그 지역의 동물들을 잡아 죽이는 관습이 있었다. 메소포타미아의 몇몇 왕들은 정복한 지역의 동물들을 잡아다가 자신이 만든 정원이나 울타리를 친 숲속에 키웠는데 이것 역시 자신의 힘을 과시하는 수단이었다. 근대의 동물원도 이런 목적에서 조성되었다. 15세기 이래 세계로 진출한 유럽인들은 18세기 이후 앞다투어 동물원을 만들었다. 일상에서는 보기 힘든 이국적인 동물들을 잡아 온다는 것은 그만큼 먼 곳까지 지배할 수 있다는 것을 상징하는 것이었다. 유럽인들은 동물원의 규모가 커질수록 그리고 그곳에 수용된 동물들의 종류가 많아질수록 자신들의 힘도 커지고 있다는 것을 피부로 느꼈다.[40]

그러나 동물 도살에는 또 다른, 그리고 어쩌면 훨씬 더 중요한 의미가 담겨 있었다. 메소포타미아의 고대 벽화들을 보면 위대한 왕들이 사자를 사냥하는 장면이 자주 나온다. 지배자가 사자와 같은 맹수를 죽이는 것은 지배자가 문명의 보호자임을 상징한다. 즉 용맹한

콜로세움에서 싸우는 검투사와 사자.

지도자가 사람들을 위협하는 존재를 죽임으로써 사람들이 안전하
게 살 수 있게 해주고 있다는 것을 상징한다. 농업이 주산업이었고
숲이 울창했던 전근대의 거의 모든 사람들은 맹수의 위협에 시달리
고 있었다. 그들은 농사를 짓고 사냥하기 위해 들판과 숲으로 가야
만 했고, 그곳은 맹수의 위협으로부터 안전하지 않았다. 20세기 초
까지도 동유럽이나 발칸 지역의 마을에 맹수들이 곧잘 출현했다는
사실을 생각해보면 전근대인이 맹수에게 가지고 있었던 두려움을

쉽게 이해할 수 있다.

이렇게 인민들이 맹수의 위협에 시달리고 있었기 때문에 지배층은 사냥을 통해서 그 위협을 제거해주어야 했다. 중세의 왕과 귀족들이 사냥을 즐겼다는 기록이 많은데 그들에게 사냥은 단순히 오락거리가 아니라 지배자로서 의무를 행하는 것이었다. 따라서 로마인들이 맹수를 사냥하고 공개적으로 죽였던 것은 로마가 문명 세계와 인민의 보호자로서 역할을 충실히 하고 있음을 과시하는 일이었다. 로마 시민들은 도시에 살았기 때문에 실질적으로 맹수의 위협을 느낄 기회는 많지 않았을 것이다. 그러나 그들도 주위 사람들이 맹수의 위협에 시달리고 있다는 것을 잘 알고 있었기에 맹수를 죽이는 장면을 보면서 평안함이 몸속으로 밀려 들어오는 것을 느꼈다.

그러기에 동물 도살에서 맹수들만 도살되었던 것은 아니다. 사슴이나 영양처럼 농작물을 해치는 동물들이나 여우나 늑대처럼 가축을 해치는 짐승들도 도살되었다. 이런 동물들을 도살하는 것은 로마가 그들의 위협을 제거하고 있음을 과시하는 수단이었다.

결국 로마인들이 공개적으로 동물을 도살했던 것은 그들이 잔인했기 때문이 아니라 자연 세계의 위협으로부터 문명과 인간을 보존하기 위한 것이었다.

죄수 공개처형을
환영합니다?

경찰력이 빈약하던 시절에 잔혹하게 처형을 했던 이유

로마에서는 검투 경기에 앞서 수백 마리의 맹수들과 농작물을 해치는 짐승들을 도살한 다음, 죄수들에 대한 공개처형이 실시되었다. 반역범, 방화범, 살인범 등이 동물들에게 던져졌다. 로마의 대표적인 죄수 처형법은 십자가형과 화형이었다. 십자가형은 죄수를 십자가에 묶은 후 손과 발에 못을 박아 매달아놓은 것이다. 십자가에 매달린 죄수는 살이 찢어지는 고통을 겪으면서 서서히 죽어갔다. 몇 시간 만에 죽는 자는 드물었으며 며칠이 지나도 죽지 않으면 창으로 찔러 죽였다. 화형은 죄수를 나무에 묶어놓고 장작불을 태워서 죽이는 것인데 이때 죄수는 불에 타서 죽는 것이 아니라 그을려서 죽었다. 즉 죄수가 매달릴 높이를 잘 조절하여 죄수가 불에 타지 않고 서서히 그을려서 죽도록 한 것이었다.

십자가형이나 화형 못지않게 잔인한 맹수형도 있었다. 맹수형은 말 그대로 죄수를 굶주린 맹수에게 던져 잡아먹히게 하는 형벌이다. 때때로 맹수형과 십자가형이 결합되었다. 즉 죄수를 십자가에 못 박은 후 맹수에게 던지는 처벌 방식이 이용되었다. 십자가형과 맹수형은 카르타고에서 도입되었으므로 기원전 2세기부터 행해졌을 것으로 생각된다.

그러나 죄수를 잔인하게 그리고 공개적으로 처벌하는 것은 로마 제국뿐만 아니라 전근대 어디에서나 볼 수 있는 현상이었다. 이 분야의 권위자인 미셸 푸코는 『감시와 처벌』(1975)에서 서양인들이 행했던 잔인한 처벌의 수많은 사례를 제시하였다. 그중 1757년에 루이 15세를 암살하려다가 실패하고 체포되어 반역죄로 사형 판결을 받은 다미앵Robert-François Damiens에 대한 처벌을 살펴보자.

> 손에 2파운드(약 900그램) 무게의 뜨거운 밀랍으로 만든 횃불을 들고, 속옷 차림으로 파리의 노트르담 대성당의 정문 앞에 사형수 호송차 앞으로 끌려와, 공개적으로 사죄를 할 것. 다음으로 상기의 호송차로 그레브 광장에 옮겨간 다음, 그곳에 설치될 처형대 위에서 가슴, 팔, 넓적다리, 장딴지를 뜨겁게 달군 쇠집게로 고문을 가하고, 그 오른손은 국왕을 살해하려 했을 때의 단도를 잡게 한 채, 유황불로 태워야 한다. 계속해서 쇠집게로 지진 곳에 불로 녹인 납, 펄펄 끓는 기름, 지글지글 끓는 송진, 밀랍과 유황의 용해물을 붓고, 몸은 네 마리의 말이 잡아끌어 사지를 절단하게 한 뒤, 손발과 몸은 불태워 없애고 그 재는 바람에 날려버린다.[41]

다미앵의 처형.

이렇게 잔인한 처형이 동서양을 구별 없이 각지에서 행해졌다.

이런 형벌들보다는 덜 잔인해 보이지만 최근까지도 행해졌던 교수형도 사실은 매우 잔인한 형벌이다. 교수형을 받은 죄수는 순식간에 죽는 것이 아니라 밧줄이 목을 죄어서 피의 흐름이 멈추어야 죽는다. 19세기 중반까지 유럽에서 행해진 방식에 의하면 죄수들은 통상 15~30분 뒤에야 죽었다. 로마인을 비롯한 전근대인들은 교수형이나 참수형을 당한 죄인들의 목을 방부 처리하여 광장이나 거리에 효수하였다. 중세 영국인들은 죄수의 머리를 천일염과 커민 씨앗이 담긴 물에 살짝 삶아서 내걸었는데, 부패와 새들에게 쪼아먹히는 것을 막기 위해서였다.

중세 유럽의
참수형(위)과
교수형(아래).

중세의 수레바퀴 형벌.

죄수를 공개적으로 처형하는 것도 전근대 어디서나 행해지던 관습이었다. 프랑스 혁명 때의 단두대를 생각해보면 죄수의 공개처형이 얼마나 광범위했었는지 쉽게 알 수 있다. 그런데 왜 로마인들을 비롯한 전근대인들이 죄수를 잔인하게 그것도 공개적으로 처형했으며, 사람들은 그 처벌을 보면서 환호했을까.

범죄를 예방하고 범죄가 발생했을 때 신속하게 처벌할 수단이 발달되어 있지 않았기 때문이다. 세계 최강의 군대를 가진 로마였지만 치안을 유지하는 경찰력은 발달되어 있지 않았다. 도시 로마의 인구는 100만 명에 육박했지만 경찰은 약 7,000명밖에 되지 않았다. 경찰 1인당 인구수를 따진다면 그렇게 적은 편이 아니지만 로마의 경찰은 소방대를 겸하고 있었다. 더욱이 고대 경찰에게 기동성이 없었다는 점, 그리고 수사 방법이 발달되어 있지 않았다는 점을 생각하면 경찰력이 도시 구석구석까지 미치기는 힘들었다. 도시 로마 밖으로 나가면 치안력은 더욱 약해졌다. 세계 제국이었던 로마가 이런 형편이었기에 다른 시기나 다른 지역의 나라들의 형편은 더욱 나빴을 것이다.

이렇게 경찰력이 빈약하고 부족한 상황에 범죄를 효율적으로 막을 수 있는 수단이 무엇이었겠는가. 가혹하게, 그것도 공개적으로 범죄자들을 처벌하는 것이었다. 지배자들은 인민들에게 반역죄나 살인죄, 방화죄와 같은 중범죄를 저지른다면 가혹하게 처벌당한다는 것을 보여주고 싶었고, 인민들은 그런 범죄자들이 처벌당하는 것을 보고 자신들이 안전해졌음을 확인한다. 이 때문에 공개처형은 매력적인 제도였다. 로마인들의 공개처형 역시 이런 관점에서 보아야 하며, 단순히 로마인들의 잔인성을 상징하는 것으로 보면 안 된다.

III.
세 번째 밤

중세 기독교의
이중생활

예수는 왜 십자가형을 받았을까

명예형인 참수형과 불명예형인 십자가형 이야기

　인류를 위해서 죽은 예수를 기리는 십자가는 기독교의 상징이다. 기독교의 교리에 따르면 인간은 너무나 악한 존재이기에 자기 힘으로는 구원을 받을 수 없다. 아무리 착한 사람이라고 해도 아담이 지은 원죄를 물려받았으며, 연약한 육체를 가지고 있기에 죄에서 완전히 벗어날 수 없다. 이 비참한 인간을 불쌍히 여긴 하느님이 독생자 예수를 보내었다. 그리고 예수는 하느님의 뜻에 따라서 인류의 죄를 대신 지고 십자가에서 죽었다. 따라서 십자가는 예수의 죽음과 그로 인한 인류의 구원을 상징한다. 이 때문에 기독교는 십자가를 신성시하며 교회나 성당에 십자가를 걸어놓았고, 천주교의 대표인 교황은 중요한 행사를 할 때 십자가상을 들고 대중 앞에 나타난다. 그런데 십자가와 십자가에 달린 예수의 모습은 시대별로 지역별로 다

기원전 238년에 카르타고인들이 반란군 지도자들을 십자가에 못 박는 장면을 묘사한 19세기 그림.

르다. 여기서는 로마인들의 십자가 처형 방식을 살펴보자.

로마인들은 기원전 2세기부터 남자 범인에 대한 처형 방식으로 십자가형을 이용하였다. 노상강도, 해적, 반란 노예, 암살범, 위조범, 대역죄범 등이 십자가 처형의 대상이었다. 로마인들은 형이 확정되면 범인의 옷을 몽땅 벗기고 늑대 가죽으로 된 두건을 머리에 씌웠다. 그리고 농기구인 쇠스랑을 범인의 등에 대고 범인의 양팔을 벌려 쇠스랑 양쪽 끝에 잡아맸다. 이렇게 하면 범인의 몸뚱이와 벌린 두 팔이 십자가 형태를 이룬다.

이후 범인을 끌고 가 형장에 세워진 나무 기둥에 끌어 올린 후 쇠

「십자가 처형」(1430-1440 추정). 15세기의 대표적인 플랑드르 화가인 얀 반 에이크가 그린 그림이다.

스랑과 두 다리를 기둥에 묶는다. 이렇게 묶인 범인은 탈진해서 자연사하기도 했지만, 그런 경우는 드물었다. 로마인들은 나무에 묶은 죄인을 채찍으로 계속 때렸고 하반신에 타격을 가해서 서서히 죽였다. 그런데 로마인은 시민에게는 십자가형을 사용하지 않고 참수형을 사용하였다. 공화정기 이후에 십자가형은 주로 천민과 노예를 처형하는 방식이었다. 따라서 참수형은 로마 시민에게 주어지는 명예형이었고 십자가형은 속주민이나 천민에게 주어지는 불명예 형벌이었다.[42]

예수의 십자가 처형 장면을 통해 십자가형을 구체적으로 살펴보자. 유대인들의 압력을 받은 로마 총독 빌라도가 예수의 유죄를 확인한 후 십자가 처형 준비가 진행되었다. 처형 장소는 해골이라는 뜻을 가진 골고다 언덕으로 결정되었다. 십자가 형벌을 받은 자들은 자신의 처형 도구를 직접 옮겨야 했기 때문에 예수가 십자가를 지고 골고다 언덕으로 출발했다. 그때 몸이 약했던 예수가 십자가를 제대로 지지 못하고 쓰러지자 키레네 사람 시몬이 예수를 대신해 십자가를 지고 언덕으로 갔다.

골고다 언덕에 도착하자 처형수들이 예수의 옷을 벗기고 십자가에 매달았다. 여기서 옷을 벗겼다는 것은 완전히 발가벗겼다는 뜻이다. 시중에서 흔히 볼 수 있는 예수는 속옷을 입고 있는데 이는 원래의 상황과는 다르다. 처형당할 사람의 발이 거의 땅에 닿을 정도로 십자가는 높지 않았다. 처형자들이 십자가를 세웠고 예수의 손에 못을 박았다. 발에 못을 박았는지는 명확하지 않다. 발에도 못을 박는 경우도 있었고 밧줄로 묶는 경우도 있었다. 아무런 보조 장치가 없다면 몸무게 때문에 못을 박은 손이 찢어지고 몸이 흘러내리게 된다. 때문에 발에 보조판을 대었거나 나무쐐기를 십자가의 줄기 중간쯤에 박아 예수의 다리 사이로 빠져나오게 함으로써 거기에 기대게 했을 것이다.

십자가에 매달린 사람은 얼마나 살 수 있을까? 못을 박은 손의 출혈은 곧 멈추며 출혈 때문에 죽는 경우는 거의 없었다. 십자가에 못 박힌 죄인들은 사나흘 정도는 살 수 있었으며 대개의 사망 원인은 순환기 장애였다. 즉 나무에 매달린 상태가 오랫동안 지속되면서 혈액 순환이 안 되고 내장 기관이 장애를 일으켜서 죽는다. 십자가 형벌을 받은 사람 가운데 체력이 좋은 사람은 잠을 잘 수도 있었으며 그냥 굶어 죽기도 했다. '교회사의 아버지'로 불리는 그리스도교 역사가 에우세비우스(263 무렵-339)는 초기 기독교인들의 순교에 대해서 이야기하고 있는데, 그에 따르면 십자가에 거꾸로 매달린 신자들이 굶어 죽을 때까지 살아 있었다고 한다.::4 예수는 십자가에 3시간가량 매달려 있었다. 십자가에 못 박힌 죄인이 3시간 만에 죽는 경우는 드물었지만 예수는 병약했기 때문인지 3시간 만에 죽었다. 예수가 죽자 요셉이 빌라도에게 가서 예수의 시체를 달라고 부탁했다. 이때 빌라도는 예수가 벌써 죽었다는 것을 믿을 수 없었기 때문에 백부장을 불러서 확인했다.[43] 빌라도는 예수가 죽었다는 것을 확인한 후 시체를 요셉에게 넘겨주었다.

::4 Eusebius, 『교회사Historia Ecclesiastica』, 8. 8.

발가벗은 예수에서
옷 입은 예수로

십자가형을 받은 예수의 마지막 모습은 왜 바뀌었을까

예수가 못 박힌 십자가의 모양에 대해서는 여러 이설이 있다. 십자가가 아니라 일자가라는 주장이 대표적인데, 몇몇 고고학자들에 따르면 당시 죄수는 반듯한 일자 모양의 나무에 매달려 처형되었다. 여기서 필자가 주목하는 것은 예수가 십자가에 죽으면서 완전히 발가벗었다는 것이다. 로마인들이 십자가 처형을 받은 죄수를 발가벗겼다는 사실이나 성경에 처형자들이 예수의 옷을 벗겼다는 표현 등이 이 사실을 뒷받침한다. 요한복음에 예수가 속옷조차 완전히 벗었음이 명확히 표현되어 있다.

예수를 십자가에 못 박아 단 병사들은 예수의 옷가지를 가져다가 네 몫으로 나누어서 한 몫씩 차지하였다. 그러나 속옷은 위에서 아래까지 혼솔 없이 통으로 짠 것이었으므로 그들은 의논 끝에 "이것은 찢지 말고 누구든 제비를 뽑아 차지하기로 하자" 하여 그대로 하였다. 이리하여 "그들은 내 겉옷을 나누어 가지며 내 속옷을 놓고는 제비를 뽑았다" 하신 성서의 말씀이 이루어졌다.[44]

고대인들은 예수가 완전히 발가벗었다는 것을 이상하게 생각하지 않았으며, 초대교회의 십자가 상에 달려 있는 예수도 완전히 발가벗은 모습이었다. 6세기 이전 그리스 지역의 예술가들은 예수를 잘 생기고 젊은 사람으로 그렸으며::5 그것도 발가벗은 것으로 그리는 것을 즐겼다. 그것이 예수의 원래 모습과 가깝다고 생각했기 때문이다.[45]

예수가 죽은 후 상당 기간 기독교 신자들이 예수를 발가벗은 상태로 묘사했던 것은 예수가 실제로 발가벗고 죽었을 뿐만 아니라::6 발가벗음이 죄를 짓기 이전의 깨끗한 상태를 상징한다고 보았기 때문이다. 이 때문에 8세기 초까지 기독교 신자들은 성 토요일 밤에 대성당에 붙어 있는 팔각형 못에서 남녀 모두 발가벗고 세례를 받았다. 그러나 발가벗음에 대한 이런 기독교의 생각은 중세 초기에 사

::5 현대인에게 익숙한 예수의 상, 즉 긴 수염과 긴 머리를 하고 있고, 머리에 후광을 두른 인자한 중년의 남자상은 동방 지역뿐만 아니라 서방 지역에도 6세기 이전에는 등장하지 않는다. 이에 대해서는 A. Cameron, *The Later Roman Empire*, Harvard University Press, 1993, pp. 162~163를 보라.

::6 존 도미닉 크로산, 『예수』, 김기철 옮김, 한국기독교연구소, 2001, pp. 202~203은 예수가 발가벗겨진 채 죽었을 뿐만 아니라 죽은 후에는 매장된 것이 아니라 개밥이 되었을 것이라고 주장했다. 로마 시대의 관행을 보았을 때 매우 설득력 있는 주장이다.

16세기 후반의 화가인 크리스토퍼 슈바르츠가 그린 골고다 언덕으로 가는 예수의 모습. 겉옷을 입고 있다.

라졌다. 카롤루스 왕조 시기에 침수 세례가 사라지면서 발가벗는다는 것은 죄 없는 이상적인 상태를 의미하는 것이 아니라 성적인 욕망과 연계된 것으로 여겨졌기 때문이다. 발가벗음에 대한 이런 생각의 변화는 이미 200~300년 전부터 발생했던 것 같다.

예수가 완전히 발가벗겨져 성기조차 가리지 않은 채 십자가에 못 박혀 있는 것을 신자들은 어떻게 생각했을까. 선사시대부터 인간들은 남근을 풍요와 생명의 원천으로 숭배했다. 세계 곳곳에 존재하는 남근상이 그 증거다. 이집트나 메소포타미아 벽화들을 보면 영웅이나 신들이 성기를 자랑스럽게 노출한 장면들이 많다. 이는 이집트나 메소포타미아 사람들이 성기를 그대로 드러내는 것을 수치스럽게 생각하지 않았다는 것을 보여준다.

　고대적인 생각을 가지고 있던 로마인들도 남자의 성기가 다산을 상징하는 신이라고 생각했다. 로마의 건설자인 로물루스의 탄생에 대해서 이런 이야기가 전한다. 로물루스의 고향인 알바 왕국에 타르케티우스Tarchetius라는 사람이 있었다. 어느 날 그의 궁정에 이상한 형상이 나타났다. 남근상이 우뚝 서 있었던 것이다. 의아하게 생각한 타르케티우스는 테티스의 신전에서 신탁을 청했다. 신탁 결과 한 처녀를 그 형상에게 바치면 세상에서 가장 뛰어나고 강한 아들이 태어날 것이라는 대답을 얻었다. 타르케티우스는 자신의 딸에게 그 형상을 가까이하라고 했지만 딸은 수치스러워 시녀를 대신 보냈다. 그리고 그 시녀가 몇 달 뒤에 쌍둥이 형제를 낳았다.[46] 어떤 자료들은 로물루스가 아니라 로마의 6대왕 세르비우스 툴리우스Servius Tullius를 이 설화의 주인공으로 제시하고 있다.

　여기서 중요한 것은 불의 신 불카누스가 남성 성기의 모습으로 나타났다고 하는 것이다. 로마 신화에서 불의 신 불카누스는 수차례 남성 성기의 모습으로 나타나 영웅을 탄생시켰다.[47] 이는 로마인들이 남성 성기를 성과 다산의 상징으로 여겼다는 것을 보여준다. 공화정 말기까지 로마인들은 거대한 남근상을 만들어 거리를 행진했으며 이 행진은 다산과 풍요를 비는 의식이었다. 로마인들뿐만 아니라 게르만인들도 발가벗은 신을 숭배했다. 그리스 신화의 프리아포스Priapus나 북유럽 신화의 프레이르Freyr 같은 신들이 생식의 신으로 여겨졌으며 발가벗은 상태로 숭배되었다. 신들이 발가벗었을 뿐만 아니라 풍요를 비는 의식에 참가한 처녀나 부인들도 완전히 옷을 벗었다.

예수의 십자가형을 묘사한 15세기 그림. 십자가형을 받은 세 사람 모두 속옷을 입고 있다.

이렇게 다신교도들이 발가벗은 남자 신을 생식의 신으로 숭배하고 성을 상징하는 것으로 이해했기에 기독교에 새로 입문한 신자들이 예수의 발가벗은 몸이 원죄 없는 깨끗한 상태를 상징하는 것이 아니라 성적 활력을 상징하는 것으로 오해될 소지가 늘 있었다. 때문에 사제들은 예수에게 옷을 입혀야겠다는 생각을 가지고 있었다. 전하는 이야기에 따르면 어느 날 나르본의 어떤 사제에게 예수가 나타나 옷을 입혀달라고 말했다고 한다. 이때부터 기독교인들은 예수에게 긴 겉옷을 입혔다. 이렇게 해서 이미 6세기에 발가벗은 채 십자가에 못 박힌 예수의 상은 사라졌다.[48]

나는 기독교인이니
나를 죽여주시오

기독교인들의 자발적인 순교 열풍은 왜 일어났을까?

로마 황제 콤모두스(Commodus, 재위 180-192) 통치 말기 많은 무리의 기독교인들이 아시아 속주의 총독 아리우스 안토니누스에게 집단으로 몰려가서 자신들이 모두 기독교인이니 죽여달라고 외쳤다.[49] 총독은 화가 나서 고함을 질렀다.

"이 미친 놈들아, 너희가 죽기를 원한다면 절벽에 가서 뛰어내리면 되지. 왜 나를 귀찮게 구느냐?"

이렇게 기독교 신자들이 집단으로 로마의 관리들에게 몰려가서 죽여달라고 외친 것은 일회적인 사건이 아니었다. 그것은 2~3세기에도 지속된 열풍이었다. 그 정도가 얼마나 심했던지 카르타고 교회의 지도자였던 테르툴리아누스(Tertullianus, 155-240?)는 북아프리카의 총독에게 보내는 편지에 다음과 같이 썼다.

만약 당신이 아시아에서처럼 우리 기독교인들을 죽이려고 한다면, 기독교 신자들은 남녀노소, 지위 고하를 가리지 않고 당신 앞에 몰려와서 '우리가 기독교인이니 죽여주시오' 할 텐데 어떻게 처리하시겠습니까? 얼마나 많은 칼과 불을 써서 그들을 모두 죽일 수 있겠습니까? 더욱이 카르타고에 발생할 심각한 인구 감소는 어떻게 처리하시겠습니까? [50]

또한 교회사가 유세비우스는 4세기 초에 상이집트에서 많은 사람이 순교하였는데, 그들 대부분은 자발적인 순교자들이었다고 전한다. 예를 들어 에플루스Euplus라는 한 신자가 "나는 기독교 신자이기 때문에, 죽기를 원한다!"라고 외치며 거리를 활보하였다. 다행히 그가 살던 지역의 관리는 그의 소원을 들어주었다. 그리하여 축복받은 에플루스는 복음을 간직한 채 법정에 갔고 또 순교하였다.

도대체 기독교인들은 왜 이토록 열성적으로 죽기를 자청했을까? 당시에 많은 기독교 신자들은 관리들의 박해를 받아 죽으면 신자는 순교자가 되고 하늘의 영광을 얻을 수 있다고 믿었다. 자발적인 순교가 급속도로 퍼져나가자, 사려 깊은 기독교 지도자들은 자발적 순교 열풍을 잠재우려고 노력했다. 그들은 두 가지 기준을 제시했다.[51] 첫째, 신자가 스스로 관청에 가서는 안 된다. 박해의 가능성이 커지면 숨거나 다른 곳으로 피해야 한다. 둘째, 순교하려면 계시를 받아야 한다.

3세기의 교부였던 키프리아누스의 순교는 이 사실을 잘 보여준다. 키프리아누스는 248년에 알렉산드리아의 주교가 되었다. 249년 데키우스의 박해가 시작되자 그는 시골로 피신하였다. 그의 결정은 북아프리카 교회의 전통에 어긋나는 것이었다. 테르툴리아누스의 전통을 잇는 북아프리카 교회는 박해 때 도망가서는 안 된다는 신념을 갖고 있었다. 따라서 키프리아누스의 피신은 그의 주교직에 심각한 문제를 일으킬 수 있는 중대한 사안이었다. 실제 여러 신자들이 키프리아누스의 권위를 부정했고, 심지어 로마 교회에 편지를 써서 키프리아누스를 정죄하려고 했다. 키프리아누스는 피신 전에 그의 피신이 일으킬 파장을 잘 알고 있었다. 그럼에도 불구하고 그는 순교하라는 계시를 받지 못했기 때문에 피신하였다. 그는 그의 권위에 도전하는 신자들에게 자신의 피신은 성경의 가르침에 따른 것이며, 자신은 하느님으로부터 순교하라는 계시를 받지 못했기에 도시를 떠났다고 설명하였다.[52] 그런데 그로부터 8년 뒤인 257년에 발레리아누스의 박해가 시작되어 카르타고의 총독이 소환 명령을 내렸을 때 키프리아누스는 도망가지 않고 기꺼이 법정에 출두하였다. 꿈에서 그가 재판정에 서게 될 것이며, 어떤 판결을 받을지 계시를 받았기 때문이었다.[53] 이후 여러 순교록에서 신자들이 계시를 받고 순교했다는 기록이 나온다.[54]

그런데 여기서 중요한 문제가 생긴다. 일반적으로 우리는 로마가 기독교를 심하게 박해했고, 기독교인들은 카타콤 같은 동굴에 숨어서 신앙 생활을 했다고 알고 있다. 그렇다면 가만히 있어도 로마의 관원들에게 붙잡혀 사형을 당했을 텐데 왜 굳이 자발적으로 로마의 관리를 찾아갔을까? 그것은 로마 제국 대부분 기간 동안에 기독교는 사실상의 관용을 받았기 때문이다.

로마는 원래 다신교 국가였고, 정복지의 관습과 문화, 종교를 존중했기 때문에 종교적으로 기독교를 박해할 아무런 이유가 없었다.

19세기 프랑스 화가 장 레옹 제롬이 로마의 기독교 박해의 한 장면을 그린 「기독교 순교자들의 마지막 기도」(1883). 하지만 로마가 기독교도를 심하게 박해했다는 것은 사실이 아니다.

오히려 예수의 죽음부터 네로의 대박해가 시작되기 전까지 로마는 기독교를 보호하였다. 예수의 제자들은 유대교에서 소수파였고 유대교도들이 예수를 비롯한 그의 제자들을 박해하였으나, 로마는 제자들을 보호하였다. 예를 들어 사도 바울이 예루살렘 교회의 지도자였던 야고보와 논쟁을 벌인 다음 유대인에게 맞아 죽을 위기에 처했었다. 그때 바울을 보호해준 것은 로마군 수비대장이었다.[55]

네로 이후에 로마의 박해가 있기는 했지만, 그것은 주로 종교적인 이유 때문이 아니라 정치적인 이유 때문이었다. 기독교인들이 로마의 국가 행사인 황제 숭배 의식에 참가하지 않았는데, 이것은 로마 정부에게는 정부의 권위에 도전하는 것으로 비쳤다. 즉 로마 제국은 기독교라는 종교가 이상하기 때문에 박해한 것이 아니라, 로마의 지배 질서에 순응하지 않았기 때문에 기독교인들을 박해했던 것이다.

그나마 로마의 박해는 오래 유지되지 않았고, 2세기 말부터는 사실상의 관용이 이루어졌기 때문에, 많은 사람들이 자유롭게 기독교를 믿었다. 로마의 관용 속에서 기독교는 도시를 중심으로 널리 퍼져나갔다. 또한 사회에서 소외된 자들이 혹독한 박해를 피해서 몰래 모여서 기독교를 발전시킨 것은 결코 아니었다. 3세기에 많은 상층민들이 주도적으로, 그리고 공개적으로 기독교를 믿고 전파했었다.[56]

이런 이야기를 하면 기독교인들이 심하게 박해를 받아 카타콤이라는 지하 무덤에 몰래 모였지 않느냐고 질문하는 사람이 있다. 그러나 그렇게 생각하는 것은 오해다. 카타콤은 지하 묘지인데, 로마시 주변에 죽은 사람들이 매장된 곳이다. 그곳에는 장장 250킬로미터나 되는 미로가 얽혀 있고, 75만 명의 시신이 묻혀 있다.

카타콤은 로마의 성벽에서 불과 3킬로미터 바깥에 떨어진 지역에 건설되었다. 정보력이 막강했던 로마 제국이 기독교 신자들이 그들의 거대한 무덤을 만들었다는 사실을 몰랐을 리 없다. 만약 로마 황제가 정말로 기독교를 혹독하게 박해하려고 했고, 기독교 신자들이 카타콤에 숨어서 살았다면, 로마 황제는 기독교 신자들을 너무나 쉽게 집단 학살할 수 있었을 것이다. 그렇지만 그런 일은 일어나지 않았다. 로마 황제들이 카타콤을 건드리지 않았던 것은 죽은 자와 묘지를 존중해야 한다는 로마의 전통 때문이었다. 로마의 4대 황제 클라우디우스가 내린 칙령은 이 사실을 잘 보여준다.

나는 무덤과 묘에 대해서 다음과 같이 포고한다. 누가 그것을 만들었든, 부모, 자녀, 또는 가족을 위하여 만든 것이라면 영원히 존중받아야 한다. 누군가 그것들을 파괴했거나, 또는 어떤 방법으로

로마에 있는 카타콤을 묘사한 그림.

든 묻힌 자들을 꺼냈거나, 또는 사악한 의도로 제거했거나, 또는
무덤을 봉인하고 있는 돌을 제거했다는 이유로 고발당한다면, 재
판을 받아야 한다. 무덤에 묻힌 자는 영예롭게 존중되어야 한다.
누구도 묻힌 자를 제거해서는 안 된다. 누군가 그런 범죄를 저지
른다면 중형에 처할 것이다.

황제의 칙령대로 로마인은 죽은 자와 그들이 묻힌 묘지를 신성하
게 여겼다. 기독교 신자의 카타콤도 예외가 아니었다. 로마의 관리가
카타콤을 파괴하거나 훼손한 일은 한 번도 없었다.

그렇다면 기독교인들이 카타콤이라는 지하 묘지를 만들었던 이유는 무엇일까? 원래 로마인들은 주로 화장을 했지만, 기원후 1~2세기를 기점으로 점차 매장이 확산되었다. 특히 기독교인들은 육신의 부활을 믿었기 때문에 화장을 꺼렸고 매장을 추구했다. 그런데 로마인들은 산 자와 죽은 자의 세계를 엄격히 구분하였기 때문에 로마 성벽 안에는 무덤을 만들지 못하게 했다.[57]

더구나 로마 근교의 땅값이 매우 비쌌다. 결국 땅값을 절약하고, 성지 로마에서 멀리 떨어지지 않은 곳에 죽은 신자들을 묻기 위해 기독교인들은 지하에 굴을 파서 묘지를 만들기 시작했다. 그들은 회랑의 양쪽을 잘라내어 시신들을 안치하기에 충분할 만큼 묘실을 팠고, 수요가 늘어남에 따라 더욱 깊게 지하로 확장해나갔다. 어떤 카타콤은 지하 6층 깊이로 만들어지기도 했다.[58]

토마스 아퀴나스는 죽어서
통째로 삶아졌다?

성인숭배 의식이 낳은, 웃지 못할 해프닝

　3세기 이후 초기 기독교 신자들은 모범적으로 신앙생활을 했던 인물을 성인으로 숭배하였다. 어떤 신자가 성인의 자격이 있는지 여부는 기적을 행했던가로 판명되었다. 기적의 종류는 다양했다. 병을 고치거나 지역 사회의 오랜 골칫거리를 해결하거나, 나라를 구하는 큰일을 해내는 것 등을 들 수 있다. 하느님은 성인이 모범적으로 신앙생활을 하고 있다는 것을 확인하고, 그에게 기적을 행할 능력을 줌으로써 세상에서 고난을 받고 있는 신자들을 도왔다.

　성인과 신앙심 있는 자들과의 관계는 상호 신의와 부조라는 중세의 개념으로 생각할 수 있다. 성인으로부터 보호와 치료를 받은 사람은 기꺼이 성인을 존경하고 부조했다. 그리고 성인은 자신이 속한 지역에서 기적을 행하는 것으로 믿어졌으며, 지역 성인에 대한 숭배는 사도에 대한 숭배 못지않게 중요하게 여겨졌다. 중세 후기에는 성인의 '전문화'가 이루어졌다. 각각의 성인에게 특정한 기능이 할당되었다. 그때 성인들은 여러 직업적인 일을 하는 것으로 생각되었고, 그들이 하는 일에 따라서 각 직업의 보호자가 되었다.

성인이 하느님으로부터 받은 권능은 그가 죽은 이후에도 계속된다고 믿어졌다. 죽은 성인은 하느님께 올라갔지만, 그의 영혼의 일부는 무덤에 여전히 존재한다. 4세기 투르의 성인이었던 마르티누스의 묘비명은 다음과 같다.

> 신성하게 기념해야 할 주교인 마르티누스가 여기에 누워 있다. 그의 영혼은 하느님 곁에 있지만, 그는 여전히 여기에 현존하며 모든 종류의 기적을 행하신다.[59]

이렇게 성인이 무덤 속에서 계속 존재한다고 믿었던 기독교 신자들은 그에게 온갖 고민을 털어놓았다. 고민을 털어놓은 방법은 다양했는데, 프랑크왕 킬페리쿠스 1세(Chilperic I, 재위 561-584)는 죽은 성 마르티누스에게 자신의 고민을 해결해달라는 편지를 썼다.

그런데 중세인들은 신자들이 죽은 성인과 연계를 계속 유지하기 위해서는 성인의 유골이나 유품을 가지고 있어야 한다고 믿었다. 성인의 유골뿐만 아니라 그의 휴대품, 눈물, 침, 심지어 그의 무덤에서 나온 먼지조차도 주술적인 힘을 가지고 있다고 믿었다. 성인이 남긴 말씀도 거대한 힘을 가진 것으로 생각했으며, 심지어 동물이나 무생물조차도 그에게 복종한다고 믿었다.

유골에 대한 숭배는 동방에서 시작했지만, 중세 초부터 서방에서 폭발적인 인기를 얻었다. 일부 성직자들은 유골을 숭배하는 것을 우상 숭배라고 반대했지만, 사실상 교회는 그것을 권장하였다. 성인 유골 숭배가 강화되면서 성인은 목숨은 물론, 시체조차 평안을 누리지 못했다. 한 나이 먹은 성인이 자신을 성인으로 숭배하는 마을 사람들을 모아놓고, 이제 이 마을은 신심이 깊으니 걱정이 없다며 자신이 죽기 전에 더 많은 다른 마을 사람들에게 복음을 전하기 위해 떠나겠다는 뜻을 밝혔다. 그러나 마을 사람들은 그 성인의 뜻을 받아들일 수 없었다. 성인이 자기들의 마을에 현존해 있거나, 최소한 성인의 유골이라도 마을에 안치되어 있어야만 성인의 초능력이 계속 작용하여 자신들을 보호해줄 수 있다고 믿었기 때문이다. 마을 사람들이 동의하지 않았기 때문에 그 성인은 마을을 떠날 수 없었다.

성인이 나이가 많아 죽으면 그의 시체를 차지하기 위한 경쟁이 발생하였다. 397년 투르의 마르티누스가 죽자, 프와티에와 투르의 주민들이 빈소로 모여들어 서로 성인의 시체를 차지하기 위해 격론을 벌였다. 논쟁이 해결되지 않자 프와티에 주민들이 무력으로 시체를 가져갔지만 투르 주민들이 야음을 틈타 다시 그 시체를 훔쳤다. 시체를 차지하기 위한 경쟁이 심해지면서 시체를 아주 작게 분해하는 일이 이루어졌다. 스콜라 철학의 대가 성 토마스 아퀴나스가 죽자 제자들은 그를 통째로 가마솥에 넣어서 삶은 다음 유골을 토막 내어 나누어 가졌다.[60] 이런 풍습은 20세기까지 계속되었다. 심지어 기독교의 발상지에서 멀리 떨어져 있는 한국에서도 이 풍습을 확인할 수 있다. 한국 최초의 신부인 김대건 신부의 유해는 잘게 나뉘어 국내외 208개소에 보관되어 있다.

그런데 성인들의 유골이나 유품을 둘러싼 분쟁과 싸움이 치열했

벨라스케스가 그린 성 토머스 아퀴나스.

던 다른 이유가 있었다. 그것은 성인들에게도 등급이 있다는 사실이다. 성인들은 생전에 행한 기적이나 신앙심에 따라 등급이 매겨졌고, 등급이 높은 성인일수록 효험이 크다고 믿어졌다. 때문에 중세인은 등급이 더 높은 성인의 유골을 차지하기 위해 쉴 새 없이 싸웠고, 때때로 도둑질도 서슴지 않았다.

중세 성인 유골 훔치기의 대표적인 사례는 베네치아이다. 베네치아는 게르만족이 남하하던 5세기에 건설된 도시였다. 고트족과 훈족 등이 약탈을 일삼자 파두아, 아퀼레이아, 콘코르디아, 트레비소, 알티노 등의 난민이 베네치아의 석호 섬들로 모였다. 베네치아의 규모는 점점 커졌고, 10세기 이후 동서양의 교역을 중개하면서 이탈리아 최고 도시로 성장하였다. 그렇지만 베네치아는 도시의 위상에 걸맞는 성인을 모시고 있지 않았다. 심한 콤플렉스를 느꼈던 베네치아는 알렉산드리아에서 성 마르코의 유골을 훔쳐 오기로 했다. 성 마르코는 예수의 수제자였던 베드로의 제자였고, 최초의 복음서인 마르코 복음서의 저자였다. 828년 베네치아 정부는 상인 2명을 알렉산드리아로 보냈다. 그들은 알렉산드리아에서 성 마르코의 유골을 훔쳤다. 두 상인이 마르코의 유골을 훔쳐오는 데 성공하자 베네치아 정부는 산 마르코 성당을 짓고 거기에 유골을 안치했다. 성당 앞에는 광장을 조성했고 성 마르코를 상징하는 상징 조각상을 배치하였다.[61]

오늘날 베네치아에 가면 광장이나 공공장소에서 날개 달린 사자상을 쉽게 볼 수 있다. 박물관이나 미술관에도 사자상이나 사자 그림이 많다. 중세 베네치아 정부와 총독의 궁전이었던 도제 궁(두칼레 궁전)에는 비토레 카르파초가 그린 「산 마르코의 사자」가 있다. 이 그림

비토레 카르파초가 그린 「산 마르코의 사자」(1516).

에서 사자는 몸의 반은 바다에, 그리고 반은 육지에 걸치고 있다. 이는 베네치아가 위풍당당하게 육지와 바다 모두를 지배할 것임을 상징한다.[62] 초기 기독교 신자들은 사 복음서의 저자를 네 개의 날개 달린 생물에 비유하였다. 마태오는 날개 달린 사람으로, 마르코는 날개 달린 사자로, 루카는 날개 달린 황소로, 요한은 독수리로 생각하였다. 따라서 베네치아에 날개 달린 사자상이 세워진 것은 그들이 성 마르코의 유골을 훔쳐 온 것을 과시한 것이다.

1517년에 루터가 종교개혁을 일으킨 뒤 신교가 성인 숭배를 부정했기 때문에 근대세계에 오면서 성인 숭배 의식은 점차 수그러들었다. 그러나 가톨릭에서는 지금도 성인을 숭배하며 모든 신자들에게 보호 성인을 지정해준다.

교황의 아들은 '호부호형'
못하는 홍길동?

중세 성직자의 부정부패와 성적 타락의 면면

중세의 성직자들은 그 자체가 거대한 권력이었다. 교황부터 하급 성직자에 이르기까지 그들은 막대한 부를 축적하였고 세속권력자들과 협력하면서 중세를 주도하였다. 교황권이 강성해진 뒤에도, 교황이 임명한 대주교·주교·하급 성직자들은 1122년 황제와 교황 사이에 맺어진 보름스 협약에 따라서 황제나 왕들에게 충성을 맹세했고, 그 대가로 영지나 봉록을 받았다. 그리고 중세 교회는 날로 부유해졌다. 신자들의 헌금과 기증이 날로 쌓여갔기 때문이다.

원래 기독교 교회는 늘 부유했다. 초대교회 때부터 교회가 재정적으로 어려움을 겪은 일은 별로 없었다. 왜냐하면 기독교인들의 최대 목표는 천국에 가는 것이고, 천국에 가려면 죄를 사면받아야 하는데, 그 죄를 사면받으려면 반드시 보속을 해야 하기 때문이다. 보

손님을 맞이하는 유곽의 풍경을 묘사한 중세 독일의 목판화(1477).

속은 천주교에서 사용하는 용어인데, 죄를 지은 자가 죄를 사면받기 위해서 치러야 하는 '죗값'이라고 생각하면 무리가 없을 것이다. 여기서 잠깐 초대교회에서 신자가 죄를 사면받는 과정을 살펴보자.

죄인이 보속을 받기 위해서는 교회에 많은 신자들이 모인 가운데, 자기 죄를 공개적으로 뉘우치고, 자기를 비하하면서 죄를 뉘우치는 행동을 해야 했다. 예를 들어 간음한 자는 자기 죄를 고백한 다음 죄를 깊이 뉘우친다고 눈물을 흘리면서 신자들의 무릎을 잡고 그들의 발자국을 혀로 핥았다. 그러면 많은 신자들이 그의 죄가 사면받기를 간구하는 기도를 해주었고, 주교나 주교를 대리한 성직자들이 죄에 합당한 보속을 정해주었다.

보속은 헌금을 하거나, 사회봉사를 하거나, 금식과 같은 종교적인 회개의 행동을 통해 이루어졌다.[63] 신자들이 죄를 용서받기 위해서 계속 헌금을 했기 때문에, 교회는 계속 부자가 되었다. 중세 교회에서는 사람이 죽을 때가 되면 일정 기간 세속을 떠나 수도원 같은 곳에서 일생을 반성하고 정리하도록 했는데, 만약 그런 참회의 시간을 갖지 못하면 재산을 교회에 바치도록 했다. 그래서 중세 교회는 더욱 부자가 되었다.::7

하여튼 성직자들이 권력과 부를 장악하자 필연적으로 거기에 따른 많은 잡음이 생겨났다. 세속권력화한 성직자들은 성직을 매매했고 축첩을 일상적으로 행하였다. 교황들 자신이 첩을 두고 아이를 낳았으나 그 아이를 데리고 다닐 때 "이 애가 내 아들이요."라고 차마 말할 수 없었기에 "이 애가 내 조카요." 하고 다녔다. 이것을 영어로는 네포티즘nepotism이라 하는데 이 말은 라틴어 네포스(nĕpos, 조카)에서 유래했다.

타락한 교황 가운데 대표적인 인물이 교황 알렉산데르 6세(재위 1492-1503)이다. 본명이 로드리고인 그는 1431년에 에스파냐 발렌시아 인근의 하티바에서 태어났다. 그는 어머니 이사벨 데 보르하의 성을 따라 보르하 가문에 입적되었다. 1455년 그의 외숙부가 교황 갈리스토 3세가 되고, 로드리고를 발렌시아의 대주교로 임명했다. 그는 대주교가 되기 이전에 이미 난잡한 성관계를 통해 6명의 사생아를 두었다. 대주교가 된 이후에는 어떤 과부와 그 두 딸을 농락하였고, 또 로사라는 소녀를 첩으로 두었다. 그녀와의 사이에 자식 넷을 두었다. 1492년 교황 이노켄티우스 8세가 죽자 로드리고는 교황직에

::7 물론 교회의 부가 모두 성직자의 배를 채우는 데 쓰인 것은 아니었다. 교회는 많은 가난한 자들을 거느리고 있었고, 그들을 먹이고 입히기 위한 막대한 돈을 썼다. 교회는 또한 문화를 보존하기 위해서도 힘썼다.

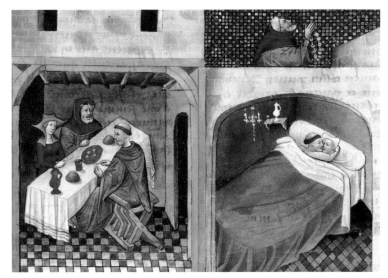

『데카메론』의 셋째 날 네 번째 에피소드인 〈돔 펠리체 이야기〉를 묘사한 삽화. 중세 기독교의 타락을 풍자한 이 에피소드는 돔 펠리체가 푸치오 수도사에게 고행을 통해 축복을 얻는 방법을 가르쳐주고, 푸치오가 고행을 하는 동안 그의 아내와 즐거운 시간을 보낸다는 내용이다. 15세기 플랑드르의 채색필사가였던 기유베르 드 메(Guillebert de Met)가 그린 삽화다.

도전하였다. 그는 교황 선거권을 갖고 있는 추기경들에게 막대한 돈을 뿌렸지만 한 표가 부족하였다. 그는 거액의 돈과 함께 자신의 12살 된 친딸과 하룻밤을 약속함으로써 마지막 한 표를 얻었다. 그렇게 교황이 된 로드리고는 이름을 알렉산데르 6세라고 고치고, 온갖 난잡한 행위를 서슴지 않았다. 가령 당시 로마에는 15세의 줄리아 파르네세Giulia Farnese라는 미소녀가 있었다. 그녀의 오빠가 문서 위조죄로 재판을 받게 되자, 알렉산데르 6세는 오빠를 풀어주는 대가로 줄리아를 첩으로 삼았다. 줄리아가 너무나 아름다웠기 때문에, 로마 사람들은 그녀를 한 번이라도 본 사람이라면 알렉산데르 6세의 행위를 이해할 수 있다고 말했다.[64]

교황이 이랬으니 다른 성직자들의 상황은 더 이상 말할 필요도 없을 것이다. 중세 후기로 내려오면 성직자들과 수녀들의 성적 타락이 너무 심해져서 막을 수가 없는 지경이 되었다. 1563년에 오스트리아 남부 세습령의 수도원 다섯 군데를 조사했을 때, 관리들은 그곳 모든 수도원에서 사제들이 본처와 첩과 자식들과 함께 거주하고 있다는 사실을 확인하였다. 예를 들어 베네딕트파의 쇼텐Schotten 수도원에서는 9명의 수도사가 2명의 본처, 7명의 첩, 8명의 자식을 데리고 살고 있었다. 가르스텐Garsten의 베네딕트파 수도원에는 18명의 수도사가 12명의 본처, 12명의 첩, 19명의 아이를 데리고 살고 있었다. 또 아그랄 수녀원에는 40명의 수녀가 19명의 아이를 데리고 살고 있었다.[65]

이렇듯 심각한 성직자들의 성적 타락에 대해서 프랑스의 유명한 학승인 제르송(Jean Gerson, 1363-1429)은 다음과 같이 말했다.

성적 부정 행위를 아무도 몰래, 주일이 아닌 날 신성한 장소가 아닌 곳에서 미혼자와 했다면 그리 문제될 것이 없다. (성직자의) 순결 서약이란 처자를 거느리지 않겠다는 것을 의미할 뿐이다. 따라서 아무리 간음을 했다 해도, 독신 생활을 계속했다면 순결의 서약을 파기한 것으로 볼 수 없다.[66]

사태가 이렇게 심각해지자 교황청도 사제들에게 축첩을 허용하였다. 아니, 오히려 교황청은 사제들의 축첩을 좋은 돈벌이 수단으로 이용하였다. 예를 들어 교황 식스투스 4세(재위 1471-1484)는 사제들에게 축첩세를 부과하였다.

게오르그 마테우스 비셔의 동판화 속 쇼텐 수도원(1672).

　사실 교회의 성에 대한 태도는 매우 이중적이었다. 여성들에게 순
결과 정숙을 강조하면서도, 남성들을 위해서는 매춘굴 출입을 허용
하였다. 성지에서 이슬람교도를 몰아내기 위해서 만들어진 십자군
부대에는 매춘부대들이 따라다녔으며, 교회들은 매춘세를 징수하였
다. 이런 교회의 태도는 성 토머스 아퀴나스의 비유에 잘 나타나 있
다. 그는 매춘을 궁정의 하수구에 비유하였다.

　만일 하수구를 없애버리면 궁정은 오물로 가득 찰 것이다.

　교회의 묵인하에 매춘부들이 수도원이나 교회에 딸린 집에서 살
면서, 성직자들이나 신자들에게 몸을 파는 것은 흔한 일이었다. 심

지어 교회 안에 매춘굴을 설치하는 경우도 있었다. 프랑스의 아비뇽 교회에 매춘굴이 설치되었는데, 교황 율리우스 2세는 16세기 초 로마교회에도 매춘굴을 설치하도록 했다.

이렇게 성적 타락을 저질렀던 성직자들이 죄의식을 느꼈을까? 원래 기독교 성직자는 결혼할 수 있었다. 오히려 신약 성경은 고위 성직자라고 할 수 있는 주교, 장로, 부제(집사)를 결혼한 사람 가운데 뽑아야 한다고 규정하였다.[67] 그런데 결혼한 성직자들이 처자식 건사로 여러 문제를 일으켰다. 이를 심각하게 생각한 레오 9세(재위 1049-1054)는 성직자의 결혼을 교회 부패의 원인으로 생각하고 금지하였다. 그 후 가톨릭 교회는 성직자의 결혼 금지를 일관되게 추진하였다. 그러나 중세에 하급 성직자들은 교황의 명령을 심각하게 생각하지 않았다. 그들은 첩을 두거나 간음을 행하면서 죄의식을 느끼지 않았다.

프랑스 남부 피레네산맥 자락에 몽타유Montaillou라는 마을이 있었다. 1290년 무렵에 교황청은 이 마을에 이단이 횡행한다는 소리를 듣고 조사관을 파견해 마을 사람들의 신앙생활을 면밀히 조사하고 마을 사람들을 재판에 회부했다. 재판관이었던 자크 푸르니에가 마을 사람들의 일상생활과 관습은 물론 내밀한 이야기까지 자세하게 심문하고 기록했는데, 그에 따르면 마을의 거의 모든 사람이 자유로운 연애를 하고 있었다. 특히 마을 본당의 신부였던 피에로 클레르그는 마을 영주의 아내를 비롯한 12명의 내연녀와 성생활을 즐겼다. 그런데 조사 과정에서 자신들의 행위가 부끄럽거나 수치스러워서 숨겨야 한다고 말하는 사람은 없었다. 심지어 그의 한 내연녀는 "사제와 육체관계를 맺은 것은 나와 그를 즐겁게 하였습니다. 따라서 그

것은 죄가 아닙니다."라고 말했다. 몽타유 마을 사람들의 성에 대한
이런 태도는 서양 중세에 기독교가 겉보기에는 모든 것을 장악한 최
고 권력이었지만, 실제로는 여전히 사람들의 내면을 좌우하지 못하
는 허수아비였음을 보여준다.

IV.
네 번째 밤

천년의 암흑, 그래도
삶은 계속되었다

귀족들의 세 끼 식사,
누가 누가 많이 먹나

중세 시대에 부와 권력의 상징이었던 '과식'과 '과음'

　우리 사회가 불과 몇 십 년 전까지 보릿고개에 시달렸다는 사실
이 보여주듯 전근대 시대는 세계 어느 곳이든 절대적으로 식량이 부
족했다. 때문에 평민들은 항상 굶주림에 시달렸고, 일 년에 두세 달
은 글자 그대로 '초근목피'로 연명하였다. 농민들이 애용했던 초근목
피 가운데 '양귀비 풀'이라는 것이 있었다. 이것을 먹으면 환각에 빠
져들었다. 따라서 가난한 농민들 다수는 일 년에 한두 달은 환각에
빠져 헤롱대면서 살았다. 중세에 많은 사람들이 천사와 같은 신적
존재를 만나거나 영적 흥분 상태에 빠졌던 것도 이런 환각과 관련이
있다. 1692년 위르겐스부르크Jürgensburg에서 열렸던 한 재판은 이 사
실을 잘 보여준다.

　이 지역의 농부였던 80대 노인 티스Thiess가 재판정에 서서 자신이

'늑대 인간'이라고 주장했다. 티스에 따르면 그는 매년 늑대로 변모하여 역시 늑대 인간으로 변한 친구들과 함께 바다 끝에 있는 지옥으로 갔다. 그곳에서 악마, 마녀들과 싸웠고, 자신이 승리하면 그해에는 풍년이 들지만 그렇지 못하면 흉년이 들었다. 재판관과 성직자들은 인간이 늑대로 변할 수 있는 것은 악마와 계약을 맺었기 때문이라고 주장하였다. 그렇지만 티스는 자신은 하느님을 섬기면서 악마와 싸운다고 주장하였다. 티스가 자신의 주장을 굽히지 않자, 재판관은 티스가 노인이라는 것을 고려하여 채찍질 10대를 부과했다.[68] 인간이 어떻게 늑대가 될 수 있단 말인가? 티스라는 노인이 거짓말을 했을까? 그렇지는 않다. 그는 자신과 동료들이 늑대로 변해 그런 '전투'를 주기적으로 치른다고 확신했다. 그 이유는 꿈 또는 환각 속에서 늑대로 변한 자신의 모습을 보았기 때문이다. 티스 노인처럼 굶주린 농민들이 환각이나 환청을 겪는 것은 흔한 일이었다.

평민이 이렇게 굶주려서 온갖 정신병에 시달릴 때, 평민들을 착취하여 호화롭게 살았던 귀족들에게 식량은 늘 남아돌았다. 이처럼 식량 문제에 있어서 귀족과 평민은 정반대 입장이었는데, 평민이 식량을 구하기 위해 발버둥칠 때, 귀족들은 식량을 소비하기 위해서 발버둥을 쳤다.

중세 귀족들은 귀족이라면 당연히 많이 먹어야 한다고 생각했으며, 온갖 핑계를 만들어서 모임을 갖고 고기를 대량으로 소비하였다. 귀족들의 식사는 일종의 많이 먹기 시합이었다. 그들은 연회를 열 때면 온갖 고기, 채소, 빵을 모두 섞어서 거대한 접시에 피라미드 모양으로 쌓아놓고 음식을 많이 차렸다고 과시한 다음, 그것들을 모두 먹어치워야 한다고 말하곤 하였다. 그래서 잘 먹는 것은 귀족의

중세 농민의 식사.

중요한 덕목이었다. 중세의 무훈시인 『기욤의 노래Chanson de Guillaume』
에서 귀부인 기부르Guybour는 남편에게 이렇게 말했다.

> 맹세코, 나으리! 저 사람은 정녕 당신의 혈족입니다.
> 저 큰 돼지허벅살도 저렇듯 먹어치우고,
> 몇 말짜리 포도주도 단 두 모금에 마셔 없애니,
> 이웃에게 싸움을 걸면 얼마나 거셀까요.[69]

이 이야기에서 잘 먹고, 잘 마시는 것은 용맹을 측정하는 지표로
작용하고 있다. 이렇게 잘 먹는 것이 중요한 덕목인 귀족 사회에서
많이 먹지 못하는 자는 귀족으로서 자질을 갖추지 못했다고 비난받
곤 하였다. 예를 들어 9세기 말 스폴레토 공국Ducato di Spoleto의 공작
귀도Guido라는 자가 있었는데 그는 혈통은 좋았지만 프랑크인의 왕
이 되지 못하였다. 10세기 연대기 작가였던 리우트프란드Liutprand에
따르면, 귀족들이 식욕이 약한 그를 싫어했으며 "적은 식사로 만족
하는 그는 우리를 지배할 자격이 없다."라고 불평했다.[70] 이처럼 많
이 먹는 것이 귀족들에게는 중요한 자질로 통용되고 있었기 때문에
중세 귀족들은 영양 과잉이었고 대부분 덩치가 컸다. 그래서 귀족들
은 '뚱뚱한 사람grasso popolo'이라고 불리곤 했는데, 이는 우리말로 하
면 '대인'이라고 할 수 있다.

고기를 먹을 때 빠지지 않은 것이 포도주다. 고대부터 서양인
들은 포도주를 매우 좋아하였다. 로마의 위대한 시인 호라티우스
Horatius는 "물을 마시는 자가 쓴 시는 사람들을 기쁘게 하지 못할 뿐
만 아니라 오래 가지도 못한다."라고 말했고, 인생의 중대사가 있을

중세의 크리스마스 만찬.

때마다 마시기 위해 포도주를 담그곤 하였다. 중세에도 귀족들의 포도주 사랑은 계속되었다. 심지어 중세 귀족들의 별명이 '포도주를 먹는 사람들'이었다.

　중세의 술과 관련해서 재미있는 이야기들이 많이 전한다. '대헌장'에 서명한 것으로 유명한 영국의 존 왕은 "1216년 10월 18일에 복숭아와 덜 익은 사과술을 많이 먹은 끝에 사망하였다." 한 나라의 왕이 과음해서 죽었다니 참으로 한심한 일이다. 카롤루스 왕조의 위대한 황제였던 카롤루스 대왕은 매우 경건한 사람으로 기독교 신앙을 삶의 중요 지표로 삼았다. 따라서 그는 다른 귀족들과 달리 술을 자제하기 위해서 노력했고, 술에 취한 사람들을 경멸하곤 하였다. 따라서 그는 식사를 할 때도 석 잔 이상의 술을 마시지 않았다. 그런

고대 이집트의 파라오 투트모세 4세의 천문관이었던 나흐트 묘의 벽화에 묘사된 와인 양조 공정.

데 역사가들에 따르면 당시 잔은 사발만큼 큰 것이어서 카롤루스는 술에 취해 있을 때가 많았다.

고기를 먹을 때 빠지지 않은 것이 또 하나 있다. 그것은 후추이다. 중세인들은 후추를 유달리 좋아했다. 그들이 왜 그토록 후추를 좋아했는지는 아직 확실히 밝혀지지 않았다. 예전에는 중세인들이 가을에 돼지를 잡아서 봄까지 먹었는데 냉장 시설이 발달하지 않았기 때문에 상한 고기를 먹어야 하는 경우가 많아, 후추를 쳐서 고기 상한 냄새를 없앴다는 이야기가 널리 퍼져 있었다. 그런데 이 설명에는 치명적인 약점이 있는데 당시에는 후추 값이 고깃값보다 비싼 경우가 많았다는 것이다.

최근에는 후추가 재력과 권력을 상징하는 물질로 인식되었기 때문에, 귀족들이 자신들의 신분을 과시하고 동질감을 형성하기 위해 후추를 먹었다는 설명이 가장 유력하다. 아무런 실용성이 없지만 지배 계층은 피지배 계층이 범접할 수 없는 어떤 물질이나 물건, 심지

14세기의 포도주를 만드는 풍경.

어 지식을 자기들끼리 공유하면서, 그것을 피지배층에게 과시함으로써 자신들과 피지배층은 근본적으로 다른 존재라는 인식을 만들어내고, 그럼으로써 자신들의 지배를 정당화한다. 현대의 지배층이 자신들만이 사용하는 운동 시설이나 오락 시설, 문화 클럽 따위를 만드는 이유도 그러하다. 아무튼 중세 귀족들은 후추를 유달리 좋아했는데, 손님을 초대하면 후추를 담은 쟁반을 따로 제공했으며 후추를 고기에 쳐서 먹었을 뿐만 아니라 후식으로도 먹고, 물에 끓여서도 먹고, 그것도 모자라 잠자기 전에 소화제로도 먹었다.

이렇듯 중세에 음식과 술은 지배층에게는 그들의 '특권'을 과시하기 위한 중요한 도구였다. 과학이나 의학도 이런 이데올로기를 뒷받침하기 위해서 이용되었다. 중세의 의학서들은 사람들은 자신의 지위와 신분에 따라 음식을 먹어야 한다고 규정하곤 하였다. 고귀한 신분을 타고난 귀족이 신분에 맞지 않게 하층민들이 먹는 수프를 먹으면 소화불량에 걸릴 것이라고 했고, 하층민들은 위가 거칠어서 귀족들이 먹는 음식을 소화할 수 없다고 가르쳤다. 귀족과 하층민의 '위'가 신분에 따라서 다르다는 것을 의학이 입증했다니 참으로 대단하다. 성직자들도 하층민들의 굶주림을 정당화하는 데 전력을 기울였다. 중세 성직자들의 가르침에 따르면 '인간은 원래 일하지 않고도 풍족하게 먹고 살 수 있도록 창조되었다. 그러나 아담이 죄를 지었고, 그 후로 하느님은 힘들게 일해서 먹을 것을 조달하도록 명령하였다. 그 후 모든 인간은 아담의 죄를 물려받았고, 힘들게 일하고 추위와 굶주림에 시달림으로써 비로소 원죄를 갚을 수 있다'고 한다. 중세 성직자들은 이런 식으로 굶주림에 시달리던 하층민들에게 너희가 배고픈 것은 하늘이 주신 운명이니 순응하고 잘 따르라고 가르쳤던 것이다.

중세의 상류층은
왜 고기를 잘 썰어야 했나?

중세 시대 고기 먹는 법에 숨어 있는 비밀

현대인들은 고기를 먹을 때, 그 고기가 무슨 고기인지 그리고 어느 부위인지도 잘 모르고 먹는다. 고기를 두툼하게 썰어서 스테이크를 구워 먹거나 소시지로 만들어 먹기 때문이다.

중세의 상류층은 오늘날 사람들보다 고기를 더 많이 먹었다. 고기를 먹고 몸을 살찌우는 것이 특권이자 신분의 상징이었다. 그런데 중세인들의 고기 먹는 방법은 독특했다.[7] 중세에 귀족들은 현대인들과 달리 짐승을 통째로 요리해서 먹었다. 야생 사슴, 돼지, 송아지 같은 큰 짐승들을 꼬챙이에 끼워 통째로 구운 다음, 그것을 통째로 식탁 위에 올려놓았다. 가금류를 먹을 때는 때때로 깃털이 달린 것을 그대로 구워서 식탁에 올리기도 했다.

이렇게 통째로 짐승들을 요리해서 식탁 위에 올려놓고 잘라서 먹는다. 고기를 잘라 나누어주는 일은 명예스러운 일로 여겨졌고, 보통 집주인이나 주인이 간청한 지체 높은 손님이 맡았다. 1714년 프랑스의 한 예절서에는 이렇게 기록되어 있다.

젊은이들과 지위가 낮은 사람들은 고기를 대접하는 일에 끼어들어서는 안 되고, 다만 차례가 되거든 스스로 가져다 먹어야 한다.

18세기까지도 상류층에게 고기를 능숙하게 자르는 법은 매우 중요했다. 1530년에 에라스무스는 "고기를 잘 써는 법을 어려서부터 가르쳐야 한다."고 기록하기도 했다.

통째로 고기를 식탁에 올려놓고 잘라서 대접하는 관습은 18세기 이후 점차 사라지게 된다. 이 관습이 사라지게 된 것은 대가족이 감소하고 소가족이 증가했다든가, 도축을 전문으로 하는 업자들이 늘어나면서 집에서 고기를 직접 잡고 요리할 필요가 없어진 사실과 관련이 있다. 그러나 이런 사회적인 변화보다 더욱 중요한 심리적인 원인이 있다.

오늘날 식탁에 통째로 올려진 돼지를 그 자리에서 반 토막 내거나 깃털이 붙어 있는 닭을 썰어 먹어야 한다면 사람들이 기겁을 할 것이다. 푸줏간에 토막 난 고깃덩이가 걸려 있는 것을 보는 것조차 힘들어하는 사람도 있다.

그러나 오늘날 우리가 불쾌하고 수치스러워하는 일들을 중세인들은 유쾌하고 자랑스럽게 생각했다. 중세의 농민들은 숲에다 돼지를 방목했는데, 가을이 오면 돼지가 먹을 수 있는 도토리 같은 숲의 열매들이 없어지기 때문에, 늦가을이면 연례적으로 돼지를 도살해서

15세기 유대인 식으로 동물을 처리하는 모습.

처마에 걸어두고 겨우내 그것을 조금씩 잘라먹었다. 중세인들은 처마에 걸린 돼지를 보면 기뻤고, 가슴 뿌듯함을 느꼈다. 사실 한자 아름다울 미美는 '양고기가 큰 것을 보니 좋다'에서 유래하였다.

고기 먹는 법의 변화는 사람들의 공격성, 폭력성에 대한 태도 변화와도 밀접한 관련이 있다. 중세인들의 삶에서 약탈과 전투는 일상이었다. 중세의 귀족들은 사람을 죽이는 것조차 자랑스럽게 생각하는 경우가 많았다. 중세 사회에서 약탈하고 죽이고 빼앗는 것은 귀족들의 삶의 기쁨이었다. 중세의 음유시인 베르트랑 드 보른Bertran de Born의 한 무훈시에 등장한 한 왕은 이렇게 말하였다.

내가 잡은 기사를 모조리 능멸하고, 코나 귀를 잘라낼 것이다. 집사나 장사꾼은 팔이나 다리를 하나씩 잃을 것이니라.

그리고 한 성직자가 쓴 연대기에는 이런 구절이 나온다.

그는 교회를 약탈·파괴하고, 순례자들을 덮치고 과부와 고아를
괴롭히는 일에 일생을 바친다. 그는 무고한 사람들을 절단하는 데
각별한 쾌감을 느낀다. 베네딕트파의 사를라Sarlat 수도원 한 곳에
서만 그한테 손이 잘리고 눈이 파여진 남자와 여자가 150명이나
된다.[72]

중세 사회에서 전사 귀족들의 이런 잔인한 행동은 수치가 아니라
자랑이었다. 다른 사람을 죽이고, 고문하고 절단하는 것은 그들의
쾌락이었다. 그것도 사회적으로 허락된 쾌락이었다. 그들이 이렇게
잔인하게 행동했던 것은 그들의 생존 방식이었다. 누구도 개인들의
사회적 안전을 보장해주지 않는 가운데, 스스로 자기 신체를 보존해
야 하고 자기 부를 지키기 위해서 사람들은 무력을 키워야 했고, 과
감하게 행동해야 했다. 예를 들어 전투에 이겨서 포로를 잡아 그들
을 영지로 데려올 경우, 어떻게 먹여 살릴 것인가? 만약 적을 공격해
서 이겼는데, 거기 사는 사람들을 그대로 놔두면 어떻게 될 것인가?
그들은 다시 힘을 키워 자신을 공격할 것이다. 그러므로 상대방이
힘을 키울 수 없도록 그들의 힘을 철저하게 제거해야 한다.
　따라서 전사들이 지배하고 폭력이 난무하는 중세 사회는 폭력을
미화하고 조장해야 했다. 자신이 폭력을 쓰지 않으면 누구도 자신을
지켜주지 않은 가운데 어떻게 폭력을 쓰지 마라, 사람들에게 관대하
게 대하라고 가르칠 수 있겠는가? 중세인들이 고기를 통째로 구워
먹었던 것은 이런 사람들의 심리가 반영된 것이었다.

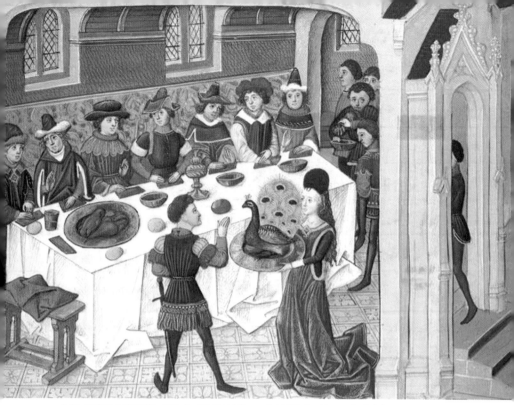

구운 공작새가 깃털째로 제공되는 중세의 만찬. 15세기 중엽의 그림으로 추정된다.

19세기에 부르주아라는 새로운 사회 계층이 성장하여 지배층이
되었다. 이들은 칼이 아니라 돈으로 흥한 자들이었다. 이들은 칼을
차고 있지 않았고, 특별한 무력을 갖추고 있지도 않았다. 부르주아
들은 한편으로는 귀족들을 혐오했고, 한편으로는 귀족들이 아니더
라도 '힘센 놈'들이 자신들을 공격할 가능성을 염려했다. 따라서 이
들은 폭력과 잔인성을 최대의 범죄로 간주하는 생각을 발달시켰다.
그리고 사회에서 인간의 잔혹함이나 원초적 본능을 드러내는 모든
것들을 추방하려 했다. 고기를 얇게 썰어서 '은밀하게' 먹도록 했고,
옷으로 신체의 더 많은 부분을 감추도록 했으며, 노약자를 보호해
야 한다는 순화된 예절을 발달시켰다.

그렇다고 인간의 폭력성이 사라진 것은 아니다. 인간의 폭력성은 평화, 예절, 사랑과 같은 가치관의 밑바닥에 숨겨져 있다. 중세에는 폭력이라는 날카로운 송곳을 대놓고 드러냈지만, 오늘날에는 그 '송곳'이 주머니 속에 감추어져 있을 뿐이다.

하얀 밀빵을 먹는 사람들,
순무를 먹는 놈들

음식과 의복으로 구별되었던 중세의 신분[73]

　전근대 세계에서 신분의 차별은 사회생활의 모든 면에서 '경멸의 폭포'처럼 흘렀지만, 특히 먹는 것에서 가장 현실적이고 가시적으로 드러났다. 중세의 귀족들은 자신들이 귀족이라는 것을 과시하기 위해서 농민들이 먹을 수 없는 여러 가지 음식을 먹었고, 특히 그것을 과식함으로써 자신의 신분을 과시하였다. 그래서 대개 귀족들은 뚱뚱했고 농민들은 비쩍 말랐다.

　서양인들의 주식은 흔히 고기와 빵으로 알지만, 중세 서양에서 고기는 그렇게 흔하지 않았고 밀은 주로 상류층만 먹었다. 화려한 문명을 자랑했던 그리스인·로마인들도 크게 차이가 없었을 것으로 생각된다. 그리스인·로마인들의 주식은 밀과 보리였지만, 보리를 많이 먹었으며 밀로 만든 빵은 귀했다. 그리스 사람들은 이집트인들이 빵

고대 이집트 사람들이 농사짓는 모습.

을 많이 먹기 때문에 '빵을 먹는 사람들Artophagoi'라고 불렸는데, 이 사실은 빵을 먹는 것이 특이한 일이었음을 알게 해준다.[74]

스파르타인들은 '헤일로타이Heilotai'라는 반노예들에게 공물을 받았는데, 그들이 낸 공물은 보리 82메딤노이(medimnoi, 1메딤노이는 약 51.84리테)와 올리브유, 포도주, 우유 등이었다. 즉 공물 납부 목록에는 밀이 없었다. 예수가 보리떡 5개와 물고기 두 마리로 5,000명을 먹였다는 이야기를 들은 적이 있을 것이다. 이 이야기에서도 우리는 당시 보통 사람들이 보리를 많이 먹었음을 알 수 있다.

중세의 농촌 사람들에게는 주로 귀리와 수수millet로 만든 죽이 가장 중요한 음식이었는데, 그것은 무스Mus 또는 브로트(Brot:bread)라고 불렸다. 빵은 원래 성직자와 귀족들이 먹었고, 중세 후기에 와서야 평민들의 일상 음식이 되었다. 빵을 만들기에 가장 적당한 곡물은 밀과 호밀이었다. 좋은 빵을 만들기 위해서는 가루를 잘 빻고, 체질을 잘하고, 좋은 오븐을 갖추어야 했기 때문에 중세 성기인 11~13세기에는 마을과 장원, 수도원에 공동 오븐이 설치되었다. 그러나 가난한 농장 노동자들과 농민들은 주로 귀리와 호밀을 원료로 빵을 만

중세의 빵 만들기.

들어 먹었다. 귀리나 호밀로 만든 빵은 색깔이 검고 딱딱하며 맛이 없었다. 우리가 보리밥을 영양식으로 먹듯이 현대 서양인들도 귀리 빵을 영양식으로 먹지만, 옛날 농민들은 귀족들이 먹는 '하얀 밀빵' 을 몹시 동경하였다. 우리 조상들이 불과 몇 십 년 전에만 해도 '하 얀 쌀밥'을 동경했던 것과 같은 현상이다.

고기가 주식은 아니었어도 중세의 장원들은 대개 돼지를 방목했 기 때문에, 중세 농민들이 고기를 전혀 못 먹은 것은 아니었다. 더욱 이 르네상스 시기로 갈수록 돼지 사육 기술이 발달하면서 육류 소 비가 증가했다. 그렇다고 해도 고기는 주식이 아니었고, 축제일이나 휴일에나 먹는 것이었다. 농민들은 쇠고기보다 돼지고기를 좋아했

중세 유럽의 왕의 식탁에 놓인 흰 빵.

다. 농민들의 이런 취향 때문에 후기 중세에 질나쁜 쇠고기보다 돼
지고기가 좀 더 비쌌다. 말고기는 기근 시에만 먹었지만, 닭과 같은
가금류도 먹었다.

　빵뿐만 아니라 다른 여러 가지 음식도 농민용과 귀족용이 구분되
었다. 중세 성기에 모든 사람들이 먹을 수 있게 되기 이전에 버터는
귀족들만 먹었다. 치즈는 농민들 섭생에 중요한 것이었다. 과일과 채
소, 특히 콩 종류는 농가의 정원에서 재배되었고, 싱싱하게 먹거나
말려서 겨울에 먹었다. 순무와 양배추가 선호되는 채소였다. 순무는
하층민들이 좋아했기 때문에, 귀족들은 농민들을 '순무를 먹는 놈
들'이라고 부르기도 했다. 사과, 배, 자두, 버찌는 흔한 과일이었다.

　알프스 북쪽 지역에서는 물과 우유 이외에 벌꿀 술이 인기가 있
었다. 그것은 물과 꿀의 혼합물이었다. 12세기에 귀족들은 맥주를

중세 시대 만찬의 고기 요리. 자르지 않고 통째로 제공되었다.

선호하게 되었고, 평민들만이 벌꿀 술을 좋아했다. 중세 후기에는
술을 빚기 위해서 마을마다 공동 발효장이 설치되었다. 중세 초기에
는 귀족들과 성직자만이 포도주를 마셨지만 중세 후기부터 포도주
의 생산과 소비가 중부 유럽에서 매우 인기를 끌었다. 따라서 중세
후기에 포도주는 대중적인 음료가 되었다.

　농민들은 물과 유장(乳漿, 우유가 엉겨서 응고된 뒤 남은 액체)을 음료로 마셨지
만, 귀족들은 포도주와 맥주를 음료로 마셨다. 유럽의 여러 나라는
물 사정이 좋지 않았기 때문에 물을 그냥 마신 경우는 드물다. 때문
에 물과 맥아로 즙을 만들어 끓인 후 발효시킨 맥주나 포도주로 마
셔야 했다. 농민들은 그럴 만한 여유가 없었기 때문에 맹물을 그냥
마셨고, 중세 농민들의 또 다른 별칭이 '물을 먹는 사람들'이었던 것
은 이런 이유였다.

중세 프랑스에서 만들어진 채색필사본인 『베리공의 매우 호화로운 시도서』의 1월 달력 부분.
오른편에 파란색 옷을 입은, 살집이 있는 후덕한 옆얼굴의 중년 남성이 베리공인데, 바닥까지
끌리는 긴 옷을 입고 있다. 왼쪽에 앉아 있는 성직자 역시 붉은색의 긴 옷을 입고 있다.

　먹는 것뿐만 아니라 입는 것에서도 귀족과 평민은 확연하게 구분
되었다. 중세 사람들 복장은 튜닉과 하체를 덮는 옷, 망토의 세 가지
로 이루어졌다. 사람들은 대개 소매가 긴 양모나 리넨으로 만든 튜
닉(허리 아래까지 덮는 웃옷), 벨트가 달린 바지, 특히 겨울에는 짐승의 털이나
가죽으로 만든 망토를 입었다. 그리고 신발을 신고 두건을 썼다.

『베리공의 매우 호화로운 시도서』의 4월 달력 부분. 발목을 덮는 긴 옷은 그들이 육체 노동을 하지 않는 계층이라는 뜻이었다.

복장의 기본 구성은 같았지만, 옷의 길이와 색깔에서 상층과 하층은 엄격히 구분되었다. 농민의 튜닉은 작업에 방해가 되지 않도록 허리 부분이 잘려 있었다. 그리고 계속 회색이나 어두운 색을 사용하였다. 여성은 튜닉을 좀 더 길게 입었고, 코트가 발목을 덮었고 장식용 벨트를 찼다. 성직자들은 긴 두건을 쓰고 긴 튜닉을 입었다. 발목을 덮는 긴 옷은 그들이 육체 노동을 하지 않는다는 것을 나타낸

『베리공의 매우 호화로운 시도서』의 9월 달력 부분. 밭에서 일하고 있는 농민들의 겉옷이 짧다.

다. 상층 사람들도 긴 옷을 좋아했고, 여러 가지 화려한 색깔로 염색
한 옷을 입었다.

중세 후기에 평민들 가운데서도 부를 축적한 사람들이 생겨났다.
이들은 화려하고 아름다운 옷을 입고 좋은 술을 원하게 되었다. 평
민들의 이런 움직임이 표면화되자 귀족들이 반발하였다. 그들은 "천
한 상놈들이 상전 못지 않은 옷을 입고 처신하여 윗사람과 아랫것

1633년 칙령에 따라 레이스, 리본, 가름 소매(소맷부리에 트임이 있는 소매)를 버리고 수수한 옷차림을 한 프랑스 궁정의 신하.

들을 구별할 수 없게 되었다."고 개탄하였다. 이들의 불만을 수용하여 이탈리아, 프랑스, 에스파냐, 영국을 비롯한 유럽 국가가 사치금지법을 제정하였다.[75] 이 법은 장신구 착용에서 음식과 음료의 소비, 각종 게임과 사냥에 이르기까지 온갖 종류의 행동들을 규제하였다. 예를 들어 1483년에 영국이 제정한 '복장법'은 금, 검은 담비, 담비털, 벨벳, 그리고 벨벳이나 새틴 브로케이드(brocade, 금실이나 은실 등을 도드라지게 짜거나 수놓은 고급 피륙)를 기사와 영주에게만 허용하였다. 이런 법들은 국내 산업을 보호하고 풍기 문란을 막는 등의 목적이 없었던 것은 아니지만, 가장 중요한 목표는 계급 간의 위계질서를 법적으로 계속 유지하려는 것이었다.[76]

회충이 눈으로
기어 나올 때

중세의 화장실과 위생 관념

고대나 중세의 화장실 터는 역사가들이 가장 흥미를 갖는 곳 가운데 하나다. 그곳에는 인간들이 먹고 배설한 온갖 것들이 들어 있기 때문이다. 때로는 위로 잘못 들어간 귀중한 주화나 반지, 귀금속, 그리고 유리잔이나 모피 조각 같은 각종 생활 쓰레기, 그리고 꽃가루, 과일 씨와 같은 음식물 잔해들이 발견된다. 역사가들은 그 잔해를 분석하여 사람들이 무엇을 얼마나 먹었는지, 어떤 식물의 성장 지역이 어디인지를 정확하게 구분해낸다. 화장실에 남아 있는 잔해들로부터 역사가들은 당시 사람들이 어떤 병을 앓았는지도 분석할 수 있다. 때로 세균이나 박테리아의 잔해가 남아 있기 때문이다. 이런 분석에 의하면 중세인들은 온갖 병들에 시달렸다. 왜 그랬을까?

중세 유럽인들은 위생이라는 개념을 전혀 가지고 있지 않았다. 화

중세 성의 화장실.

장실은 대개 집 뒷마당에 있었다. 사람들은 화장실 냄새를 별로 신경 쓰지 않았고, 화장실에서 날아오는 파리도 개의치 않았다. 그들은 세균이 질병을 일으킬 수 있다는 사실을 몰랐다. 중세인들은 손도 씻지 않고 음식을 먹었고, 허기를 달래기 위해서 때로는 부패한 음식도 먹었다. 당시에는 부패를 막아주는 방부제나 해충의 성장을 막아주는 농약이 없었으니 온갖 벌레들과 세균들이 음식물에 가득하였는데도 말이다. 농약은 그 자체로는 인체에 치명적인 해를 줄 수도 있지만, 식물에 들어 있는 온갖 벌레들과 해충들을 없애주기 때문에 유익한 것이기도 하다. 현대인들은 채소나 과일에 묻은 농약을 너무나 많이 먹고 살기 때문에 구충제를 먹지 않아도 된다는 농담이 있을 정도이다.

농약이 없던 중세에는 별로 해롭지 않은 작은 벌레에서부터, 길이가 30센티미터나 되는 회충에 이르기까지 온갖 기생충들이 인간의

16세기 플랑드르 화가인 피터르 브뤼헐의 「네덜란드 속담」부분.
강 위에 놓인 다리에 만들어진 화장실이 있다.
천연 수세식 화장실이라고 할 수 있는 다리 위의 화장실에서
나란히 볼일을 보고 있는 두 사람의 엉덩이가 보인다.

몸에서 동거하였다. 1926년 일본 내무성 위생국이 실시한 농민 질병 현황은 이 사실을 여실히 보여준다. 13만 8,462명의 농민을 대상으로 실시한 이 조사에 따르면 농민의 73% 즉, 10만 994명이 기생충으로 인한 질병에 시달리고 있었다.[77] 그런데 길이가 30센티미터나 되는 회충은 인체의 어떤 구멍을 통해서나 불시에 기어나왔다. 항문으로 나오기도 하고, 입으로 나오기도 했다.[78] 과연 당시 사람들은 그렇게 긴 벌레가 눈으로 나올 때 놀라지 않았을까?

농촌뿐 아니라 도시도 더럽기는 마찬가지였다. 14세기 중세의 한 도시에 대한 다음 이야기를 살펴보자.

> 뉘른베르크는 비가 자주 내리는 도시인지라 늘 축축하게 젖어 있습니다. 여기 사람들은 대홍수가 영원히 계속되고 있다고 믿는 듯합니다. 게다가 물기투성이인 바닥엔 오물만 계속 쌓여가므로 기사들은 더 이상 그 위를 지나다닐 수가 없습니다. 기사들은, 자기 말이 실수를 하거나 돌부리에 걸려 진창에 빠지지 않을까 두려워하며, 심지어 뭇사람의 존경을 한 몸에 받고 있는 자신 역시 돼지처럼 더러운 오물을 묻히게 되지나 않을지 전전긍긍합니다. …… 사람들이 아무 일도 겪지 않고 도시 한쪽에서 성까지 가기란 정말 불가능합니다.[79]

이 자료에서 보듯 중세 거리가 오물로 가득 찼던 이유는 중세와 근세 초까지 도시의 집들에 화장실이 따로 없었고, 새벽이 되면 요강에 담아두었던 오물을 거리에 아무렇게나 내다 버렸기 때문이다. 사람의 배설물뿐만 아니라 중세 거리에는 온갖 가축의 부산물도 버

오물을 창밖으로 쏟아버리는 중세의 풍경.

려졌다. 1371년 영국의 에드워드 3세가 내린 칙령을 살펴보자.

> 최근에 도시 내에서 이루어진 도축, 길거리에 흐르는 썩은 피, 템
> 스강에 내장 투척 등으로 인해 공기가 매우 오염되었다. 혐오스러
> 운 광경과 악취가 발생했고 도시의 주민들과 방문객들에게 병을
> 유발시켰다. 그와 같은 위험을 예방하고 도시의 품위와 백성들의
> 안전을 위해 소, 양, 돼지 등은 도시의 양 끝에 있는 스트랫퍼드 르
> 바우Stratford le Bow와 나이츠브리지Knightsbridge에서만 도축하도록
> 웨스트민스터 의회에서 결정하였다.[80]

이 칙령은 중세 도시 내에서 가축의 사육과 도축이 아무렇게나
진행되었고, 그 때문에 가축의 피와 내장이 거리에 즐비했음을 보여

준다. 따라서 거리는 늘 오물로 가득 찼고, 마차가 지나갈 때마다 오물이 심하게 튀어 사람들을 덮치기 일쑤였다. 중세인들이 망토를 입고 다녔던 것은 오물이 튀면 막기 위한 것이라는 이야기가 있다. 그리고 남자와 여자가 길을 걸을 때는 남자가 길 안쪽으로 걷는 것이 예의였다. 오물이 튀면 남자가 재빨리 막아야 하기 때문이다. 그러나 요즘은 남자와 여자가 길을 걸으면 남자가 길 바깥쪽으로 걸어야 한다. 혹시 차가 인도를 덮치면 여자를 보호해야 하기 때문이다.

중세인들은 이렇게 위생 관념이 없었기에 여러 병에 시달렸다. 그 가운데 하나가 황달이다. 황달은 눈이 노랗게 되는 병으로, 주로 간염에 걸린 사람에게 나타난다. 중세인이 간염에 걸렸던 것은 이미 간염에 걸린 사람의 배설물로 오염된 물을 마셨기 때문이다. 너무나 많은 중세인이 이 병에 걸렸기 때문에 중세 속담에 '도시는 사람을 노랗게 만든다'라는 말까지 있었다.

중세인은 또한 극심한 영양실조에 시달렸다. 평상시에도 배불리 먹는다는 것은 드문 일이었지만, 보릿고개가 되면 배고픔은 극심한 굶주림으로 바뀐다. 중세 영국의 경우 보릿고개는 7월이었다. 7월이 되면 가난한 자와 부자가 확연하게 구별되었다. 부자들은 창고에 쌓아놓은 곡식으로 무사히 7월을 넘길 수 있었고, 식량의 재고가 줄어들면서 곡물 가격이 급상승해도 지불할 수 있는 돈을 가지고 있었다. 가난한 사람들은 7월이 되면 가난의 진정한 의미를 절감하게 되었다. 그들은 거친 밀기울(밀을 빻아 가루를 내고 남은 찌꺼기), 오래되어 말라붙은 완두와 콩을 갈아 먹어가며 살아남기 위해 몸부림을 쳤다. 그나마 떨어지면 사람들은 숲에서 양귀비, 대마, 독보리를 따다가 말려서 그것으로 '미치광이 빵'이라는 것을 만들어 먹었다. 이렇게 해서 허기는 어찌어찌 달랠 수 있었지만 '미치광이 빵'을 먹은 농민들은 야릇한 환상에 빠져들었다. 그런 약초들에는 환각 성분이 들어 있었기 때문이다.

영양실조는 몸의 면역력을 약화시킨다. 면역은 약한 데다 위생 관념도 없으니 사람들이 쉽게 죽어갔다. 학자에 따라 다르지만 대개 중세의 평균수명은 30~40세였다. 16세까지 살아남을 확률은 40%, 26세까지는 25%, 46세까지는 10%였다. 60을 넘게 살 확률은 3%였다.[81] 그리고 중세 사람들은 수많은 질병에 시달렸다. 중세의 많은 사람이 장애인이었고, 질병의 고통은 너무나 컸다. 따라서 중세인은 천국이란 '모든 사람이 건강한 30세의 선남선녀로 부활해서 사는 곳'이라고 믿었다.

위대한 카롤루스 대제는
까막눈이었다?

100명 중 99명이 문맹이었던 중세 시대 책과 인쇄의 역사

역사가들은 대개 전근대 시대의 문맹률을 90%로 파악한다. 그러나 여러 자료를 검토해보면 95% 이상이었다. 고대 이집트의 서기들에 대한 연구가 있다. 이에 의하면 이집트의 마을은 30~50명으로 구성되어 있었는데, 3~5곳의 마을에 글을 읽을 수 있는 서기가 1명뿐이었다. 그 서기도 겨우겨우 글을 읽을 수는 있었지만, 쓰기 실력은 신통치 않았다. 이는 200명 가운데 1명만이 기초적인 문해력을 갖추고 있었음을 의미한다. 서양 중세에도 문맹률은 98~99%이었다. 프랑스의 역사학자 라뒤리(Emmanuel Le Roy Ladurie, 1929-2023)는 14세기 초 프랑스의 몽타유 마을을 미시사적으로 연구했는데, 그에 따르면 이 마을 주민은 200~250명이었는데 글을 읽을 수 있는 사람은 단 3명뿐이었다.[82]

이렇게 전근대에 대다수 보통 사람은 문맹이었다. 농촌 지역에서는 글을 아는 사람이 드물었기 때문에, 편지를 대신 써주거나 읽어주는 사람이 있었고, 글을 읽고 쓸 줄 아는 것이 유식함의 상징이었다. 이런 당시의 상황을 알려주는 일화가 있다. 한 여자가 남편이 군대에 가 있는데, 시아버지가 돌아가시자 남편에게 사망 소식을 알려야 하는데 글을 모르니 방법이 없어 말 두 마리와 소 다섯 마리를 그려서 보냈다. 그것은 '두말하지 말고 오소'라는 소리였다.

서양에서도 글을 안다는 것은 대단한 것이었다. 왕들이나 귀족들도 평생 글을 모르고 살았던 경우가 허다했다. 현대 서양을 탄생시키는 데 결정적인 기여를 한 카롤루스 대제도 평생 소원이 자기 손으로 문서에 사인해보는 것이었는데, 끝내 소원을 이루지 못했다고 한다. 물론 이 말을 믿어서는 안 될 것이다. 샤를마뉴가 평생 문맹을 벗어나지 못한 것은 사실이지만 그는 여러 나라 말을 유창하게 구사하였고, 상당한 지적 능력을 갖춘 인물이었다. 그런 위대한 왕이 복잡한 문장도 아니고 자기 이름을 평생 못 썼다는 말은 단지 당시 글을 안다는 것이 얼마나 어려운 것이었나를 보여주기 위해 지어낸 말일 뿐일 것이다.

중세 유럽에서는 양피지에 글을 쓰고 그것을 두루마리처럼 말아서 책을 만들었다. 가축 한 마리로 품질 좋은 양피지를 4장 정도 만들 수 있었기 때문에, 책 한 권을 만들기 위해서는 보통 양이나 송아지 30마리가 필요했다. 성경 한 권을 만들기 위해서는 200~300마리의 양이나 송아지를 도살해야 했다. 책 제목은 금을 녹여 붓으로 쓰는 경우도 있었다. 컬러 그림이 들어간 책도 많았는데, 책에 색깔을 입히는 것은 비용과 정성이 엄청나게 많이 들어가는 작업이었다. 예

중세의 채색필사본.

를 들어 파란색을 입히기 위해서는 구리를 녹슬게 해서 그 녹을 채취했다. 이렇게 많은 원료와 정성이 들어갔으니, 당연히 책 한 권의 값은 매우 비쌌고, 책을 가진 집안은 가장이 죽을 때 중요한 가보로 물려주었다. 황제나 왕들이 새로 세워진 수도원에 기증하는 것 가운데 가장 중요한 것은 성경 두루마리 사본이었다. 따라서 평민들은 글자를 모르는 데다가 책값이 너무나 비쌌기 때문에 책을 거의 읽을 수 없었다.

책이 보편화되고 문자 해독률이 높아지기 시작한 것은 종이가 보급되고 금속활자가 발명되면서부터였다. 종이는 원래 2세기에 중국 후한 때 발명되었지만 유럽인들은 12세기 무렵에야 제지 기술을 습득했고, 18세기에 프랑스의 로베르Louis-Nicolas Robert가 초지기(抄紙機, 종이를 연속적으로 빠르게 대량으로 만들어내는 기계)를 개발하면서 대량 생산의 길을 열었다. 금속활자는 흔히 독일의 구텐베르크가 발명했다고 이야기되지만, 그가 발명자인지 확실하지는 않다.[83]

종이가 보급되고 금속활자가 발명되면서 인쇄업이 성장했고 급속하게 책이 보급되고 문자 해독률이 높아졌다. 이렇게 해서 1500~1700년 사이에 인쇄물들이 홍수처럼 쏟아져 나왔고, 인쇄술의 발달은 종래 필사한 원고를 구할 수 없었던 대중들에게 고전 작품과 속어 작품을 입수할 수 있게 해주었다.

과연 책의 공급이 증가하면서 보통 사람들의 문자 해독력도 높아졌을까? 베네치아에서는 1450년 무렵에 법정에 증인으로 출두한 사람의 61%가 자기 이름을 사인할 수 있었지만, 1650년에는 98%의 증인들이 사인할 수 있었다. 프랑스의 경우 1690년에 남자들의 문자 해독률은 29%였는데, 1790년에는 47%였다. 17세기 후반에 프랑스

손으로 종이를 만드는 노동자.

에서 신부들의 10%만이 결혼문서에 서명할 수 있었지만, 신랑은 약 29%가 서명할 수 있었다.

그렇다면 보통 사람들도 이 시기에 책을 쉽게 구할 수 있었을까? 도시 지역은 상점들이 있었기 때문에 책을 쉽게 구할 수 있었을 것이다. 농민들은 정기적으로 열리는 시장이나 순회 상인들로부터 책을 살 수 있었다. 17~18세기 프랑스에서 작은 책 한 권의 값은 1~2수 sou였는데, 도시 노동자들의 평균 노임이 하루 15~20수였기 때문에 책값이 그렇게 비싸지는 않았다. 그런데 여기서 책이라고 하면 대개는 소책자를 의미하고, 몇 십 페이지 되지 않았다. 종이의 질은 형편없었고, 설탕 덩어리를 싸는 데 쓰는 것과 같은 종류의 파란색 종이로 표지를 만들었다.

신문을 읽는 사람들(1840).

　지배층과 보수주의자들은 민중들의 문자 해독률이 이렇게 높아
지자, 민중들이 글자를 알게 되면 일을 하지 않을까 염려했다. 미국
의 노예 소유주들이 노예가 글자를 못 배우게 했던 것과 같은 원리
다. 문자는 고급 정보이고, 그 고급 정보를 공유하게 되면 기존의 지
배층이 타격을 받게 된다. 그러나 도도한 역사의 흐름을 누가 막을
수 있겠는가?

　문자 해독률의 증가는 중요한 두 가지 결과를 가져왔다. 첫째는
'세속화'였다. 이것은 강한 의미에서는 탈기독교화를 의미하고, 약한
의미에서는 초자연적인 것을 배제하는 것을 의미한다. 둘째는 '정치
의식의 고양'이었다. 종교개혁과 프랑스 혁명을 겪으면서 민중들은
정부의 행동에 관심을 증대시켰고, 정치 참여 의식도 높아졌다. 민

중이 정치에 관심을 갖게 되면서, 자신들의 의사를 민중에게 호소함으로써 중요한 변화를 가져올 수 있게 되었다. 영국 혁명기나 루터의 종교개혁 시기에 선전문이 난무했고, 영국 혁명기에는 수만 명이 서명해서 집단적인 의사를 표시하기도 했다. 17세기에 영국에서는 모브mob라는 말이 사용되었는데, 이는 민중의 정치의식에 대해서 상층이 두려움을 가졌다는 증거다. 보통 사람들이 정치에 관심을 갖는데 결정적으로 기여한 것은 신문이었다. 18세기 유럽에서 신문은 보편화되었고, 사람들은 신문을 읽는 것으로 새로운 하루를 시작한다는 것을 기념하였다.[84]

19세기 말 영화가 만들어지기 시작하면서, 민중의 정치 수준은 급격히 떨어지기 시작했다. 책을 읽고 토론하던 노동자들이, 활동사진의 마력에 이끌려 정신을 잃었기 때문이다. 20세기가 되면서 지배자들은, 민중들의 의식 수준을 떨어뜨리기 위해서, 3S정책을 적극적으로 사용하였다. 3S란 영화Screen, 스포츠Sports, 성Sex을 말한다.

'하루'는 쟁기질할 수 있는 토지의 양이었다?

옛날 사람들은 어떻게 약속 시간을 정했을까 [85]

중세에는 크게 두 부류의 사람이 있었다. 한 부류는 '기도하는 사람'이고, 다른 한 부류는 '일하는 사람'이었다. 기도하는 사람은 성직자를 의미하는데, 이들은 시간에 예민하였다. 그들은 하루를 성무일과의 시간표에 따라서 분류하였다. 이 시간표에 따르면 하루는 아침 6시에 시작되어, 저녁 6시에 끝났다. 아침 6시가 성무 일과 시작시점이고, 9시는 삼시, 12시는 육시, 오후 3시는 구시, 오후 6시는 십이시다. 수도원은 작은 종을 쳐서 시간의 변화를 알렸다. 중세 중기 이후 도시에 있는 교회가 이 시간표를 참조하여 종을 치는 일이 늘었다. 하루 6회 종을 치는 교회가 많았지만, 도시마다 교회마다 종을 치는 시간과 치는 횟수는 달랐다. 중세 말기에는 교회가 아니라 도시 당국이 종을 치는 경우도 생겼다. 이는 시간을 관리하는 주체

15세기의 천문 시계.

가 교회에서 도시 당국으로 넘어가고 있었음을 의미한다.[86]

　교회는 하루뿐만 아니라 예수, 그의 어머니 마리아, 그리고 성인들을 기념하는 날을 준수하는 데도 예민하였다. 가장 중요한 기념일은 예수가 부활한 날이었다. 325년 니케아 공의회 이후 교회는 춘분 이후 보름달이 뜨고 난 후 첫 일요일을 부활절로 준수하였다. 고대 교회에서는 부활절 전 2, 3일 동안 단식하였다. 그런데 6세기 이후 교회는 부활절 예비일을 40일로 늘렸다. 이 40일을 사순절이라고 부른다. 사순절을 셈할 때 일요일을 뺀다. 따라서 사순절은 부활절 7주 전 수요일부터 시작된다. 이 기간 기독교 신자들은 금욕하고 금식해야 했다. 사순절이 시작되기 이전에 카니발, 즉 사육제가 열렸다. 이는 40일간 고기를 못 먹을 것에 대비해서 실컷 고기와 술을 먹고 즐기는 축제였다.

부활절과 함께 살펴볼 만한 절기는 만성절이다. 이는 영어로 All Saint's Day라고 하는 데서 알 수 있듯이 모든 성인을 기념하는 날이다. 이날은 가톨릭 전통이 강한 나라들에서 부활절, 성탄절 다음으로 중요한 축일이다. 중세 초에 만성절은 5월 13일이었다. 5월은 농번기로 한창 바쁜 시기였다. 농민들의 민원이 거세지자 교회는 날짜를 11월 1일로 변경하였다. 그런데 고대에 아일랜드, 스코틀랜드, 웨일스, 프랑스 등에 살던 켈트인은 11월 1일을 새해 첫날로 기념하였고, 그 전날을 귀신을 막는 축제일로 지켰다. 이날 켈트인은 가면이나 온갖 기괴한 복장을 하고 귀신을 쫓는 이벤트를 벌였다. 교회가 11월 1일로 만성절 날짜를 변경하면서, 켈트인이 행하던 전야제가 교회의 축제에 통합되었다. 이날은 핼러윈All Hallow's Eve이라고 하는데, 거룩한 전야제라는 뜻이다. 이름은 거룩한 전야제인데, 온갖 가면을 쓰고 소란스러운 축제를 하게 된 것은 그것이 켈트인의 축제에서 유래했기 때문이다.

'기도하는 사람'과 달리 '일하는 사람'은 시간에 덜 예민했다. 그들에게는 시계가 없었고 시각 개념도 없었다. 지역별로 하루를 나누는 기준은 있었지만, 보통의 경우 기준은 태양이었다. 태양 이외에 다른 기준을 제공할 수 있는 것은 희소했다. 물시계나 모래시계 같은 것들이 있기는 했지만, 그것들은 매우 크고 무거웠기 때문에 사람들이 갖고 다닐 수 없었다. 시간을 알 수 있는 기준이 없었을 뿐만 아니라 시간의 개념도 포괄적이었다. 동양의 경우 하루 24시를 12간지시 96각으로 나누었는데, 1각은 15분 정도였다. 오늘날의 1분 정도로 세분화된 개념은 존재하지 않았다.

서양의 경우 중세 말까지는 하루를 세분해서 몇 개의 개념으로

중세 시대에는 교구의 성당에서 일하는
이들이 종을 쳐서 시간을 알렸다.

나누는 것도 발달하지 않았다. 따라서 하루라는 단위가 기준이 되
는 경우가 많았다. 예를 들어 중세 서구에서 노동 시간의 단위는 하
루였다. '하루journal'라는 단어는 하루에 쟁기질할 수 있는 토지의 양
을 의미했다. 도시의 노동도 하루라는 자연적인 시간에 의해서 결정
되었다. 여기서 하루라는 것은 해가 뜨고 질 때까지를 의미하는 것
이지, 지금처럼 오전 8시부터 오후 5시까지를 의미하는 것은 아니
다. 이 시간 단위는 야간 노동을 제외하면 별문제 없이 운영되었다.
당시 야간 노동은 도시에서 이단이었고 따라서 일반적으로 금지되
었다.

 그러다가 10~11세기에 낮을 나누는 한 요소인 논(None : 지금의 noon인
'정오' : 천주교의 제6시)이 등장했는데, 이것은 처음에는 정오나 이후 2시간
을 지칭했으나 얼마 후 정오를 가리키는 말이 되었다. 그리고 처음

에 그것은 성직자의 시간이었지만, 도시 노동자들이 휴식 시간으로 채택했고 따라서 노동 시간을 나누는 중요한 구분이 되었다. 이것이 발전되어 반날이라는 개념이 14세기에 확립되었다.

13세기 말부터 노동 시간을 세밀하게 나누는 체계가 발달하기 시작했다. 야간 노동이 중요해졌고, 시간을 세밀히 나눌 필요성이 커졌기 때문이다. 기이하게도 작업 시간을 늘려달라고 먼저 요구한 이들은 노동자들이었다. 사실 이것은 임금을 늘리는 방법이었다. 작업자들의 요구는 받아들여졌고, 야간 노동을 허락하는 칙령들이 발표되었다. 그러나 머지않아 반대 요구가 일어났다. 위기에 대응하기 위해 고용주들이 좀 더 정확히 일하는 날을 정하고, 작업자들의 속임을 막고자 했다. 이 시기에 작업 종이 증가하였다. 작업 시간과 식사 시간을 알려주는 종들이 도시에 설치되었다. 시계를 영어로 클락clock 이라고 하는데, 이 말은 라틴어 클로카(clock, 종)에서 유래했다. 고대에서부터 여러 도시들의 성문에는 물시계가 설치되었고, 물시계 옆에 종을 두고 시간이 바뀔 때마다 종을 쳤다.[87]

작업 시간을 정교하게 정하는 것이 긴요해지면서부터 시간을 정확하게 측정하기 위한 노력이 진행되었고, 그 결과 근대적인 기계시계가 발달하게 되었다. 탈진기를 이용한 최초의 기계시계는 13세기 말 독일과 이탈리아에서 만들어졌지만, 현존하는 가장 오래된 것은 1386년 영국 솔즈베리성당에 설치된 것이다. 이것은 정교한 기계장치의 톱니바퀴가 한 시간에 하나씩 돌아가게 설계되었는데, 매일 15분 정도의 오차가 있었다. 정교한 기계식 시계가 발견되면서 60개의 분으로 이루어진 1시간이라는 개념이 생겨났다. 15세기에는 스프링을 이용한 탁상용 시계가 발명되었고, 16세기 초반 독일 뉘른베르크

회중시계가 놓여 있는 정물화.

의 시계공 헨라인은 용수철의 탄성을 이용한 휴대용 태엽시계를 만들었다. 그리고 17세기 네덜란드의 과학자 하위헌스Christiaan Huygens는 진자를 이용한 시계를 개발하여, 시간의 오차를 하루 10초 이내로 줄였다.

17세기 프랑스에서 시계는 상류 귀족의 독점물로 발전해서 파리를 중심으로 호화로운 장식품 시계가 제작되었다. 손목시계 케이스에 보석을 박거나 아름다운 풍경화나 초상화가 그려진 에나멜 케이스가 유행하는 등 파리를 중심으로 패션화가 진행되었다. 당시 손목시계는 부자들의 과시물이었기 때문에, 보통 사람들은 손목시계를 처음 보면 매우 당황하거나 또는 사악하고 위험한 것이라고 간주하곤 했다. 옥스퍼드대학 학장인 토머스 앨런(Thomas Allen, 1542~1632)은

시계를 창문틀에 놓아두었는데, 방을 청소하던 하녀가 난생처음 본 시계를 악마라고 생각해서 버렸다.[88]

앞에서 살펴보았듯이 전근대 사람들은 시간을 세밀하게 나누는 기준도 수단도 없었고 그 개념조차도 부족했다. 그렇다면 도대체 사람들은 어떻게 만나자는 약속을 했을까? 그들은 태양이나 달과 같은 자연 현상에 의존하였다. 예를 들어 연인과 약속할 때는 "저녁 먹고 달 뜨면, 물레방앗간에서 만나자."라고 말했을 것이다.

따뜻한 돼지를 끌어안고
꿈나라로 가자!

인간과 가축이 옹기종기 한 공간에 살았던 중세의 농가 이야기

동물 중 유일하게 인간만이 불을 사용한다. 그리스 신화에 따르면 프로메테우스와 에피메테우스가 제우스의 명령을 받고 세상의 동물을 창조하였다. 생각이 짧았던 에피메테우스가 동물들에게 온갖 기능과 장점을 모두 주어버렸다. 인간을 만든 후 줄 것이 없자, 프로메테우스는 신들만이 사용하고 있던 불을 훔쳐다 인간에게 주었다. 이 신화는 불이 동물이 갖고 있는 어떤 장점보다도 뛰어나다는 것을 보여준다.

흔히 인간은 불을 사용할 수 있었기 때문에 고기를 익혀 먹여서 전염병의 위험을 줄였고 추위를 피할 수 있었다고 말한다. 이 생각은 옳은 것이기는 하지만, 불을 사용할 수 있다고 해서 곧바로 난방 문제가 해결되는 것은 아니다. 구석기 시대 이래 오랫동안 인간은 동

17세기 화가 판 아이작 판 오스타데가 그린 「두 아이가 먹고 있고 한 남자가 일을 하고 있는 헛간의 내부(1641년 추정).

굴에서 살았다. 등산을 해본 사람은 알겠지만, 깊은 동굴 안은 한여름에도 서늘하다. 추운 겨울에 그곳에 모닥불을 피워놓아도 얼어 죽는 것을 피할 수 있을 뿐이지, 온기가 동굴 안에 가득 차는 것은 아니다. 그래도 원시인이 동굴에서 살았던 것은 동굴에서 자는 것이 노천에서 잠을 자는 것보다는 나았기 때문이다.

신석기 시대가 되면서 사람들은 동굴에서 벗어나 움집을 짓기 시작했다. 움집은 땅을 파서 기둥을 세우고 나뭇가지나 풀을 이은 것이다. 나무나 풀은 쉽게 불에 타기 때문에 집에 난방을 하는 것은 어려운 일이었다. 그래도 취사와 난방을 해야 했기 때문에 신석기 시대 사람들은 집 가운데 화로를 설치하고 불을 피웠다. 밤새도록 나무를 땐다고 생각해보라. 많은 불편이 따른다. 우선 불이 꺼지지 않도록 가족 중 한 명은 밤새 불을 지켜보아야 한다. 또한 사람들은 나무를 태울 때 나는 연기를 참아내야 한다. 그리고 항상 화재의 위험이 있었다. 화재에 대한 사람들의 두려움은 17세기까지도 노이로제에 가까운 것이었다. 17세기에도 여전히 목재로 만든 집이 대부분이었기 때문이다.

청동기 시대, 철기 시대가 되면서 석재, 콘크리트, 유리 같은 여러 건축 자재들이 발명되었다. 그러나 가난한 서민의 집은 세월이 많이 흐른 뒤에도 별로 개선되지 않았다. 중세까지도 서양 사람들은 주로 나무와 흙으로 집을 만들었다. 나무로 만든 중세의 집은 수명이 50년 이하였고, 사람들은 필요하다면 언제든지 집을 헐어서 다른 곳에 다시 짓곤 했다. 이렇게 집이 한 곳에 고정되어 있지 않았기 때문에 중세인들은 집이 부동산이 아니라 동산이라고 생각했다. 중세 농가의 전형적인 형태는 긴 집이라고 불렀던 '일자형 복합 가옥'이었다. 집 안에는 인간이 거주하는 공간, 헛간, 마구간이 있었는데, 세 공간이 한 처마 밑에 이어져 있었다. 이렇게 가축과 인간이 한 처마 밑에서 살았던 것은, 비록 가축 냄새가 심하게 날지라도 그렇게 해야만 가축을 관리하는 작업을 쉽게 할 수 있었기 때문이다. 가축이 매우 귀하던 시절이었으니 그깟 냄새쯤이 문제가 될 수 있었겠는가?

그런데 이 긴 집에는 대개 창이 없었고, 혹시 있는 경우라도 나무로 만들어졌다. 집에 창문을 내는 것을 당연하게 생각하는 현대인은 이해하지 못하겠지만 창문을, 그것도 유리 창문을 설치한다는 것은 대단한 사치였고, 부를 과시하는 상징이기도 하였다. 그래서 16세기 영국에서는 창문이 세금을 부과하는 기준으로 이용되기도 하였

중세시대의 탈곡과 돼지 키우기를 묘사한 16세기 그림.

다. 아무튼 중세인들은 이렇게 창문이 없는 상황에서 취사와 난방을
위해서 집 가운데 화로를 설치했는데, 화로에 불을 피우면 금방 온
집안이 연기로 가득 찼다. 창문이나 굴뚝이 없었기 때문에 이 연기
는 제대로 배출되지 않았고 많은 불편을 초래했다. 그래서 '남정네를
집에서 몰아내는 세 가지는 빗물이 새는 지붕, 마누라의 바가지, 화
덕의 연기다'라는 중세의 속담이 생겨났다.

　밤새 연기를 마시며 잘 수는 없었기 때문에 농민들은 대개 초저녁
에 잠시 불을 피운 다음에 불을 끄고 잤다. 그러면 온기는 얼마 못
가 사라지고 살을 에는 추위가 몰아친다. 그때 농민들은 추위를 피
하기 위해 여러 가지 방법을 고안했다. 그런 방법 가운데 가장 쉬운
것은 따뜻한 생명체를 껴안고 자는 것이다. 따라서 중세 사람들은
서로 껴안고 자는 일이 흔했다. 그런데 중세 사람들이 껴안고 잤던
것은 사람만이 아니었다.

　서양 중세인들은 돼지를 많이 키웠다. 중세 농민의 가축 사육 현

황에 대해서 가장 자세한 자료는 『둠즈데이북』이다. 이는 11세기에 잉글랜드를 정복한 윌리엄(정복왕 윌리엄)이 세금을 징수하기 위해서 인구와 재산을 조사한 것이다. 영국의 주요 지역 농민의 가축 사육 현황은 아래 표와 같다.[89]

이 자료를 보면 영국 농민은 평균 2, 3마리의 돼지를 키우고 있었다. 농민들이 돼지를 키운 것은 돼지고기를 먹기 위함이지만, 다른 목적도 있었다. 그것은 체온이 따뜻하고 살이 부드러운 돼지를 껴안고 자려는 것이었다. 현대인들은 흔히 돼지가 불결한 동물이라고 생각하지만 원래 돼지는 무척 깨끗한 동물이다. 자연 상태에서 돼지는 자신들의 배설물 위에 뒹굴지 않는다. 다만 털이 없고 땀이 나지 않기 때문에 몸을 식혀줄 습기가 보충되지 않은 곳에서만 어쩔 수 없이 생존을 위해서 배설물 위에서 뒹군다.[90] 또한 돼지는 지능이 높아서 훈련을 시키면 반려동물로도 키울 수 있고 인간처럼 폭식도 하지 않는다. 따라서 중세인이 돼지를 껴안고 잤던 것은 매우 합리적인 행동이다. 지금도 남태평양의 파푸아뉴기니에 사는 부족들은 돼

11세기 말 영국 농민의 가축 보유 현황

	노퍽	서퍽	에식스	합계
농민(명)	4,682	3,023	4,002	11,707
말(마리)	1,036	768	917	2,721
소	2,130	3,092	3,962	9,150
돼지	8,074	9,843	13,171	31,088
양	46,354	37,522	46,095	129,971
염소	3,020	4,343	3,576	10,939

지를 반려동물처럼 키우고 밤에 껴안고 잔다.

인간과 돼지 이야기를 좀 더 해보자. 신석기 시절부터 사람들은 돼지고기를 매우 좋아했다. 쇠고기가 귀하고 질긴 데 반해 돼지고기는 상대적으로 구하기 쉬웠고 육즙이 많아서 맛도 좋았다. 이 때문에 쇠고기보다 돼지고기를 선호한 사람들이 많았고 때때로 돼지고기 가격이 쇠고기보다 비싸기도 했다. 사람들은 이렇게 돼지를 좋아했기 때문에 우주와 인간사를 주관하는 신들에게 돼지를 잡아 바치곤 하였다. 특히 땅과 생명, 그리고 다산을 지배하는 지모신에게 드리는 제사 때는 반드시 돼지가 희생 제물로 이용되었다.::8

이렇게 신들에게 돼지를 바치는 족속은 모두 농경민이었다. 오직 농경 민족만이 기동성이 없어서 이리저리 끌고 다닐 수 없는 돼지를 키울 수 있었기 때문이다. 농경민과 대립했던 사람들이 유목 민족이다. 유목 민족은 늘 이동하며 살아야 했기 때문에 돼지를 사육할 수 없었다. 그런데 유대인, 이슬람인을 비롯한 여러 유목 민족은 돼지고기를 먹지 않는다.

이런 관습이 지금도 계속되고 있기에 학자들이 그것을 해명하기 위해서 여러 이론을 제시하고 있다. 돼지를 성스럽게 숭배했기에 먹지 않았다는 토템 이론, 돼지가 불결해서 먹지 않는다는 위생 이론, 유목민이 생태 환경상 키우기 힘들기 때문이었다는 환경 이론, 이방

::8 강대진, 『신화와 영화』, 작은 이야기, 2004, pp. 63-64는 유대인과 아랍인이 돼지를 먹지 않았다는 것을 종교적인 이유로 설명하고 있다. 이 설명에 따르면 유대와 아랍 세계의 주신은 강력한 남성 신인 야훼나 알라였다. 따라서 이 남성신은 지모신을 숭배하는 자들이 먹는 돼지를 금하였다.

중세 시대 양과 함께하는 양치기의 모습.

인이 거룩하게 여겼기에 금했다는 주장 등이 제기되었다.

　필자는 생태 환경 이론을 약간 변형해서 생각하는 것이 타당하다고 본다. 즉 앞에서 이야기했듯이 돼지는 기동성이 없어서 유목민이 키우기 힘들었다. 또한 돼지는 그 털이나 젖을 이용할 수 없고 오직 고기만 먹을 수 있다. 따라서 유목민에게 돼지는 '그림의 떡'인데 일부 유목민은 이 '그림의 떡'을 먹기 위해 농경민들과 거래하고 접촉했을 것이다. 그런 거래와 접촉이 빈번해진다면, 더욱이 지도자의 통제 없이 그런 접촉이 이루어진다면 유목민 공동체는 심각한 위험에 빠지게 된다. 따라서 유목민 지도자들은 백성들이 돼지고기를 맛보는 것을 처음부터 금했고, 그 옛날에 만들어진 그 금기가 지금도 지켜지고 있다. 이렇게 관습은 질긴 생명력을 가지고 있다.

　돼지와 정반대인 동물이 양이다. 아름다울 미美 자는 양 양羊과 클 대大가 합쳐진 말인데 이는 양이 크니 참 맛있다, 또는 참 보기 좋다는 의미다. 북방의 유목민의 이런 생각이 이 한자(아름다울 미:美)로 만들어졌을 것이다. 그러고 보면 중국 문화에도 북방 유목민들의 문화가 많이 남아 있는 셈이다. 유목민들이 양을 사랑했던 것은 양이 매우 유용한 동물이기 때문이다. 양의 털로는 옷을 만들고, 양고기는 단백질 공급원이 되고, 양젖은 훌륭한 마실거리가 된다. 그러나 이 모든 것을 다 갖추었다고 해도 기동성 또는 이동성이 없다면 유목민들이 키울 수 없었을 것이다. 야생의 풀로 짐승을 먹여야 하기 때문이다. 그런데 양은 기동성이 매우 좋다. 이 때문에 양이 인류에게 가장 유익한 동물이 된 것이다.

우신예찬과 유토피아, 두 남자 이야기

개혁론자 에라스무스와 혁명론자 토머스 모어의 세대를 초월한 우정

1478년 2월 런던의 한 거리에서 법관의 아들로 태어난 토머스 모어는 파란만장하게 살았다. 부유한 명문가에서 태어난 그가 파란만장한 삶을 살게 된 것은 그가 너무나 강렬한 지성의 소유자였기 때문이었다. 토머스 모어는 어릴 때부터 공부를 매우 잘했기 때문에 많은 사람들의 주목을 받았다. 특히 토머스 모어를 견습생으로 데리고 있던 대주교 모턴은 모어가 장차 "경이로운 사람Marvellous men이 될 것"이라고 예언했다. 그의 말대로 토머스 모어는 '경이로운 사람'이 되었는데, 그를 경이로운 사람으로 만들었던 첫 번째 사건은 그가 수도사가 되기로 결심했다는 것이다.

1494년부터 그는 링콜린 법학원Lincolin's Inn에 머물고 있었는데, 이곳에서 아버지의 권유를 받아들여 법률을 공부하였다. 그러나 문제

토머스 모어.

가 있었는데, 그것은 토머스 모어가 너무나 똑똑했다는 것이었다. 그
는 법률 공부에 뛰어났고 재능을 인정받았지만, 결코 거기에 만족할
수 없었다. 법률은 자신의 궁극적인 지적 호기심과 삶에 대한 고민
을 해결해주지 못했다. 법보다는 그리스어와 철학, 종교가 그의 마
음을 사로잡았다. 당연히 아들의 출세를 바라고 있던 아버지와 갈
등이 일어났다. 아버지는 아들의 행동을 이해하지 못했으며, 아들이
몰두하고 있는 그리스 문학과 종교 공부는 출세에 걸림돌이 될 뿐이
라고 생각했다.

그러나 토머스 모어는 계속해서 그리스 문학과 철학, 종교를 공부
했고, 어린 나이에도 불구하고 많은 사람들의 경탄을 자아낼 정도
로 깊고 넓은 지식을 갖게 되었다. 토머스 모어는 1501년 23세 때 성

로렌스 교회St. Lawrence Jewry로부터 강연을 요청받았다. 그는 성 아우구스티누스의 '신의 도시'를 신학이 아니라 역사와 철학의 관점에서 강연하여 센세이션을 불러일으켰다. 당시 유명한 설교가였던 그로신Grocyn이 근처에서 강연하고 있었는데, 청중들이 그로신의 강연을 듣다가 소문을 듣고 토머스 모어에게로 우르르 몰려갔다고 한다.

이런 가운데 모어는 카르투지오회Carthusian Order의 봉쇄 수도원을 알게 되고, 그들의 엄격한 수도 생활에 감동받았다. 이 수도회의 수도사들은 고독하게 살면서 명상했고, 예배, 기도, 육체 노동으로 하루를 보냈다. 수도사들의 규율이 얼마나 엄격했던지, 이 수도회는 긴 역사를 가졌어도 개혁의 필요성을 느낀 적이 없었다. 이들의 삶을 보면서 모어는 수도사가 되어야 할지, 성직자가 되어야 할지, 평신도로 남아야 할지 고민했고, 수도사들에게 자신의 고민을 이야기했다. 수도사들은 성급하게 수도사 서약을 하지 말고 자신들과 같이 수도 생활을 하면서 확신이 서면 그때 수도사로서 서약하라고 충고하였다.

모어는 그들의 충고에 따라서 수도사들과 같이 살면서 한동안 고독한 수도사의 길을 걸었다. 독방에서 잤고, 침묵과 금식의 규율을 지켰으며, 아침에 일찍 일어나 예배에 참석하고, 저녁 늦게 성가를 불렀다. 4년간 고행의 수도사 생활을 한 토머스 모어는 어느 날 갑자기 수도원을 떠났다. 수도원을 떠난 지 2년 만에 모어는 유명한 변호사가 되었고, 국회의원이 되었으며, 시골 처녀와 결혼하였다.

모어는 무엇 때문에 갑자기 수도원을 떠났을까? 그 이유를 명확히 알 수는 없지만, 하나 분명한 것은 그의 신앙심은 조금도 옅어지지 않았다는 것이다. 수도원을 떠난 뒤에도 모어는 허름한 옷을 입는 고행을 계속했고, 자신의 일생을 계속해서 하느님께 맡겼다. 아마도 수도원에 들어갈 때 가졌던 의문에 대한 답을 얻었기 때문에, 수도원을 나온 것으로 추측된다. 즉 수도사가 될 것인가, 사제가 될 것인가, 평신도로 남을 것인가라는 질문에서 마지막 길을 선택한 것이다. 모어의 절친한 친구였던 에라스무스는 모어가 독신의 문제에 대해서 고민했으며 방탕한 사제가 되기보다는, 정숙한 남편이 되기로 결심했다고 말했다. 모어는 "감수성이 풍부한 나이에, 자신이 사랑이라는 감정에 문외한은 아니었다."고 말하였다.

  토머스 모어의 삶을 경이롭게 만든 두 번째 일은 그가 에라스무스와 평생 절친한 친구였다는 것이다. 에라스무스는 유럽 최고의 지성이다. 서양의 지성을 꼽으라면 베이컨, 데카르트, 볼테르, 칸트, 헤겔 등등을 꼽는 사람들이 있고, 그들 나름대로 기준이 있을 것이다. 그러나 이들 못지않게, 아니 어쩌면 그들보다 더 뛰어난 지성이 바로 에라스무스이다. 에라스무스의 지성은 당대에 너무나 빛나는 것이었기 때문에, 지식인들은 그에게 편지 한 통을 받은 것으로 크게 행세하고 다녔다. 그런 사람 중 한 명이 종교개혁의 선구자인 마르틴 루터이다. 마르틴 루터는 에라스무스의 저술을 연구하고 그로부터 큰 영향을 받았으며, 자신의 주장을 에라스무스가 인정해주기를 바랐다. 루터가 에라스무스에게 쓴 편지의 한 구절은 다음과 같다.

  그리고 저는 무지함 때문에, 마치 태양 같고 바람 같은 당신에게는 알려지지도 못한 채, 한 귀퉁이에 묻혀버릴 수밖에 없는 사람입니다.

에라스무스의 어린 시절은 유복했다. 그는 사생아였는데, 그의 아버지가 성직자였기 때문에 결혼할 수 없었다. 기독교는 오직 일부일처만을 허용하였고, 정식 혼인 관계 이외에서 난 모든 자녀는 사생아였다. 왕이라고 해도 이 원칙을 어길 수 없었다. 따라서 서양에는 후궁 제도가 없었고, 왕들이 정부에게서 낳은 자식들은 왕자나 공주가 아니었다. 그렇지만 사생아라고 해서 모두 버려지거나 불운했던 것은 아니다. 성직자나 대학 교수들이 결혼하지 않은 상태에서 자식을 낳은 경우가 빈번했는데, 그들은 자식들을 버리지 않고 잘 키웠다. 에라스무스의 아버지도 마찬가지였다. 그는 지식인이었고, 그의 아내는 외과 의사로서 부잣집 딸이었다. 따라서 에라스무스의 어린 시절은 유복했다.

그러나 9살 때 모든 것이 갑작스럽게 변했다. 부모가 흑사병으로 급사했고, 그의 후견인이 된 친척은 그를 키울 생각이 별로 없었으므로 수도원에 집어넣어버렸다. 에라스무스는 토머스 모어 못지않게 경건한 신자였다. 그는 22살 때인 1488년 아우구스티누스 수도회에서 수도사로 서원했다. 에라스무스는 수도원 생활에 불평이 없었고, 무엇보다 수도원에 훌륭한 도서관이 있다는 사실이 마음에 들었다. 에라스무스는 라틴 고전과 신학서들을 읽는 데 매진했고, 최고의 수준에 도달했다. 에라스무스의 학문은 갈수록 깊어져, 그는 40세에 이르면 '세상의 빛', '견줄 수 없는 불멸의 박사'라고 불리게 된다.

에라스무스의 책 사랑은 남달랐다. 그는 돈이 생길 때마다 책을 샀다. 그는 또한 글을 쓰고, 자신의 책이나 고전을 간행하는 것에 기쁨을 느꼈다. 그는 베네치아와 바젤에서 인쇄소 직공들과 함께 책을 만들었다. 그는 활자체를 고르고, 오탈자를 바로잡고, 세련되게 장

에라스무스.

식하는 작업을 손수 하였다.[91]

　에라스무스가 책 다음으로 좋아한 것은 여행이었다. 그는 죽을 때까지 파계하지는 않았지만, 26세 때 신학 박사 학위를 따기 위한 공부를 하고 싶다는 명목으로 수도원을 떠났다. 그리고 그는 성직자 복장을 하지 않았고, 수도사의 규율도 엄격하게 지키지 않았다. 오히려 그는 자유인으로 프랑스, 이탈리아, 독일 등을 쉼 없이 여행하였다. 그는 사람을 사귀는 것을 좋아했는데, 그가 사귄 최고의 친구가 토머스 모어였다.

　두 사람의 첫 만남은 1499년 런던 시장이 주최하는 연회에서 이루어졌다. 처음 만났는데, 몇 마디의 말을 주고받고는 에라스무스가 먼저 "당신은 모어임이 틀림없습니다. 당신이 아니라면 누가 이런 학식을 갖추었겠습니까."라고 말했고, 모어는 "당신은 에라스무스임이 틀림없습니다. 그렇지 않다면 악마이거나요."라고 말했다. 이렇게 토머스 모어와 에라스무스는 첫 만남에서 상대방의 지성을 알아보고는, 12살이라는 나이 차이에도 불구하고(에라스무스가 12살 많음) 속내를 모두 털어놓을 수 있는 친구가 되었다. 둘은 죽을 때까지 편지를 주고받았으며, 서로를 존경하였다.

모어와 에라스무스의 삶은 외관상 대조적인 것으로 보인다. 모어가 정치가와 법률가로서 제도권 내에서 활동했던 데 반해, 에라스무스는 안정된 후원자조차도 제대로 찾지 못하고 방랑하는 나그네처럼 살았다. 그러나 둘의 삶은 대단히 닮은꼴이었다. 그들은 세상의 부정과 타협할 수 없었으며, 인문주의에 대한 열망으로 새로운 세상을 열고 싶어 했다. 그들의 인생과 고민이 담겨 있는 것이 에라스무스의 『우신예찬』(1509)이고, 토머스 모어의 『유토피아』(1516)다. 에라스무스의 『우신예찬』은 토머스 모어에게 헌정한 풍자소설이다. 그는 이 책에서 철학자나 신학자들의 쓸데없는 논쟁, 교황을 비롯한 성직자들의 위선과 타락을 공격하였다. 에라스무스가 교황을 비롯한 성직자들을 신랄하게 비난했기 때문에, 에라스무스를 종교개혁의 선구자로 보는 사람들도 있으나, 그는 가톨릭 신앙 자체를 공격하지는 않았다. 즉 그 운영상의 문제점들을 공격했을 뿐이다. 이 점에서 에라스무스는 개혁론자였지, 혁명론자는 아니었다.

이에 반해 현실 정치에 깊숙이 개입하고 있던 토머스 모어의 『유토피아』는 철저하게 혁명적인 내용을 담고 있다. 『유토피아』는 1인칭 관

『우신예찬』 일러스트.

점에서 쓰였는데, 줄거리는 다음과 같다. 모어가 앤트워프Antwerp로 여행을 갔을 때, 그곳에서 피터 질리스Peter Gillis의 주선으로 라파엘 히드로다에우스Raphael Hythlodaeus를 만난다. 라파엘은 선원으로 세계 각지를 여행하면서 보고 들은 이야기를 해준다. 모어가 그 가운데 유토피아라는 나라에 관해서 정리한 것이 『유토피아』라는 책이다.

이 책에서 모어는 모든 죄와 모순의 근원을 사유재산으로 규정했다. 모어는 사유재산 제도가 존재하는 한 물건의 평등하고 공평한 분배가 행해질 수 없고, 사람들이 더 많은 재산을 차지하기 위해서 싸울 것이므로 분쟁이 끊이지 않는다고 주장했다. 모어에 따르면 사유재산 제도가 존재하는 한 소수가 사회의 부를 장악하고, 대다수 사람은 빈곤과 고난을 벗어날 수 없다. 반대로 모든 것을 공유할 경우 사람들은 각자가 모든 것을 풍족하게 가지고 있다고 생각하므로, 욕심과 분쟁이 사라지고, 덕이 세상을 지배하게 된다. 분쟁이 없어, 재산을 나누고 그에 따른 분쟁을 조절하기 위한 법이 별로 필요하지 않게 되는 것이다.

유토피아는 이런 사실을 잘 알고 있는 유토푸스Utopus 왕이 건설
한 섬나라이다. 이곳에서 모든 것은 공유이기 때문에 사람들은 더
많이 차지하려고 싸우지 않는다. 개인의 것이라고는 하나도 없다. 집
조차도 개인이나 특정 가족이 영구히 갖는 것이 아니다. 즉 유토피
아 사람들은 10년에 한 번씩 제비를 뽑아 집을 바꾼다. 병자와 학자,
관리를 제외한 사람들은 하루에 6시간씩 노동을 하고 나머지 시간
에는 여가를 즐긴다. 사치나 허영을 멀리하고, 함께 모여서 공동식
사를 한다. 유토피아 사람들이 얼마나 사치를 멀리했는가는 금과 은
에 대한 그들의 태도를 보면 잘 알 수 있다. 그들은 음식을 담아 먹
은 도기나 유리그릇은 정교하게 만들지만, 금과 은으로는 솥이나 그
밖에 천한 것으로 쓰이는 물건들을 만든다. 특히 죄인들의 족쇄를
금과 은으로 만들고, 죄를 범하거나 미움을 받은 사람에게는 금과
은으로 귀고리를 해주고, 머리에는 금테를 둘러씌운다.

유토피아는 원래 그리스어로 '없다'는 뜻의 '유'와 '장소'라는 뜻의
'토포스'의 합성어이다. 그러니까 유토피아는 이 세상에 없는 '이상적
인 곳'이라는 뜻이다. 이 세상에 없는 이상적인 곳이라면, 흔히 낙원
이나 지상천국을 생각하기 쉽다. 즉 날씨는 항상 봄이고, 꽃이 만발
하고, 사람들은 모두 젊고 예쁘고, 병도 없고, 일하지 않고도 먹을
것이 풍부한 곳을 생각하기 쉽다. 그러나 유토피아는 전혀 그런 곳
이 아니다. 유토피아는 인간이 가지고 있는 모든 한계를 인정한 후,
즉 세상의 부가 한정되어 있고 자연이 인간의 삶에 많은 제약을 가
하고 있다는 사실을 인정한 후, 가장 이상적인 사회를 찾는 것이다.
따라서 유토피아는 현실의 모순을 철저히 비판하고, 그것을 극복하

1516년에 그려진 『유토피아』
일러스트.

려는 노력의 소산이다. 구체적으로 모어의 『유토피아』는 당시 영국
사회가 안고 있던 모순을 비판하는 것이며, 영국 사회를 해체하고
근본적으로 재구성해야 한다고 주장하는 것이다. 모어는 영국 사회
의 모순 중에서 빈부갈등이 가장 심각한 것으로 생각했고, 빈부갈
등의 근원은 사유재산제도라고 생각했다. 당시 영국에서는 부자들
이 양을 쳐서 양모를 팔기 위해서, 조상 대대로 농민들이 갈고 있던
토지의 경작권을 빼앗아버렸다. 모어는 부자들의 이 탐욕에 대해서
"양이 사람을 잡아먹는다."라고 말하였다.

촉망받는 젊은이로 출세가도를 달리던 토머스 모어가 도대체 왜
이렇게 비판적인 글을 썼을까? 모어는 너무나 재능이 뛰어났기 때문

에 쉽게 출세 가도를 달렸지만, 결코 자신의 욕심을 채우려는 모리배가 아니었으며, 권력이 무서워 현실과 적당히 타협하는 회색분자도 아니었다.

1504년 그는 26세의 나이로 하원의원이 되었는데, 바로 그해에 헨리 7세가 딸의 결혼 비용으로 9만 파운드를 요구하였다. 당시 살진 돼지 한 마리가 26실링이었으니, 대충 7-8만 마리의 돼지를 살 수 있는 거액이었다. 그때까지 왕가의 중요 행사에 신하와 백성이 돈을 내는 것이 관례였기 때문에, 대다수 의원은 왕의 요구를 들어주려고 했다. 그러나 모어는 격분했고, 왕의 요구가 부당하다고 강렬하게 주장하였다. 모어의 연설에 감명받은 의원들은 왕의 요구를 들어주기는 했으나, 액수를 4만 파운드로 깎아버렸다.

모욕을 당했다고 생각한 헨리 7세는 격분했다. 그렇지만 모어를 처벌할 수 없었기에 핑계를 대고 모어의 아버지를 잡아다가 런던탑에 가둬버렸다. 이때 모어는 영국의 제도와 현실에 대해서 크게 실망했으며, 프랑스로 망명할 생각도 했다. 망명에 대한 생각은 상당히 구체화되었지만, 1509년 헨리 7세가 죽음으로써 실현되지 않았다. 헨리 8세의 총신이었던 울지Thomas Wolsey가 모어를 추천했고, 모어는 헨리 8세의 시종관이 되었다. 헨리 8세 시절 모어는 대법관으로서 임무를 충실하게 수행했을 뿐만 아니라, 청렴결백하여 많은 사람의 존경을 받았고, 헨리 8세의 신임을 받았다.

그러나 헨리 8세 역시 범상한 인물이 아니었다. 그는 교황으로부터 '신앙의 옹호자'라는 별칭을 받을 정도로 신앙심이 깊었지만, 세상의 어느 남자보다 여자에게 관심이 많았다. 그는 자신의 성욕을 채우기 위해서 끊임없이 여자를 찾아 헤맸다. 이런 성품의 헨리 8세에게 첫 번째 왕비인 아라곤의 캐서린이 아들을 낳지 못한 것은 좋은 핑곗거리였다. 그는 곧 시녀였던 앤 불린과 사랑에 빠졌다. 헨리 8세는 이혼을 결심하고, 자신의 심복인 울지에게 이혼 절차를 밟도록 명령하였다. 이혼의 최대 걸림돌은 교황이었다. 지금도 그렇지만 가톨릭 교회는 이혼을 금하고 있었다. 당시 영국의 국교는 가톨릭이었는데 왕이 교황의 허가를 받지 않고 마음대로 이혼한다면 국민의 저항이 클 것이고, 자신의 통치권이 위태로울 수도 있었다. 사실 왕이 이혼한다는 소문이 돌자 왕이 길을 갈 때마다 남자들이 캐서린을 버리지 말라고 외쳤고, 여자들은 앤 불린에게 욕설을 퍼부었다.

교황은 이혼을 허락하지 않았다. 캐서린이 당시 세계 최강국이었던 에스파냐 왕 페르난도 5세의 딸이었고, 교황은 그의 영향력 밑에 있었기 때문이다. 헨리 8세는 교황과의 정면 대립을 선언하고, 1534년 수장법을 통과시켜 스스로 영국 교회의 우두머리가 되었다.

이때 토머스 모어는 왕의 이혼이 부당하며 가톨릭 신앙을 지켜야 한다며 왕과 대립하였다. 사랑에 눈이 먼 헨리 8세는 토머스 모어를 비롯한 반대자들을 잔인하게 탄압하였다. 모어는 타협을 모르는 사람이었다. 헨리 8세의 이혼에 대해 모어가 완강하게 반대하자 그의 재주를 아끼는 주위 사람들이 모어에게 타협하라고 말하였다. 왕과 다투어서 목숨을 부지할 수 있는 자가 어디 있단 말인가. 사람들이 왕과 타협하라고 말할 때마다 모어는 이렇게 말했다. "그렇다면 좋다. 내가 오늘 죽고, 폐하는 내일 죽을 테니까." 결국 모어는 런던탑에 15개월간 갇혀 있다가 사형당했다. 그런데 모어는 런던탑에서도 조금도 낙담하거나, 삶에 대한 여유를 잃지 않았던 것 같다. 간수가 모어의 수염을 깎으려고 할 때 모어는 이런 말을 했다고 한다.

"수염은 제발 내가 죽은 뒤에나 깎게. 반역의 죄를 범한 것은 이 수염이 아니라네!"

이렇게 강건한 성격의 소유자였기 때문에, 모어는 현실 세계의 부정과 타협할 수 없었을 것이다. 그러나 현실은 너무 두터웠고, 그 앞에서 모어는 비굴하게 타협하느니 죽음을 택한 것이다.

V.
다섯 번째 밤

천년의 밤이 지나고
새벽이 밝아오다

귀부인의 하얀 얼굴,
수은과 납으로 완성되다

아름다움을 추구하는 화장이 낳은 중금속의 비극

화장을 영어로는 '코스메틱cosmetic'이라고 하는데, 이 말은 '배열에 능숙한'이라는 의미를 갖고 있는 그리스어 코스메티코스에서 유래했고, 이 말은 다시 '코스모스(cosmos, 우주)라는 말에서 나왔다. 그리스어 코스모스에는 우주의 질서와 명령이라는 의미가 있다. 따라서 '화장'은 우주의 명령을 받아 아름다운 것, 즉 여성을 더욱 아름답게 하는 것을 의미한다.

인간은 누구나 좋은 인상 갖기를 원하고, 잘생겼다는 소리를 듣고 싶어 한다. 특히 대부분 여자의 운명이 남자에 의해서 결정되어왔기 때문에 여자들에게 미모를 가꾸는 일은 숙명이었다. 그래서 문명이 탄생하면서부터 여자들의 화장이 시작되었다. 기원전 7500년에 이미 이집트인들이 화장을 했는데, 처음에는 강렬한 태양빛 때문에

고대 이집트의 화장품과 화장 도구.

피부가 타는 것을 막기 위해 야생 피마자에서 짠 기름을 바르는 정
도였지만 시간이 흐르면서 화장이 정교해졌다. 이집트인은 눈, 볼, 입
술, 피부를 화장했고, 화장을 하기 위해서 각종 안료, 향이 나는 기
름, 각종 식물을 섞은 크림, 피부보호제, 손톱 치장제, 향수 등을 개
발하였다. 1922년 발굴된 투탕카멘 왕의 무덤에는 여러 개의 병과
단지에 기름이 담겨 있었는데, 그 기름은 화장품으로 쓰였던 것으로
생각되며 발굴되었을 때도 은은한 향기가 풍겼다.

　그리스의 의사였던 갈레노스Galenus는 약초를 이용해서 여러 가지
화장품을 만드는 비법을 기록하였다. 그리스인들이 즐겨 쓴 화장품
은 향료였다. 기원전 3세기 테오프라스토스Theophrastos는 식물에서
방향물질을 추출할 수 있으며, 또 어떤 식물에는 색이 바래지 않게
하는 힘이 있었다고 쓰고 있다. 로마인들은 세계의 지배자가 되기
전에는 화장품을 거의 쓰지 않았지만, 기원전 2세기에 세계를 정복

고대 이집트의 서기 나크트의 무덤에 그려진 여성.
이집트 특유의 눈화장을 하고 가발을 썼다.

한 후에는 다채로운 화장품을 사용했다. 머리 표백제, 아이섀도, 향기 나는 보디 오일, 백악과 백랍으로 만든 가루분 등을 사용하였다.

그런데 기술과 위생 관념이 부족했던 옛사람들이 아름다워지기 위해 이용했던 화장품 가운데는 몸에 매우 해로운 것도 많았고, 예뻐지기 위해서 감행했던 여러 가지 관습에는 매우 기이한 것들도 많았다. 이집트인은 눈과 눈썹을 진한 검은 색으로 만들기 위해서 콜Kohl을 이용하였다. 이는 불에 구운 아몬드, 검정색 망간, 납 황화물인 방연석方鉛石을 섞은 것이다. 이집트인은 다른 화장품 제조에도 납을 많이 이용했다. 이집트인이 남긴 화장품 단지에서는 네 종류의 납이 발견되었다.[92]

로마인들은 깨끗하고 하얀 치아를 만들기 위해 사람의 소변을 이용했다. 로마의 의사들은 소변 양치질이 치아를 희고 튼튼하게 만든다고 가르쳤으며, 여기에 현혹된 상류층 여성들은 유럽 대륙에서 가장 강하다고 소문난 포르투갈산 소변을 고가에 샀다. 그 뒤 18세기까지도 소변은 치약의 성분으로 이용되었다.[93] 참고로, 소변은 냄새나는 배설물이지만 그 안에는 많은 영양분이 들어 있다. 특히 식물이 성장하는 데 필수적인 질소, 인 등이 포함되어 있기 때문에 귀중한 거름으로 이용되었다. 불과 몇 십 년 전까지만 해도 아이들이 자기 논이나 밭에 오줌을 누지 않고, 아무 데나 오줌을 누면 야단을 맞았다. 소중한 거름을 낭비하는 것이기 때문이다. 소변은 때때로 약으로 사용되었는데, 예를 들어 1860년대 독일에서 개발된 최초의 바르비트루산계 진정제의 주요 성분은 사과와 오줌이었다.

나일론 칫솔이 나오기 전까지 칫솔은 대개 동물의 털로 만들었으며, 말털이 많이 애용되었다. 불소가 치약의 주성분으로 사용되기 시작한 것은 1840년대이다.∷9 엘리자베스 시대에 널리 쓰이던 피부 세정제는 황산이었고, 피부에 난 사마귀나 점들을 없애기 위해서 수은을 정제한 '솔리만'이라는 약품을 이용했는데, 이것은 매우 독해서 잘못하다가 살갗 아랫부분마저 타버리는 수도 있었다.[94]

16세기 유럽에서는 베네치아산 분이 인기를 끌었다. 베네치아 분은 백연으로 만들었기 때문에 피부의 모공을 통해 흡수되면 몸에 매우 해로웠다. 일부 의사들이 그 해악성을 지적하였지만, 여자들은 개의치 않았다. 16세기의 한 성직자는 이렇게 개탄했다.

"베네치아 분이 여자의 얼굴을 평생 가면을 쓰고 있는 것처럼 만

∷9 1802년에 나폴리의 치과 의사들이 환자들 치아에서 황갈색 반점을 발견했는데, 그 반점은 이 지역의 토양과 물에서 발생하는 불소와 사람들의 치아에 있는 에나멜이 상호 작용하여 생긴 것이었다. 의사들은 반점이 있는 치아에는 충치가 없다는 사실을 발견했고, 불소가 그 원인이라는 것도 밝혀냈다.

40대 초반의 엘리자베스 1세 초상화(1573~1575년 추정)와 20년 뒤인 60대 초반의 엘리자베스 여왕 초상화(1595년 추정). 새하얀 얼굴은 납과 수은으로 찌들어 있었다.

들고, 얼굴을 닳게 만들고…… 치아를 상하게 하는 것도 모른 채 여성들이 벽에 회반죽 바르듯이 화장을 하고 있다."

이렇게 화장에 목숨을 걸었던 대표적인 여성은 엘리자베스 1세다. 엘리자베스 1세는 권위 있는 여신처럼 보이기 위해 진하게 화장을 했다. 얼굴은 최대한 뽀얗게 보이려고 납, 달걀 흰자, 양귀비씨 등을 섞어 만든 반죽을 발랐다. 볼과 입술은 적당히 윤기 있고 빨갛게 보이도록 황화수은이 들어 있는 붉은색 연고를 발랐다.[95] 나이가 들면서 화장은 갈수록 진해졌다. 얼굴에 바르는 반죽의 두께도 1센티미터를 넘었다. 그 결과 납과 수은 중독 현상이 심해졌다. 엘리자베스는 노년에 수은 중독::10으로 손발을 떨었고, 중추신경이 마비되었으며, 이빨과 머리카락이 빠졌다. 결국 그녀는 수은 중독, 납중독으로 죽었다.

화장을 해야 할까? 글쎄 17세기 영국의 성직자 토머스 튜크Thomas Tuke는 "이들 화장한 여인네들이 최후의 심판날에 하느님께서 내린 자기 얼굴이 아닌 모습으로 신의 눈에 들 수 있겠느냐?"라고 말했다.

::10 수은 중독은 전근대 동서양에서 흔히 관찰된다. 동양에서는 진시황, 이태백을 비롯한 고중세의 유명한 사람들이 대부분 수은 중독에 걸렸다. 그들이 수은 중독에 걸렸던 것은 신선 사상을 믿었기 때문이다. 중국 고대의 신선 사상에 따르면 사람은 수련을 하거나 약을 먹어 인간의 한계를 극복할 수 있다. 단약이라 불리는 이 약의 주성분이 수은이었다.

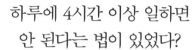

하루에 4시간 이상 일하면
안 된다는 법이 있었다?

인클로저 운동으로 인구는 폭증하고 일자리는 없었던
17세기 런던 풍경

양은 온순한 동물이지만 영국에서는 인간을 잡아먹는다.

_ 토머스 모어, 『유토피아』

전근대의 토지 제도는 전공자가 아니라면 이해하기 힘들다. 하나의 토지에 대해서 소유권, 경작권, 세금 걸을 권리, 개간에 따른 권리, 공동으로 이용할 권리, 친족이 먼저 상속받을 권리 등이 복잡하게 얽혀 있기 때문이다. 중세 유럽의 경우 장원의 모든 토지는 영주 소유였다. 영주 한 명이 수백 명의 농노를 거느리고, 농노들이 생산한 것에서 50%를 거두어갔다. 농노들이 위안을 삼을 수 있는 유일한 것은 토지를 평생 경작할 수 있는 경작권을 갖고 있다는 것이었다. 아무리 영주라고 해도 농노에게 할당한 토지를 회수하여 다른

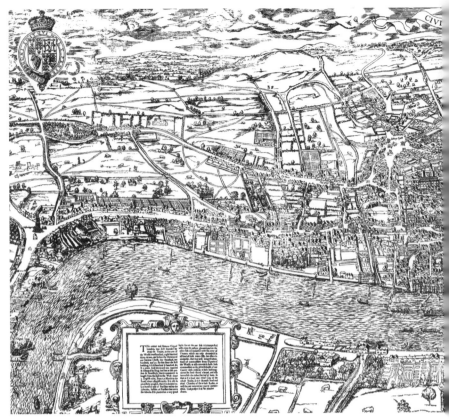

런던의 전경을 담은 목판화 지도(1561).

농노에게 줄 수는 없었다. 농노들은 경작권을 자식에게 물려줄 수도
있었다.

　그러나 14세기에 대대적인 위기가 발생했다. 14세기 초가 되면 갑
자기 대기근이 발생했다는 기사들이 등장한다. 인구가 너무 증가하
여, 중세 사회가 가지고 있는 토지로서는 더 이상 사람들을 다 먹여
살릴 수 없게 된 것이다. 그리고 1347년부터 전 유럽을 휩쓴 흑사병
은 인구를 크게 감소시켰고, 인구 감소는 노동력의 부족을 가져왔

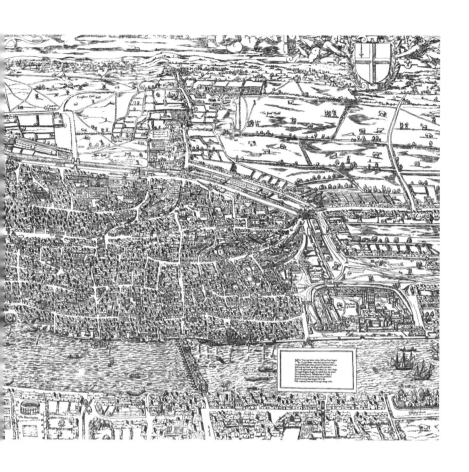

다. 또한 영국과 프랑스 사이의 백년전쟁(1337~1453)을 비롯한 전쟁이 여러 나라에서 발생하였다. 이런 위기가 닥치자 영주들의 수입은 격감하였고, 농민들에 대한 수탈이 강화되었다. 수탈이 강화되자 농민들의 저항이 격렬해졌고, 지배계급과 피지배계급 사이의 계급투쟁이 격화되었다.

영주들과 농민들 간에 벌어진 계급투쟁에서 쟁점은 토지에 대한 처분권과 농노의 신분 해방 문제였다. 유럽 전역에서 계급투쟁이 심

존 노든의 1593년 런던 지도. 지도상에 표시된 템스강의 다리는 단 하나뿐이지만 템스강 남쪽 서더크 일대가 이미 개발되고 있었음을 보여준다.

각하게 진행되었지만, 그 결과는 지역별로 달랐다. 봉건제도가 가장 전형적으로 발달했던 프랑스 지방에서는 농민들의 촌락 공동체가 발달하고 그 결과 농민들의 단결력이 강했던 반면, 귀족들은 왕권의 견제를 받고 있었기 때문에 농민들은 계속해서 토지를 보유할 수 있었고, 신분에 있어서도 비교적 많은 자유를 획득하였다. 유럽 본토로부터 봉건제도를 배운 영국에서는 농민들의 단결력이 상대적으로 약했고 귀족들의 세력이 강했기 때문에, 농민들은 자유를 획득하기는 했지만 토지에 대한 권리를 귀족들에게 빼앗겼다. 그들은 토지를 평생 경작할 경작권, 그리고 마을 공동체가 갖고 있던 공동지에 대한 권리를 상실하였다. 동유럽 지역에서는 귀족들의 세력이 매우 강한 반면 농민들의 단결력은 매우 약했기 때문에, 귀족들은 농민들을 완전히 제압하였다.[96]

영국에서 지주들이 농민들에게 경작권을 빼앗았던 주요 원인은 모직물 수요의 증가였다. 중세 초기부터 영국은 유럽에서 양을 가장 많이 키우는 나라였다. 플랑드르 지역은 유럽 최대의 모직물 제조지였는데, 영국은 양털을 플랑드르에 공급하였다. 양모 수출만으로도 영국은 막대한 부를 얻을 수 있었다. 예를 들어 영국은 1337년부터 1453년까지 프랑스와 백년전쟁을 치렀는데, 전쟁 기간 중 국세 수입의 절반이 양모세에서 충당되었다.[97] 그러나 원재료를 수출하는 것과 가공품으로 수출하는 것은 질적으로 다른 문제였다. 13세기 이전 영국이 많은 양을 사육하였음에도 불구하고, 모직물을 만들지 못했던 것은 기술이 빈약했기 때문이다.

12세기 무렵부터 영국인은 양모 수출을 줄이고, 양모를 가공하여 천으로 짜거나 옷을 만들어 수출하기 위해 노력했다. 특히 에드워드 3세(재위 1327-1377)는 외국 기술자를 초빙하고 국산 모직물 사용을 장려했으며, 모직물 공업을 육성하기 위한 정책을 적극적으로 펼쳤다. 이후 영국의 모직물 공업이 비약적으로 발달하였다. 15세기에 모직물 수출이 양모 수출을 능가하게 되었으며, 런던이 유럽의 최대 모직물 시장으로 성장했다.[98]

영국 모직물 산업의 팽창은 양모 수요를 더욱 증가시켰다. 14세기 중엽부터 농촌의 지주들은 양모 수요에 대응하기 위해서 인클로저 Enclosure 운동을 전개하였다. 인클로저는 '울타리'라는 말로 여러 필지의 토지를 울타리를 쳐서 하나로 통합하는 것을 의미한다.[99] 인클로저 운동은 15세기 말에 시작되어 16세기 중엽부터 17세기 전반기에 치열하게 전개되었다.[100]

물론 인클로저의 목적이 반드시 양을 치기 위한 것만은 아니었고,

1616년의 런던. 네덜란드의 화가 클라스 얀스 피스허르가 제작한 런던 전경화다.

모든 것이 강제로 이루어진 것은 아니었다. 곡물을 경작하기 위해서 울타리를 치는 경우도 있었고, 주민들이 합의하거나 의회의 승인 하에 울타리를 치는 경우도 있었다.

땅을 뺏기고 농촌에서 쫓겨난 농민들은 입에 풀칠이라도 하기 위해 무엇을 할 수 있었을까? 농민들은 아무 대책 없이 무작정 도시로 몰려들었다. 영국의 수도 런던의 인구는 1500년에 6만 명밖에 되지 않았지만, 1640년에는 45만 명으로 7배 이상 증가했다. 도시는 빈민들로 가득 찼다. 빈민들이 사는 벌집이 생겨났고, 곳곳에서 거지와 부랑배들이 판쳤다.

빈민들이 일자리를 찾는 것은 하늘의 별 따기였다. 아직 산업혁명이 일어나기 전이기 때문에 공장이라고는 고작 수공업자들이 옹기종

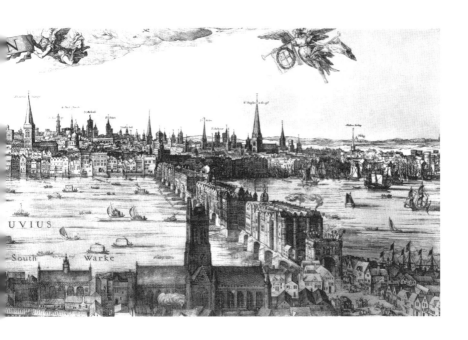

기 모여 있는 것에 불과했다. 일자리가 얼마나 귀했던지 하루에 4시간 이상 일하면 안 된다는 법이 시행되었다. 일자리도 없이 방황하던 수많은 사람들은 술과 도박에 빠져 서서히 죽어갔다. 이런 비참한 상황을 영국의 대문호 토머스 모어는 "양이 사람을 잡아먹는다."라고 표현하였다.

왕비님, 두통에는
담배를 피우소서!

미국을 건설한 약탈자들에게 '황금알을 낳는 거위'가 된 담배 이야기[101]

영국인에게 영국 역사상 가장 위대한 왕이 누구인지 조사하면 반드시 3위 안에 드는 사람이 있다. 처녀 왕으로 유명한 엘리자베스 1세이다. 그녀의 할아버지인 헨리 7세는 포르투갈과 에스파냐가 해외 원정에 성과를 내고 있다는 소식을 듣고, 영국도 뒤처질 수 없다고 생각하였다. 그는 1497년에 캐보트(John Cabot, 1450-1499) 원정대를 파견하였고, 그들은 뉴펀들랜드에 도착하였다. 이를 통하여 영국은 에스파냐가 발견하지 못한 북아메리카가 있다는 사실을 알게 되었다. 1558년 엘리자베스가 즉위했을 때 에스파냐는 아메리카 경영을 통해서 세계 패권 국가로 군림하고 있었다. 엘리자베스는 해양 진출에 국운이 걸려 있다는 것을 알고, 월터 롤리(Walter Ralegh, 1552-1618)에게 아메리카 탐험을 지시했다. 롤리가 파견한 탐험대가 노스캐롤라이나 해안에 도착하였고, 그곳 일대를 버지니아라고 명명했다. 엘리자베스 1세의 별명이 '처녀 왕'이었기 때문이다. 그 후 엘리자베스는 에스파냐의 무적함대를 격파했고, 동인도회사를 조직하여 해외 경영에 더욱 박차를 가하였다.

엘리자베스가 닦아놓은 기반은 그의 후계자인 제임스 1세 때 성과를 냈다. 1605년 두 개의 상인단체가 영국의 왕 제임스 1세에게 버지니아 식민지에 대한 개발권을 청원했다. 다음 해인 1606년에 영국 정부는 버지니아주식회사에 남부 버지니아에 대한 개발권을, 플리머스주식회사에 북부 지역에 대한 개발권을 주었다. 버지니아주식회사는 미국으로 건너갈 이주 희망자들을 모집했고, 여기에 143명이 참가했다. 16세기 영국은 지독한 인구 과잉에 시달리고 있었다. 농촌에서 쫓겨난 빈민이 도시에 넘쳐났고 런던을 비롯한 대도시에는 거대한 빈민가가 생겨났다. 하지만 일자리는 매우 부족했기 때문에 빈민들은 술과 도박에 빠져서 인생을 허비하고 있었다. 그때 황금이 넘쳐나는 신세계가 있다는 소문이 돌았고, 드디어 그 신세계로 갈 사람을 모집한다는 공고문이 붙었다. 버지니아주식회사가 모집한 탐험대에 지원한 사람들은 바로 그런 부류들이었다. 143명 가운데서 농민은 단 한 사람도 없었고, 절반 이상이 한량들이었다. 청교도가 아니라 이들이 미국인의 조상이다.

원정대는 1606년 12월 말에 출발했다. 당시 유럽에서 아메리카까지 항해는 두세 달이 걸렸다. 동력선이 없었기 때문에 바람 상황에 따라서 항해 기간이 유동적이었다. 원정대는 넉 달이 넘는 항해 끝에 5월 초 체사피크만 '제임스 타운'에 도착하였다. 긴 항해 기간 동안 30여 명이 사망했고, 104명이 도착했다. 이들이 아메리카에 도착했을 때 식량은 조금밖에 남지 않았고, 출발할 당시 꿈꾸었던 황금과 진귀한 물품은 어디에도 보이지 않았다. 이제 일을 하지 않으면 모두가 굶어 죽을 상황이었지만 아무도 일을 하려고 하지 않았다. 이주자들은 모두 자신들이 신사라고 생각하면서 농사일을 천하게 여겼다. 날마다 술 먹고 노는 습성에 젖어 있던 자들이 하루아침에 그것을 극복하기란 쉽지 않은 법이다. 농사를 짓지는 않았지만 다행히 제임스 타운은 바다가 인접한 곳이라 해산물이 풍부했다. 그들은 술에 찌들어 배고플 때마다 해산물로 배를 채웠다.

그러나 해산물 채취도 쉽지 않았기 때문에 많은 사람들이 굶어 죽었다. 당시의 굶주림이 얼마나 심했는지, 한 사료는 어떤 남자가 잠들어 있는 아내를 죽이고 "시체를 머리만 남기고 깨끗이 뜯어먹고 나서야 허기를 면했다."고 전한다. 그러나 일하지 않는 자들에게 하느님의 천형이 내려졌으니 바로 소금 중독이다. 그들 대부분이 소금 중독에 걸려 죽었다. 사람들이 많이 죽어가자, 존 스미스라는 지도자는 일을 하지 않는 자는 모두 사형에 처하거나 추방하겠다고 선언하였고, 드디어 밀 경작이 시작되었다. 그러나 존 스미스가 강제한 노동은 하루에 고작 4시간이었다.

이 시기에 아메리카 원주민이 감자와 유사한 작물인 얌의 재배법을 가르쳐주고 숲속의 길을 안내해주는 등 이주자들을 도와주지 않았다면 제임스 타운 정착자들은 살아남지 못했을 것이다. 아메리카 원주민이 그토록 우호적으로 대했건만 이주자들은 그들에게 싸움을 걸었고, 특히 이주자들의 지도자인 존 스미스는 폭력적으로 그들을 제압하려 했다.

그러나 존 롤프John Rolfe의 생각은 달랐다. 포카혼타스라는 원주

19세기에 그려진 식물로서의 담배 일러스트.

민 공주가 포로로 잡혀 오자, 롤프는 그녀와 결혼해서 원주민들과 평화를 유지하려 했다. 롤프는 스미스에게 "당신은 왜 사랑으로 조용히 얻을 수 있는 것을 힘으로 억지로 빼앗으려 하는가?"라고 물었다. 롤프와 결혼한 포카혼타스는 훗날 남편을 따라 런던으로 이주했고, 왕을 알현했지만 천연두에 걸려 죽었다.

이후 원주민들과 이주자들은 평화를 유지했으며, 원주민들은 담배 농사를 가르쳐주었다. 이주자들이 생산한 담배는 1616년에는 2만 파운드, 1637년에는 50만 파운드, 1662년에는 2,400만 파운드로 급증했다. 담배 농사가 '황금알을 낳는 거위'였던 것이다. 이렇듯 담배 농사가 대박이 나자 노동력이 부족해졌다. 이주자들은 1670년 무렵부터 아프리카에서 노예를 수입했다. 그 후 미국 남부에서 노예는 지속적으로 증가하여 1860년 남북 전쟁이 발발할 때는 400만 명이

담배 피우는 남자.

나 되었다.

아메리카 식민지가 담배를 통해 이윤을 남길 수 있었던 것은 유럽에서 이미 담배가 인기가 있었기 때문이었다. 1560년 무렵에 포르투갈인이 유럽에 담배를 전파했으며, 당시에 리스본 주재 프랑스대사였던 장 니코(Jean Nicot, 니코틴이라는 말은 여기에서 유래했다)가 프랑스 왕비에게 담뱃가루를 보냈다. 그녀가 두통을 심하게 앓고 있었는데, 담배가 두통을 없애준다고 생각했기 때문이다. 그리고 영국인이 터키에도 담배를 전파하여 이슬람 세계에서도 담배는 널리 유행하였다.

담배 피우는 여자.

담배가 급속도로 전파되면서 인기를 끌자, 대부분의 나라들은 담배를 적극적으로 금지하려 했다. 영국에서는 금연왕 제임스 1세가 1604년 '담배 배격론'을 발표했다. 신앙심이 깊었던 그는 사람들이 담배 피우는 모습을 보고, 심판 날에 끝이 없는 무저갱에서 피어오르는 검은 연기 같다고 말했다. 프랑스에서는 루이 13세가 담배의 매매를 금했으며, 가톨릭 교회에서는 교황 우르바누스 8세가 담배를 금지하는 교서를 내렸다. 러시아에서는 로마노프 왕조를 연 미하일 1세 표도로비치Mikhail Fyodorovich Romanov가 금연령을 내려 끽연 및 담배를 소유하는 것을 중죄라고 선언했다. 이슬람 세계에서도 아흐메드 1세Ahmed I가 담배를 금하였으며, '잔학왕'이라는 별명을 가진 무라트 4세Murad IV는 담배를 아주 싫어해 금연령을 어긴 자는 인정사정 없이 사형에 처했다. 무라트 4세는 변장을 하고 몸소 마을을 돌아다니면서 백성들의 끽연을 감시, 적발했으며 그의 치세 기간에 담배를 피웠다가 처형된 자는 2만 5,000명에 이른다.

무라트 4세는 내국인뿐 아니라 타국의 외교관이라도 엄격하게 통제했다. 전하는 이야기에 따르면 프랑스 대사관 직원이 담배 금지령을 무시하고 프랑스 대사관 안에서 담배를 피웠다. 무라트 4세가 경고했지만 프랑스 대사관 직원은 경고를 계속 무시했다. 무라트 4세는 대사관으로 사람을 보내 그의 코를 잘라버리고 추방했다. 루이 13세가 대사관에 난입한 것은 전쟁을 선포하는 것이라고 항의하자 무라트 4세는 "그가 대사관 직원이기 때문에 특권을 인정하여 죽이지 않았소. 코만 잘린 것은 프랑스의 영광이오."라고 대답했다.[102]

지배자들의 담배 금지 정책 이외에도, 흡연의 확산을 막는 중요한 장애물이 있었다. 담배에 대한 온갖 풍문이 나돌았다. 예를 들어 러시아에서는 담배가 번개를 맞은 악마들과 친하고, 근친상간한 남매의 무덤이나 성서에 나오는 매춘부의 무덤에서 자란다는 이야기들이 있었다. 1614년 1파운드당 3실링 하던 담뱃값이 1635년에는 고작 2페니히밖에 되지 않았는데, 값이 이렇게 폭락한 것은 공급 과잉 때문이기는 했지만, 각국 지도자들의 금연 정책이 어느 정도 성공을 거두었기 때문이다.

그러나 담배를 피우고 싶은 사람들의 욕구를 어떻게 권력으로 막을 수 있겠는가? 담배를 두 번만 피우면 니코틴에 중독되고, 일단

담배를 프랑스에 들여온 장 니코가 왕비 카트린 드 메디시스에게 담배 식물을 선물하고 있다.

중독되면 평생 빠져나오기 힘들다. 더욱이 권력자들 가운데서도 끽
연자가 늘어나니, 당연히 금연법은 점차 폐지되어갔다. 가장 강력한
금연법을 실시했던 이슬람 세계조차 1648년 집권한 메흐메트 4세가
금연법을 폐지했다.

금연법이 폐지된 뒤 담배는 급속하게 인기를 얻었는데, 여기에는
잘못된 의사들의 처방도 한몫했다. 에스파냐 의사 니콜라스 모나
르데스(Nicolás Monardes, 1512~1588)는 『신세계로부터 온 기쁜 소식Joyfull
Newes out of the New-found World』이라는 책에서 담배의 의학적 효과를
설파하였다. 또한 담배를 프랑스에 들여온 장 니코는 프랑스에 가져
가면 유익할 식물에 관해서 연구하고 있었는데, 악성 종기로 고생하
던 한 젊은이의 종기 위에 담뱃잎을 붙이자 효과가 있었다. 니코는
여러 차례의 실험을 통해 담배가 외용약으로 뛰어난 효과가 있다는
사실을 발견했다.

이후 담배는 가벼운 상처에서부터 두통, 치통, 관절염, 복통, 호흡 곤란, 임질, 심지어 치아 미백제로도 사용되었다. 16세기 후반에는 많은 의사들이 담배는 잎을 사용하든 피우든 거의 모든 질병에 효과가 있다고 선전하였다. 흑사병이 만연하던 시절에는 흑사병 예방에도 효과가 있다고 인식되었다. 하지만 오늘날 담배의 엄청난 해악을 생각해보면, 점령당한 인디오들이 유럽인들에게 보낸 저주의 식물 아닐까?

총의 탄생이 절도 있는
동작을 만들었다?

좌향좌 우향우의 기원

남자들이 군대에 가면 처음 배우는 것이 좌향좌 우향우이고, 그 것을 체계화시킨 것이 분열과 열병이다. 이 절도 있는 동작은 언제, 어떻게 시작되었을까?[103]

화약은 나침반, 종이와 함께 서양의 근대를 연 3대 발명품이라고 이야기된다. 일반적으로 세 가지 모두 중국에서 발명되어 유럽으로 전파되었다고 여겨진다. 나침반은 기원전 2세기 무렵에 한나라에서 발명되어 천문 관찰에 이용되었다. 송나라 때 실용화되어 군사와 항해에 사용되었다. 종이는 한나라 이전부터 쓰였고, 후한 시대 채륜이 실용화하였다. 기원후 751년 당나라와 아바스 왕조가 탈라스에서 싸웠는데, 이 무렵 제지술이 유럽에 전파되었다.

그렇지만 화약gunpowder의 기원은 모호하다. 대개 9세기 당나라 때

만들어졌다고 이야기되지만, 674년 동로마제국이 마르마라해에서 아랍인과 싸울 때 '그리스의 불'을 이용했다는 기록이 있다. 그렇지만 최초의 화약 제조법은 1044년 증공량曾公亮이 지은 『무경총요武經總要』에 등장한다. 서양에서는 13세기의 수도승인 로저 베이컨Roger Bacon이 1260년에 저술한 책에서 초석, 목탄, 유황을 7 : 5 : 5로 섞어 화약을 만들 수 있다고 기록하였다.

13세기 유럽에서 화약을 이용한 대포가 쓰이기 시작했다. 초기에 대포는 개인 사업자들이 소유했다. 포병은 아직 조직되지 않았고, 군대의 지휘관들은 포를 가진 개인 사업자들에게 돈을 주고 며칠날 어떤 장소에 와서 몇 발을 쏴달라고 했다. 포를 쏘는 것은 상당한 기술이 필요한 일이었기 때문이다. 상황이 이러했으므로 포병이 군대에 편입된 이후에도 전통을 고수하려고 하는 귀족들은 대부분 기병대 또는 보병대에 입대하였다. 그 유명한 나폴레옹은 포병이었는데, 그가 전통 귀족 출신이 아니었기 때문이다.

대포와 함께 무기의 혁신을 가져온 것이 총이다. 14세기에 총이 전투에 처음 사용되기 시작했다. 총은 전투 방식뿐만 아니라 사람들의 생활 자세도 변화시켰다. 먼저 총이 전투 방식의 변화를 가져온 것을 살펴보자.

중세 기사들은 자유롭게 대형을 이루어 싸웠다. 그들에게는 복잡한 전술이나 대형, 기율이 필요하지 않았다. 그들은 칼과 방패를 가지고 싸웠기 때문에 개개 병사들이 얼마나 무용을 발휘하느냐가 승패의 관건이었다. 대개는 말을 탄 기사들이 전투의 중요한 역할을 했다. 그리고 중세 왕들은 상비군이 없었다. 그들은 필요에 따라서 자신의 봉신(부하)들을 소집하여 전투를 치렀다. 그러니 17세기 이전까지도 유럽 군대의 훈련은 보잘것없었다. 이미 수메르 시대부터 군인들은 대형을 이루었지만 훈련은 정규적이지 않아 하루 훈련하고 하루 쉬었고, 전투를 위해서 소집되었을 때만 간단한 전투 기술을 배우는 정도였다.

그런데 14세기 이후에 전쟁 기술에 혁신적인 변화가 발생했다. 기술적으로 대포와 총이 등장하고, 제도적으로 상비군이 등장하게 된 것이다. 초기의 총은 머스킷musket이라고 불렸는데, 총 가운데 부분에 심지가 있어 불을 붙이면 총알이 발사되었다. 총알이 발사되고 나면 총신(총의 몸통 부분)을 청소하고 다시 장전해야 다시 발사할 수 있었다. 이렇게 한 발의 총을 쏘기 위해서 여러 동작이 필요했기 때문에 보통 병사들은 1분에 한 발을 쏘았고, 숙련된 용병들은 1분에 두 발을 쏘았다.

1860년대 미국 남북전쟁기에도 머스킷 총이 계속 사용되었다. 남북전쟁을 배경으로 한 「영광의 깃발」(1989)이라는 영화를 보면, 부대장이 병사들을 훈련시키면서 훌륭한 총수는 1분에 세 발을 쏠 수 있다는 이야기가 나온다. 그러나 당시 총에는 목표물을 정확하게 맞출 수 있는 가늠자가 없어 명중률은 매우 낮았다.

총이 전쟁에 빈번히 사용되면서부터 지휘관들은 총을 한 발씩 산발적으로 쏘는 것보다 한꺼번에 집중적으로 쏘는 것이 훨씬 효율적이라는 것을 깨달았다. 특히 아직 기병이 활동하고 있었기 때문에, 보병들은 여러 방향에서 공격받기 쉬웠다. 따라서 병사들이 신속하게 방향 전환을 할 필요가 생겼다. 따라서 수백 명의 병사들이 동시에 총알을 넣고, 심지에 불을 붙이고, 발사하는 동작을 규칙적이고 필수적으로 반복하게 되었다.

루부아 후작의 초상(1850).

　이런 인식을 갖추게 된 17세기부터 장군들은 많은 병사들이 모일 수 있는 연병장을 마련하고, 제식훈련을 위한 그림 교본을 만들고, 병사들을 엄격하게 훈련하기 시작했다. 병사들이 훈련하는 작업을 시작한 사람은 프랑스 루이 14세의 국방대신이었던 루부아 후작(François-Michel Le Tellier, Marquis de Louvois, 1641-1691)이었다. 그는 병사들을 매일 정기적으로 훈련했다. 병사들을 훈련하는 것이 그들을 복종시키고 강하게 만드는 데 중요하다는 것을 깨달았기 때문이다.

　네덜란드 독립운동 지도자인 오라녜 공작 마우리츠(1567-1625)는 네덜란드 군대에 제식훈련을 도입했다. 그는 화승총을 장전하고 발사하는 동작을 연습시켰고, 행진법을 가르쳤다. 그는 특히 머스킷총을 정확하게 명령에 따라서 쏠 수 있도록 42개의 동작을 설정하

오라녜 공작 마우리츠의 초상(1608).

오라녜 공작 마우리츠와 그의 부하들. 화가 아담 반 브린이 1618년에 그린 그림이다.

고, 그것을 그림으로 그려서 병사들에게 나누어준 뒤 훈련했다. 총
을 쏘는 순서는 화약 장전·총알 장전·발사할 지역으로 이동·조
준·점화·발사였다. 그리고 발사 뒤에는 총신에 남아 있는 화약 찌
꺼기를 닦고 손질해야 다시 발사할 수 있었다. 이때부터 좌향좌 우
향우가 등장하였다. 반복된 훈련을 통해서 병사들은 매우 절도 있
게 움직이는 기계가 되어갔다.

　『삼총사』 만화나 소설을 보면서, 그들이 총사銃士임에도 불구하고
왜 총을 가지고 싸우지 않고 칼로 싸웠는지 의문을 가져본 적은 없
는가? 앞에서 이야기한 대로 당시에 총으로는 1분에 겨우 두 발밖에

1608년, 네덜란드의 총사. 총사는 머스킷으로 무장한 근세의 보병이다.

발사할 수 없었고, 그것도 조준경이 없었기 때문에 정확히 맞추지 못했다는 사실을 상기하면 이해할 수 있다. 총을 한 번 발사하고 나면 재장전하는 데 30초 이상이나 시간이 걸리는데, 그 시간이면 칼이나 활로 적을 죽일 수 있다.

사람들이 제식훈련에 의해서 절도 있는 행동을 하게 된 것은 군대에서 끝나지 않았다. 고대 아테네학당에서 선생들의 강연을 듣고 있는 그림들을 보면, 학생들은 매우 자유로운 포즈를 취하고 있다. 하지만 19세기 학교에서 수업하는 광경을 보면 학생들은 꼿꼿하게 앉아서 수업을 듣고 있다. 군인들뿐만 아니라 보통 사람들도 반듯하게 걷고, 똑바로 앉는 것이 좋다는 인식이 생겨난 것이다. 그러면서 자

1897년에 그려진 『삼총사』 일러스트. 총이 아니라 칼을 차고 있다.

세와 예절이 연관되기 시작하였다. 어른 앞에 가면 반듯한 자세를 취해야 한다는 인식이 생겨난 것이다. 어떻게 보면 이런 태도는 군사 문화가 일반 속으로 침투한 것이라고 할 수 있다.

'태양왕'은
'악취왕'이었다!

루이 14세가 회의 중에 설사하고 포도주를 코로 내뿜은 이유

16~18세기 서양은 절대왕정기였다. 왕들이 신과 같은 권력을 휘두르던 시대, 그 가운데서도 프랑스의 루이 14세(재위 1643-1715)는 자신이 한 말 '짐이 곧 국가다'라는 말에서 알 수 있듯이 단연 으뜸가는 인물이었다. 그는 콜베르를 비롯한 유능한 인재를 등용하여 국부의 증진에 힘썼고, 군사력을 육성하여 프랑스를 유럽의 최강국으로 성장시켰다. 그의 위대한 업적을 기려 역사가들은 그의 치세를 '위대한 세기'라고 부르고, 그를 '태양왕'이라고 부른다. 볼테르는 식자들이 세계사에서 페리클레스 시대 · 아우구스투스 시대 · 메디치 시대, 그리고 루이 14세 시대, 이 네 시대만을 높이 평가하고 있다고 전하면서 "유럽은 사교생활의 예절을 루이 14세에게 배웠다."라고 서술했다.

루이 14세는 위대한 업적을 남긴 왕일 뿐 아니라 성실하고 겸손한 사람이었다. 루이 14세를 싫어했던 생시몽 공작(Louis de Rouvroy, duc de Saint-Simon, 1675~1755)조차도 왕을 이렇게 평가했다.

국왕은 수준 이하의 지능을 가지고 태어났으나(이 말은 근거 없는 말이다. - 지은이) 자신의 인격을 도야하고, 모든 것이 세련되고 단순히 타인의 장점을 모방하는 것이 아니라 본질을 파악하는 능력이 있었다. 루이 왕은 완벽한 예절을 지키고 있었으며 아무리 부드럽고 악의가 없는 험담이라도 삼갔고 모자를 벗지 않고 여자 앞을 지나는 일이 없었다. 그 여자가 시녀라는 것을 알고도 그대로 지켜나갔다. 그는 일상 회화에서도 천성에서 풍기는 위엄이 저절로 나타나고 있었다.[104]

훌륭한 인품을 갖춘 태양에 버금가는 왕 루이 14세. 그러나 그는 지저분하기 짝이 없는 사람이었다. 도저히 참을 수 없는 고약한 냄새를 항상 풍겼기 때문이다. 중세 이래 유럽인은 목욕하면 전염병이 옮는다고 믿었기 때문에 목욕을 잘 하지 않았다. 그리고 목욕하고 싶어도 물 사정도 매우 좋지 않았다. 오늘날 같은 수도 시설이 없었다. 대개 사람들은 거리 모퉁이의 공동 우물에서 물을 길어와야 했지만, 우물이 먼 곳일 경우에는 물장수에게 돈을 주고 물을 사서 먹었다. 먹는 물도 귀한데, 목욕할 물이 어디 있겠는가? 목욕을 하지 않는 사람들의 몸에는 항상 이가 득실거렸고 햇볕 좋은 날에는 사람들이 양지바른 곳에 앉아 이를 잡는 것이 유행이었다. 서로의 이를 잡아주는 것은 청춘 남녀의 대표적인 애정 표현이었다. 1년에 한두 번도 목욕을 하지 않아서 사람들이 지저분하고 냄새를 풍겼건만,

루이 14세의 초상(1670).

유독 태양왕은 그 더러운 17세기 사람들조차도 견딜 수 없는 악취를 풍기곤 했다.

루이 14세는 즉위 시에는 매우 건강한 사람이었다. 그러나 그는 위통과 소화불량, 치질에 시달렸는데, 그가 이런 고통을 당하게 된 원인은 두 가지였다. 첫째는 그가 너무나 대식가였다는 것이고, 두 번째는 의사들이 엉뚱한 처방을 내렸다는 것이다.

윌리엄 헌터(William Hunter, 1718-1783)라는 영국인 의사가 있었다. 그는 해부학 전문가로서 의학사에도 크게 기여한 사람인데, 원인을 정확히 알 수 없는 병에 걸리면 환부를 치료하기보다는 입을 더욱 깨끗이 하기 위해서 이 뿌리를 제거한다면 도움이 된다고 했고, 치아

루이 14세를 알현하는 페르시아 대사(1715).

주위의 감염이 많은 질병의 원인이라고 말했다. 이후 의사들은 치아를 모든 병의 원인으로 생각했고 환자들에게 이를 모조리 뽑아버리라고 권했다. 구강패혈증과 불완전한 치과 치료가 많은 병을 일으킬 수 있다는 사실을 과도하게 받아들인 결과였다.[105]

물론 건강한 사람의 건강한 치아를 모두 뽑는 의사는 없다. 의술이 발달하지 않은 당시에도 많은 의사들이 되도록 치아를 유지해야 한다고 생각했고, 그를 위해서 노력했다. 문제는 누군가 병을 앓거나 치통에 시달릴 때, 그것을 해결하는 방법으로 이빨을 뽑아야 한다고 생각하는 의사들이 많았다는 것이다.

윌리엄 헌터보다 이전 시대를 살았던 루이 14세의 어의들도 치아에서 생기는 벌레가 여러 병의 원인이기 때문에 치통이 있으면 이빨을 모두 뽑아버리는 것이 건강에 좋다고 생각했다. 그래서 어의들은 충성심에서 이빨을 모두 뽑아서 병의 근원을 없애야 한다고 루이 14

세에게 간언했다. 처음에는 왕이 거절하였지만 왕의 무병장수를 위해서 반드시 해야 한다고 '최고의 의사'가 매번 간하니, 결국 왕은 허락하였다. 생니를 뽑는 일은 그렇게 쉽지 않았다. 아랫니를 뽑다가 턱에 금이 갔고, 윗니를 빼다가 입천장이 대부분 제거되었다. 그리고 수술이 끝난 뒤에는 살균할 목적으로 입천장에 뚫린 구멍을 뜨겁게 달군 쇠막대로 열네 번이나 지졌다.[106]

마취도 하지 못하고 생니를 몽땅 뽑았으니 얼마나 고통스러웠을까?[::11] 그러나 루이 14세의 인내심은 대단했다. 그 무시무시한 고통을 이겨내면서 모든 생니를 뽑게 했으니 과연 태양왕이라고 불릴 만하다. 사실 그는 고통을 참아내는 데 도가 튼 사람이었다. 1686년에는 심한 치질에 걸렸고 결국 수술을 받았는데, 그때도 왕이 너무나 의연하게 처신하였기에 사람들이 경탄하였다.

태양왕은 대식가였다. 이빨을 뽑고 난 뒤에도 엄청난 양의 음식을 먹어치워 보는 사람들이 모두 경탄하였다. 19세기 프랑스의 한 교과서에는 "음식을 자제할 줄 모르는 것이 왕의 식사 시의 가장 큰 결점이다."라고 쓰여 있다.[107] 그러나 왕의 식사 장면은 아름답지 못했으니, 왕이 포도주를 마실 때마다 포도주가 콧구멍으로 흐르고, 음식물 찌꺼기들이 콧구멍으로 튀어나오기 일쑤였다. 이빨도 없는 자가 엄청나게 먹어치우니 소화불량에 걸릴 것은 너무나 뻔한 일이었다. 왕은 늘 소화불량과 위통에 시달렸다. 그러나 어의들은 왕의 소화불량 따위는 전혀 신경 쓰지 않고, 장을 텅 비게 해야 건강에 좋다고

::11 치과 치료에 마취술이 도입된 것은 19세기 중반인 1844년이었다. 마취제는 미국의 치과의사 웰스가 아산화질소 가스를 이용해 만들었다.

1690년의 루이 14세.

믿었기 때문에 설사약을 처방하였다. 왕은 한 달에 적어도 한 번은 설사약을 복용하였는데, 너무나 강한 약을 썼기 때문에 출혈이 심했다.

　이렇게 어의들이 잘못된 처방을 했던 것은 당시의 의학 수준이 낮았기 때문인데, 그 수준을 잘 보여주는 예가 루이 15세의 즉위에 관한 것이다. 루이 14세에게는 여러 명의 아들이 있었지만 1712년부터 연달아 죽고 말았다. 아들과 손자들이 줄줄이 죽었는데, 단 한 사람 루이 14세의 증손인 앙주공이 살아남았고, 그는 3살에 루이 15세(재위 1715-1774)가 되었다. 여러 명의 후손들이 죽자 독살설이 나돌았지만, 한 명은 낙마로 죽었고 세 명은 전염병인 성홍열로 죽었다. 그런데 성홍열 같은 전염병에 걸리거나 몸이 쇠약해진 환자에 대해서 당

소년 시절의 루이 14세. 1649∼1652년 사이에 그려진 그림으로 추정된다.

시 의사들은 몸에 나쁜 기운이 있기 때문이라고 진단하고, 그 나쁜 기운을 빼내기 위해서 허벅지를 비롯한 여러 군데에서 강제로 피를 뽑아냈다. 그렇지 않아도 아파서 몸이 쇠약해진 환자들의 몸에서 피를 마구 뽑아냈으니 그들이 살아남기란 난망한 일이었다. 사혈은 또한 가지 심각한 부작용이 있었다. 당시 의사들은 소독 개념이 없었다. 따라서 이전에 사혈에 사용한 도구를 가지고 다음 사람을 사혈하였다. 이때 이전 사람이 앓고 있던 병이 옮겨졌다. 그런 병 가운데 대표적인 것이 B형 간염이었다.[108]

당시 의사들은 어린 루이 15세도 치료해야 한다고 주장했지만, 궁녀들이 왕자가 너무 어리니 피를 뽑아내는 치료는 안 된다고 고집해서 루이 15세는 목숨을 건질 수 있었다. 루이 15세도 의사들의 치료를 받았으면 죽었을지도 모른다. 루이 14세는 이처럼 '더러운' 인간이었지만, 프랑스 귀족 1,000명을 베르사유 궁전에 모아놓고 쉴 새 없이 연회나 무도회를 열었다. 귀족들을 사치와 향락에 젖게 하여 그들의 세력을 약화시키고, 자신의 권력 앞에서 무릎을 꿇게 하기 위해서였다.

마리 앙투아네트,
품위에 살고 품위에 죽다

루이 16세 일가의 파리 탈출은 왜 실패했나[109]

1789년 프랑스 혁명이 일어났을 때 왕비는 마리 앙투아네트(1755-1793)였다. 그녀는 오스트리아 공주로 루이 16세에게 시집와서 매우 사치스러운 생활을 하였다. 1789년 여름 봄보리의 흉작으로 빵 가격이 폭등하자 민중들은 값싼 빵조차도 구할 수 없어서 폭동을 일으켰다. 10월에는 파리의 여자들이 베르사유 궁전까지 행진하여 국왕에게 압력을 가하였다. 굶주린 민중들이 밖에서 "빵을 달라!"고 계속해서 소리치자, 이 소리를 들은 앙투아네트는 "빵이 없으면, 과자를 먹으면 되지."라는 '명언'을 남겼다고 하는데, 오늘날에는 프랑스 혁명 당시에 마리 앙투아네트를 악녀화하기 위해 만들어낸 가짜 뉴스로 보고 있다.

1789년 프랑스 혁명이 일어나고 혁명 세력이 정국을 주도하게 되

마리 앙투아네트의 초상.

면서 마리 앙투아네트는 남편 루이 16세와 함께 혁명군에 의해 파리에 사실상 유폐되어 있었다. 이들은 혁명군의 위세에 눌려서 겉으로는 혁명군을 지지하는 체했지만, 실상 은밀히 외국군을 끌어와서 혁명 세력을 제거하려 했다. 특히 신앙심이 두터웠던 루이 16세는 혁명 세력이 교회의 재산을 몰수하고, 성직자들에게 혁명에 대한 지지 선서를 하도록 한 것에 격분했다.[110] 여러 번 외국, 특히 친정인 오스트리아 왕국과 연락을 취한 앙투아네트는 1791년 6월, 마침내 국외로 탈출을 시도했다. 당시 프랑스는 혁명군이 장악하고 있었다. 혁명이라는 그 긴박한 순간들, 수많은 사람들의 목숨이 오가는 긴장의 순간에 앙투아네트는 가족과 함께 탈출을 감행하였다.

탈출은 제법 면밀하게 준비되었다. 마리 앙투아네트의 정부情夫로 알려진 페르센 백작이 계획을 짜고 동원할 수 있는 병력과 도피 시설, 도피로를 준비하였다. 페르센 백작이 마리 앙투아네트를 만나기 위해 드나들었던 문이 성을 빠져나가기 위한 도피로로 채택되었고, 도피로의 주요 길목에 친위군사들이 배치되었다. 탈출을 돕던 측근들은 마차의 규모를 줄이고, 마차에 싣고 갈 짐도 줄이고, 속도가 빠른 말을 쓸 것을 권하였지만, 천상 왕비병이 어디 갈쏘냐. 앙투아네트는 왕비의 품위에 맞는 탈출을 고집하였다. 그는 12마리 말이 끄는 육중한 대형 사륜마차를 준비하도록 했고, 마차 내부에 식당, 포도주 저장소, 큰 화장실을 갖추도록 했다. 또한 화장품과 귀한 식기류를 비롯한 많은 짐을 싣게 했다. 그러니 왕과 왕비가 타고 탈출하는 마차는 탈출용의 눈에 띄지 않는 평범한 마차가 아니라, 왕이 시찰할 때 타고 다니던 화려한 마차와 같았다.

루이 16세는 궁정 하인으로 변장하고 튀일리궁을 출발하였다. 왕

1791년, 파리에서 도주하다 발각되어 망연자실한 왕비와 가족들(1854).

과 왕비를 태운 육중한 마차는 바렌에 도착했지만 탈출을 돕기로 했던 교대용 마차는 없었다. 약속 시간이 5시간이나 지났기 때문에 공모자들이 떠나버린 것이었다. 설상가상으로 왕이 변장을 풀어버렸기 때문에 마차는 드루에Jean-Baptiste Drouet라는 우체국장에 의해서 발각되었고, 종소리를 들은 농민들이 몰려왔다. 왕과 왕비는 사로잡혀서 파리로 돌아왔다. 이런 엉망진창인 상황에서 앙투아네트가 탄 마차가 바렌까지 도망갈 수 있었다는 것이 오히려 기적 아니었을까?

파리로 붙잡혀 온 루이 16세와 앙투아네트는 각각 혁명 재판을 받게 되었다. 세상의 질서를 근본적으로 바꾸는 혁명이 일어난 지 4

루이 16세 일가의 도주를 막은 일등공신인 우체국장 드루에.

년이나 되었건만, 아직도 많은 사람들은 왕을 처형할 수 있다는 생각을 하지 못했다. 왕이 명백하게 반혁명 행위를 했건만 변론이 끝나고 투표가 진행되었을 때, 결과는 사형 찬성 361 : 사형 반대 360으로, 불과 한 표 차이였다. 그나마 찬성표 가운데 한 표는 무자격자의 표였다고 한다.

법을 좋아하는 호사가들은 당시 왕이 사형 판결을 받은 것은 법률적으로 문제가 있었다고 평가하기도 한다. 그러나 그토록 법을 좋아하는 사람들이, 1791년 7월 17일 왕의 폐위와 공화제를 요구하다 재판도 받지 못하고 무참하게 살해당한 민중들의 죽음에 대해서 애석해한다는 소리를 들은 적이 있는가?

루이 16세가 처형되고 2년이 흐른 뒤, 공포정치가 본격화되면서 앙투아네트도 혁명 재판을 받게 되었고, 1793년 10월 16일 단두대에서 처형당했다. 앙투아네트는 죽기 몇 시간 전에 자신의 시누이에게 편지를 썼다. 사치와 허영의 대명사로 조롱받고 반혁명분자로 낙인찍힌 자신의 삶에 대해서 앙투아네트는 어떻게 생각했을까?

루이 16세의 처형. 1793년 1월 21일의 일이었다.

저는 지금 막 사형선고를 받았습니다만 부끄럽지 않습니다. ……
당신의 오빠(루이 16세)와 마찬가지로 저는 죄가 없기 때문입니다. 그
가 마지막 순간에 보여주었던 단호함을 저 역시 보여줄 것입니다.
…… 내 아이들이 내가 가르친 대로 생각하며 자랐으면 좋겠습니
다. 그것은 올바른 원칙들과 의무에 대한 헌신이 삶의 기본이며,
서로 사랑하고 신뢰하면 그로써 행복해지리라는 것입니다. ……
나는 사도의 신앙이며 로마의 신앙인 가톨릭 신앙 속에서 죽습니
다.[111]

죽을 때까지도 자기 행동에 대해서 추호도 반성하거나 잘못했다
고 생각하지 않은 앙투아네트는 분별력이 없는 '이상한 사람'일까?

마리 앙투아네트의 참수.

많은 사람들이 손가락질하는데, 왜 그녀는 자신이 정당하다고 생각했을까? 앙투아네트는 유럽 최강대국의 공주로 태어나 왕족에 합당한 교육을 받고 자라났다. 그녀는 왕족으로서 지녀야 할 품위와 예절, 지켜야 할 원칙과 이념을 몸에 익혔다. 철저하게 왕족의 관점에서만 세상을 바라본 그녀의 눈에 혁명을 일으킨 평민들은 분수도모르고 날뛰는 '폭도'였다. 그녀와 민중은 물과 기름처럼 결코 화합할 수 없는 이질적인 세계관을 갖고 있었던 것이다.

언어를 보라,
평등이 보일 것이다?

'분리 창조론'에 맞서 인간의 평등함을 증명하려 언어를 연구한 제퍼슨

토머스 제퍼슨(1743-1826)은 화려한 경력을 가진 미국인이다. 그는 버지니아 식민지 의회 하원의원, 부통령, 대통령, 재선 대통령, 버지니아대학 학장을 지냈다. 그러나 이 모든 그의 경력보다 미국인들의 가슴에 더 소중하게 남아 있는 것이 있다. 제퍼슨이 1776년 7월 4일 발표된 미국독립선언서를 기초했다는 것이다. 미국독립선언서는 영국 왕의 압제와 횡포에 대항하여 총을 들고 일어선 미국인들의 의지를 표명한 것이다. 이 독립선언서를 통해 미국인들은 독립에 대한 열정을 키우고 7, 8년 간이나 영국과 전쟁을 치렀다.

제퍼슨이 기초한 독립선언서가 미국의 독립에 크게 기여한 것은 두말할 필요가 없다. 하지만 더욱 중요한 것은 독립선언서가 독립 이후 미국이 나아갈 방향을 제시했다는 것이다. 당시 네덜란드를 비롯

존 트럼불이 그린 「독립선언서」. 5인 위원회가 독립선언서를 대륙회의에 제출하고 있는 장면이다. 책상에 선언서를 내려놓는 중앙의 키가 큰 사람이 제퍼슨이다.

한 몇몇 작은 나라를 제외한 대부분 나라에서 공화제는 낯선 것이었다. 인간은 본능적으로 낯선 길을 가는 것을 두려워한다. 그 낯선 길이 아무도 가지 않는 길이라면 더욱 싫어한다. 미국이 단순히 영국 왕 조지 3세의 압제에서 벗어나기 위해 혁명을 했다면, 그들은 독립을 쟁취한 뒤 다른 왕을 세웠을 것이다. 그러나 독립을 쟁취한 미국인은 정치체제 면에서 새로운 길을 갔다. 독립전쟁의 영웅 조지 워싱턴을 왕으로 추대하자는 소수의 움직임도 있었지만, 대다수 사람들은 왕이 다스리지 않는 새로운 체제를 도입한다는 신념을 가지고 있었다. 물론 토머스 제퍼슨 혼자 공화제에 대한 열망이 있었던 것은 아니다. 당대의 수많은 지식인과 민중들이 왕정의 폐해를 너무나 잘 알고 있었기 때문에 미국은 공화제를 선택할 수 있었다.

왕정에서 공화제로의 이행은 단순한 정권의 교체가 아니다. 그것은 인민주권이라는 새로운 사상의 승리를 의미한다. 그리고 이 사상의 승리는 왕과 귀족이라는 전통적인 지배계급의 패배를 의미한다. 이런 대변혁의 의미가 있었기 때문에, 유럽의 다른 나라들도 19세기 내내 진행된 혁명을 통해서 비로소 왕정을 폐지하고 공화제를 채택할 수 있었다.

그런데 인민주권이라는 새로운 사상의 토대에는 주권을 가진 인민이 평등하다는 생각이 깔려 있었다. 모든 인간이 평등하게 태어나지 않았다면, 특정한 인간은 우월하게 태어났을 것이다. 그렇다면 다른 보통 사람들은 열등하게 태어났다. 그렇다면 우월한 지위나 신분이나 능력이 있는 인간들이 열등한 인간들을 지배하거나 지도해야 한다. 결국 인민주권의 개념을 확고하게 성립시키려면 모든 인간이 평등하다는 명제를 먼저 증명해야 한다.

인간이 평등하게 태어났다는 것은 독립선언서의 "인간은 모두 평등하게 창조되었다all men are created equal"라는 표현에 명시되어 있다. 그러나 과연 인간은 평등하게 태어났을까? 지금도 확신 있게 이 명제를 주장하는 사람은 많지 않을 것이다. 토머스 제퍼슨이 살던 시대 대부분의 사람들은 그 말을 믿지 않았다. 그들은 인간은 신분과 성과 인종의 차별을 가지고 태어난다고 믿었다. 이런 상황에서 인간이 평등하게 태어났다는 것을 어떻게 증명할 것인가?

제퍼슨은 인간이 평등하게 태어났다는 것을 증명하기 위해서 자신의 모든 지식을 동원하여 인류가 단 한 쌍의 아담과 하와로부터 갈라져 나왔다는 것을 증명하기 위해서 노력하였다. 성경의 창세기에 그렇게 쓰여 있으니, 청교도들이 만든 나라 미국에서 그것을 주장하는 것은 너무 쉬웠을 것으로 생각할 수도 있을 것이다. 그러나 다윈의 『종의 기원』(1859)이 아직 세상에 나오지 않았던 당시에도 성경의 창세기는 이미 심각한 도전에 직면하고 있었다.

16-17세기 서양은 과학혁명을 이룩해냈고, 그 과정에서 이신론理神論이 널리 퍼져 있었다. 이신론은 신은 세상을 창조했지만, 시계를 만든 시계공과 같다고 주장했다. 시계공이 시계를 만들지만, 만들어진 시계는 시계공에 의해서가 아니라 스스로 움직인다는 생각이다. 이 생각은 기독교적인 사고관을 부정하는 것이었다. 과학혁명과 더불어 신대륙 도착이라는 사건은 유럽인들을 더욱 혼란에 빠지게 했다. 신대륙에 가보았더니 너무나 많은 종류의 사람과 동물, 식물들이 살고 있었던 것이다.

사람의 경우 만약 인류가 아담과 하와에서 기원했다면, 어떻게 그렇게 다양한 종류의 사람이 존재할 수 있을까. 이런 의문을 갖는 것은 너무나 당연한 일이었다. 이런 의문에 대해 버나드 로먼스라는 사람은 『동서 플로리다의 자연사 요체A Concise Natural History Of East And West Florida』(1775)라는 책에서 "신은 지구의 이 지역에서 최초의 남녀를 창조했고, 다른 지역에서는 이와는 종류가 다른 남녀를 창조했다."라고 주장했다. 이런 생각을 '분리 창조'라고 한다. 내과 의사이자 자연과학인인 벤저민 스미스 바턴(Benjamin Smith Barton, 1766-1815)이 분리 창조론을 주장한 대표적인 사람이었다. 그는 『아메리카의 종족과 민족의 기원에 관한 새로운 견해New Views of the Origin of the Tribes and Nations of America』(1797)라는 책에서 아메리카에만 있는 여러 동식물들이 구대륙에는 없다는 사실을 밝혔다. 예를 들어 포투Potoo라는 새는 아메리카에는 14종류나 있지만, 구대륙에는 하나도 없다. 그는 이 사실에서 "모든 동식물이 구세계에서 창조되었고, 지구의 모든 지역으로 퍼져 나갔다."는 통념을 공격하였다.

그런데 인간의 불평등을 주장하는 학자들은 '분리 창조론'을 인간의 창조에 적용했다. 그들은 독특한 종류의 동물과 식물이 아메리카를 위해 창조되었다면, 인간 세계에서도 아메리카 원주민은 아메리카를 위해서, 흑인은 아프리카를 위해서 창조되었고, 따라서 모든 인간이 똑같이 창조된 것이 아니라고 주장했다.

이와 관련해서 재미있는 것은 당대에 학식이 높기로 유명했던 사람들이 분리 창조론을 공격하는 과정에 아메리카 원주민에 대해 '이상한' 생각을 가졌다는 것이다. 어떤 이는 아메리카 원주민은 고대 트로이인들의 후손이라고 주장했고, 어떤 이는 히브리인들의 후손이라고, 또 어떤 이는 타타르인들의 후손이라고 주장했다.

제퍼슨은 이런 생각들이 분리 창조론보다는 덜 어리석지만 근거가 빈약하다고 생각했다. 그리고 자신은 인간이 공통의 기원이 있다는 것을 입증하기 위해서 정력적으로 언어학 연구에 매달렸다. 그는 인디언의 언어를 세밀히 연구했고, 그것을 동부 아시아인의 언어와 비교했다. 연구 결과 제퍼슨은 아메리카에 놀라울 정도의 많은 기본적인 언어가 발견되었기 때문에, 아메리카 원주민은 아시아인보다 더 오래된 인종일지도 모른다고 생각했다.

이렇게 아메리카 원주민을 상세히 연구하면서 제퍼슨은 아메리카 원주민과 백인은 같은 기원을 가지며 평등한 존재라고 주장하였다. 당시 유럽의 학자들 가운데는 아메리카 원주민과 백인의 용모를 비교하며, 아메리카 원주민이 열등한 존재라고 주장하는 사람들이 있었다. 예를 들어 뷔퐁이라는 사람은 아메리카 원주민의 키는 유럽인과 비슷하지만, 생식 기관은 유럽인보다 작고 약하다고 말했다. 또 어떤 학자는 강력한 성적 본능을 가지고 있다는 상징물인 털이 아메리카 원주민들에게는 없다고 말했다. 이들은 결국 아메리카 원주민은 성욕이 거의 없어서 백인보다 열등한 존재라고 주장했다. 제퍼슨의 이들의 주장에 대해서 털이 많고 적고가 성욕의 지표가 될 수 없다고 말했다. 그는 흑인은 털이 없어도 백인보다 정열적이라고 이야기하면서 그들의 주장을 반박하였다. 이렇듯 제퍼슨은 언어학, 인류학, 박물학, 생물학 등 온갖 지식을 다 동원하여 아메리카 원주민이 백인과 평등한 존재임을 증명하고자 노력했다.

그러나 아메리카에 살게 될 또 다른 인종인 흑인에 대한 제퍼슨의 생각은 명확하지는 않지만, 부정적인 편에 가까웠다. 당시 백인들은 흑인의 문화에 대해 거의 아무것도 알지 못하였다. 아프리카 문명에 대해서는 기록이 거의 없었고, 그들의 서사시나 토착어도 알려진 것이 없었기 때문이다. 그러나 제퍼슨과 그의 동료들은 흑인도 원래는 같은 기원에서 나왔지만, 후대에 사회적 발전이 달라서 피부가 검게 변했다고 믿었던 것 같다. 제퍼슨의 친구이자 의사였던 벤자민 러시는 흑인종의 피부 색깔이 검은 것은 원래 그들이 검게 태어나서가 아니라 한센병 때문이라고 주장했다. 그는 「흑인종의 검은 피부색이 한센병으로부터 유래했다는 가정에 찬성할 의도를 가진 관찰」이라는 논문에서, 한센병에 걸리면 피부가 검게 변하는 경우가 있으며, 흑인의 두툼한 입술과 납작한 코는 한센병의 증상이라고 주장했다. 제퍼슨도 친구인 러시의 주장을 받아들였던 것 같다. 그는 「버지니아 각서(질문 14)」에서 이렇게 썼다.

백인종은 적색과 백색을 잘 배합해서 안색에 홍조를 적절히 나타내어 모든 감정을 표현하고 있는데 이것이 흑인종의 얼굴에 군림하고 있는 저 영원불멸의 단조로움, 즉 흑인종의 감정을 덮고 있는 저 흑색의 부동의 장막보다 좋지 않은가? [112]

이렇듯 은연중에 백인 우월주의에 빠져 있기는 했지만, 그래도 제퍼슨은 당시로서는 대단히 진보적인 사람이었다. 그는 노예제도를 반대했으며, 흑인이 이성과 상상력의 능력에서 열등하다고 쉽게 생각하면 안 된다고 주장했다. 사실 그는 흑인도 백인과 동등하다는 것을 증명하려 했지만, 그것을 증명할 자료를 찾지 못했을 뿐이다.::12 하여튼 제퍼슨과 같은 인간의 평등을 믿는 이상주의자가 미국의 독립선언서를 작성하였고, 독립선언에 담겨 있는 인간의 평등이라는 이념이 즉각 실현되지는 않았지만, 미국인들은 그 이념을 실현하기 위해 계속 노력하고 있다.

::12 물론, 모든 인간이 자기의 사상을 그대로 실천하고 살 수는 없다. 제퍼슨이 흑인도 백인과 동등하다고 생각하고 노예제도에 반대하기는 했지만, 그는 자신의 흑인 여자 노예 샐리와 성관계를 맺었고 거기서 자식들이 태어났지만 자기 아이들로 인정하지 않았다. 후에 그 후손들이 DNA 검사를 요구하였고, 그 결과 제퍼슨의 자식임이 인정되었다고 한다.

VI.
여섯 번째 밤

빵과 잠, 유토피아와
디스토피아의 갈림길

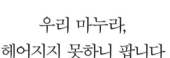

우리 마누라,
헤어지지 못하니 팝니다

근대 영국의 불합리한 이혼 제도 이야기[113]

신사의 나라 영국. 세계에서 가장 먼저 의회정치를 발달시켰고, 가장 먼저 산업혁명을 이룩함으로써 근대 세계를 주도했던 영국. 세계를 정복하여 태양이 지지 않는 나라라는 명성을 얻은 영국. 금욕주의 청교도를 배출한 신성한 하느님의 나라 영국.

영국인은 자신들이 세계 최고의 문명국가라고 생각했으며, 야만족에게 문명을 전파하고 이교도들에게 기독교를 전파한다는 명분 아래 세계를 정복하였다. 영국인은 자신들은 진정한 신사이며 남자라고 생각했다. 그리고 빅토리아 시대 영국인은 한 사회의 문명 수준을 평가할 수 있는 중요한 잣대가 여성의 위상이 얼마나 높은가에 있다고 생각했다. 그래서 영국인들은 인도를 정복한 후에 인도의 남자들을 여자와 가족을 지키지 못하는 무기력한 야만인이라고 비난하였다. 예를 들어『자유론』을 저술한 존 스튜어트 밀의 아버지이며 인도 식민정부의 고급 관리였던 제임스 밀은 남편이 죽으면 살아 있는 아내를 같이 화장하는 사티 제도, 여아 살해, 조혼과 성적 학대, 여자를 핍박하는 수많은 악습을 가진 인도를 야만적인 문명의 전형이라고 비난하였다.[114]

그러나 세계의 여성을 해방시키겠다고 나선 '정의의 백기사' 영국에는, 놀랍게도 공식적으로 그리고 합법적으로 마누라와 자식을 파는 관행이 18~19세기에 크게 성행하였다. 영국인들 스스로 이것을 잘 알고 있었기 때문에, 영국인 학자들과 정치가들은 마누라를 파는 현상이 매우 이례적이고 비도덕적인 극소수의 사람들이 행하는 악습이었다고 평가절하했다. 예를 들어 스코틀랜드 출신의 지식인 체임버(Robert Chamber, 1802-1871)는 1878년에 발표한 그의 작품『날들의 책The Book of Days』에서 "그 관습은 우리나라의 극소수 농촌 사람들이 짐승의 감성과 무지를 가졌다는 증거일 뿐이다."라고 썼다. 그러나 프랑스와 같은 대륙 국가의 사람들은 "영국의 모든 계층의 사람이 그런 만행을 저지르고 있으며, 그것은 영국의 문명이 저급하다는 증거"라고 주장했다. 과연 누구의 말이 진실일까?

마누라를 팔거나 교환하는 것은 영국의 거의 모든 지역에서 수백 년 동안 행해지던 관습이었다. 남자들은 성적인 목적에서, 또는 집안일을 시키기 위해서 '마누라'를 사고팔았다. 마누라를 파는 방식은 두 가지였다. 먼저 증인을 두고 문서상으로 계약을 맺은 뒤 사람들이 많이 모이는 술자리에서 인도식을 치르는 방식이 있었다. 두 번째로, 시장에서 많은 사람들이 모인 가운데 여자에게 고삐를 채우고 파는 방식이 있었다. 두 번째 방식이 일반적으로 행해졌다. 따라서

아내를 파는 관습을 풍자한 풍자화.

사람들은 대개 공개적으로 시장에 나가서 마누라를 팔았다. 그리고
마누라를 팔기 위해 광고문을 만들기도 했다. 마누라를 파는 장면
을 두 개만 살펴보자.

먼저 1815년 스미스필드의 시장에서 있었던 거래를 보자. 이 거래
는 매매자들이 꽤 부유했고 사회적으로 신분이 높았기 때문에 사람
들의 이목을 끌었다. 파는 자는 목축업자였고 산 사람은 유명한 말
판매업자였다. 판매 가격은 매우 비싸서 50기니와 좋은 말 한 마리
였다.

> 그 여자는[판매의 대상] 젊고 아름다웠으며 우아하게 차려입었다. 남
> 편은 비단으로 고삐를 만들어 어깨를 묶은 뒤 마차를 태워 시장에
> 데려와서 구매자에게 보여주었다.

그리고 거래가 성립되었다. 1847년에 링컨셔에서 있었던 다른 경

매를 살펴보자.

> 판매를 원하는 사람이 수요일 11시에 링컨서에 위치한 바르톤 시장
> 에서 자기 마누라를 경매에 부치겠노라고 외쳤다. …… 정확히 시
> 간을 맞추어 판매를 원하는 자가 자기 마누라의 허리에 고삐를 묶
> 어 시장에 데려왔다. 경매가 시작되었고, 사람들이 고함을 치면서
> 가격을 불렀다. 윌리엄 하워드라는 뱃사공이 낙찰을 받았다. 가격
> 은 1실링이었고, 3과 1/2펜스는 '행운을 위해서' 구입자에게 돌려주
> 었다. 하워드는 만족스러워했지만 새 코트나 모자를 샀을 때 이상
> 의 흥분을 보이지는 않았다.

여자들의 판매 가격은 천차만별이었다. 1865년 울버햄튼의 한 석
탄 중개업자는 미국 선원에게 부인을 100파운드에, 자식 둘을 50파
운드에 팔았다. 그렇지만 맥주 한 잔이나 담배 한 갑에 마누라를 팔
기도 했고 심지어 공짜로 주는 경우까지 있었다. 평균 2실링 6펜스
에서 5실링 정도였다.

판매되는 여자들은 반드시 고삐로 묶어야 했는데, 주로 목에 고
삐를 묶었지만 때때로 허리에 묶기도 했다. 그때 고삐가 너무 단단하
게 묶여 여자들을 괴롭히는 일은 없었다. 고삐는 합법적인 '거래'임
을 상징하는 물건에 지나지 않았기 때문이다. 많은 거래에 있어서 여
자에게 거래에 동의하냐고 물었고 여자들은 거기에 답했다. 1760년
에서 1880년 사이에 행해진 218건의 거래 가운데 여자가 판매에 반
대하는 경우는 4건밖에 되지 않았다. 판매에 동의하는 경우는 41건,
여자의 정부에게 팔린 경우는 40건이었고, 동의 여부를 잘 알 수 없

는 경우가 123건이다. 나머지 10건은 합의된 이혼이었다. 따라서 대부분은 여자의 명백한 동의나 암묵적인 동의 하에 이루어졌다.

여자가 판매를 거부했던 경우는 실제로 판매가 이루어지지 않거나 다른 복잡한 사연이 있는 경우들이었다. 대개 팔려 가고 싶지 않은 여자들도 남자의 강요에 못 이겨 승낙했겠지만, 여자가 끝까지 팔리는 것을 거부한 경우는 그 판매는 합법성을 획득할 수 없었다. 그렇다고 모든 거래가 여자들의 자발적인 동의 하에 이루어지지는 않았다. 많은 경우 남편의 폭력이 행해진 기록이 있다. 그리고 어떤 경우 여자를 경매에서 구입한 자가 바로 다시 경매에 부쳐 되팔기도 했다.

어쨌든 여자의 동의를 얻고, 공개적으로 시장에서 판매된 거래는 합법적이었다. 1817년 스미스필드의 시장에서 한 남자가 아름다운 자기 부인을 팔기 위해서 고삐를 채우려 했지만, 여자가 심하게 저항하자 사람들이 몰려들었고, 구경꾼들은 남자와 여자가 관리에게 가도록 했다. 이 사례에서 관리들도 마누라를 파는 관행을 인정하고 있었다는 것을 알 수 있다.

마누라를 파는 관습은 17세기 중반부터 보이기 시작하는데, 그 기원은 전쟁이나 항해에 나간 남편이 오랫동안 돌아오지 않으면 여자들이 새로운 남자를 구했고, 죽은 줄 알았던 남자가 돌아와서는 어쩔 수 없이 현실을 인정하고 이혼하기 위한 방식으로 채택한 데 있는 것 같다. 그러면 이혼하면 될 텐데 왜 그렇게 기이한 관습을 만들어냈을까? 전근대 세계에서 이혼이란 쉬운 문제가 아니었다. 결혼은 가문 간의 문제였을 뿐만 아니라, 결혼한 부부는 마을 공동체의 눈에 보이지 않는 강력한 통제 속에서 살았다. 더욱이 당시 영국에는 공식적으로 이혼할 수 있는 제도가 없었다.

기독교는 탄생기부터 신자들의 이혼을 금했다. 예수가 "따라서 부부는 둘이 아니라 한 몸이다. 하느님께서 짝지어주신 것을 사람이 갈라놓아서는 안 된다."라고 말씀하셨기 때문이다.[115] 교회는 예수의 가르침에 따라서 결혼식을 '성스러운 미사' 가운데 하나로 규정하였다. 결혼식이 미사라면 그것은 교회에서 이루어져야 한다. 11세기이후 기독교는 이 원칙을 강제하였고, 모든 서양인은 교회에서 성직자의 주도하에 결혼식을 치렀다. 영국을 비롯한 서양의 모든 나라는 교회법을 존중하였고, 따라서 세속의 법에서도 이혼은 금지되었다. 18세기까지 영국에서 이혼을 하려면 의회의 허가를 받아야 했다. 의회는 간통 등으로 이혼이 불가피하다고 판단하면 이혼을 허락했다. 그러나 의회의 허가를 받아내려면 돈이 많이 들었기 때문에 보통 사람은 엄두도 내지 못했다.

18세기 계몽의 시대를 거치면서 개인의 권리에 대한 인식이 확대되었다. 그리고 교회의 권위는 예전만 못했다. 결혼하고 싶은 사람만큼이나 이혼하고 싶은 사람도 많은 법이다. 이혼을 원하는 사람들의 민원이 갈수록 커지자 영국 의회는 1857년 혼인법을 제정했다. 이 법은 이혼을 법원에서 다루도록 하였고, 남편은 아내가 간음 했을 때, 아내는 남편이 간음하고 학대했을 때 이혼할 수 있다고 규정했다. 1937년에는 간통 이외에 유기, 학대, 치료 불가능한 정신병으로 이혼 사유가 확대되었다. 1996년에야 비로소 현재처럼 이혼이 비교적 자유로워졌다.[116]

영국의 마누리 팔기 관습은 이렇게 20세기까지 이혼이 아예 불가능했기 때문에 생긴 촌극이었다. 이 관습 때문에 얼마나 많은 여자들이 고통을 당했겠는가? 기록에 남아 있는 많은 경우에 남편들의 학대와 구타가 언급되고 있다. 남편의 학대에 못 이겨 '자신을 팔기로' 동의한 여자들은 처음 보는 남자들 앞에서 경매에 부쳐져야 했다. 그녀들은 남편의 학대를 벗어날 유일한 길로, 팔려 가는 것에 동의한 것이었다. 그러나 남편의 학대를 벗어난다고 모든 것이 해결되지 않는다. 또 다른 남편의 학대가 기다리고 있기 때문이다. 그러면 결혼하지 않으면 될 것이라고 생각할 수 있다. 하지만 전근대 시대에 결혼은 개인의 선택이 아니라 부모와 사회의 강요에 의해서 이루어졌다. 따라서 당시에는 여성이 결혼, 출산, 육아의 족쇄를 피할 수 있는 방법은 없었다.[117]

제발, 10분만 더
잠을 자고 싶다!

산업혁명기, 하루 18시간 이상 일을 해야 했던 잔혹한 '그때 그 시절' [118]

　면직물을 짜는 기계들이 발명되면서 산업혁명이 시작되었다. 16세기부터 도시에 몰려와서 빈민 생활을 하던 많은 사람들은 이제 공장에 가서 일자리를 찾을 수 있게 되었다. 그러나 갈수록 인구가 늘어나고 농촌에서 도시로 이주하는 사람들도 늘어났기 때문에 노동력의 가치는 형편없었다. 자본가들은 이것을 이용하여 터무니없이 싼 임금을 주면서 장시간 노동을 강요하였다. 여자와 아이들까지 이런 사정은 같아서, 사람들은 8~9세 때부터 공장에 고용되어 하루 18시간 이상의 노동을 강요받았다.

　다음의 대화는 1831~1832년 영국의회의 의원회가 사우엘 쿠울손이라는 노동자와의 증언을 기록한 것이다.

베짜는 소녀(1882).

질문 : 기분이 상쾌한 아침 몇 시에 여자들은 공장에 갑니까?

답변 : 아침 3시에 가서 밤 10시 또는 10시 반이 넘어서야 끝납니다. (중략)

질문 : 19시간이나 일하는 동안 휴식 또는 음식물을 취하는 시간은 얼마가 허용되고 있습니까?

답변 : 아침 식사에 15분, 저녁 식사에 반 시간, 물 마시는 데 15분이 허용되고 있습니다. (중략)

질문 : 기계를 청소하는 시간도 이 시간에 들어 있습니까?

답변 : 기계를 닦아서 말리는 일은 하여야 합니다. 때로는 아침 식사와 물 마시는 시간이 다 들 때도 있습니다. 식사를 할 수 없을 때는 집으로 도로 가져옵니다.

질문 : 이 과도한 노동에 나가도록 아이들을 깨울 때 어려움은 없었나요?

답변 : 참으로 어려운 일입니다. 아침 일찍이 일터에 내보내기 위해서, 자는 애를 깨워서 옷을 입히려고 방바닥에서 일으켜 세울 때는 몸을 흔들어야만 합니다.

질문 : 그렇다면 당신들은 하루에 몇 시간 잘 수 있었습니까?

답변 : 음식을 조금 먹게 하고 아이들을 재우면 벌써 11시가 됩니다. 그래서 아침에는 시간을 맞추지 못할까 걱정하여 아내는 온밤을 새우기 일쑤입니다.

질문 : 그렇다면 4시간 이상 자지 못한다는 이야기입니까?

답변 : 그렇습니다.

질문 : 아이들은 일을 많이 해서 너무 피로하지 않습니까?

답변 : 굉장히 지칩니다. 우리가 주는 소량의 음식을 아이들에게

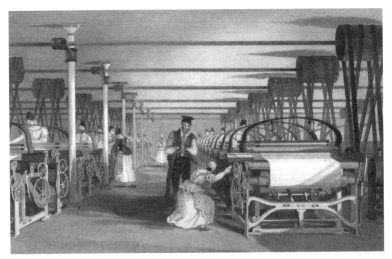

역직기로 베를 짜는 모습(1835).

주어야 할 때는 울기도 했었습니다. 아침에 깨워놓으면, 아
이들은 몇 번이고 먹을 것을 입에 문 채 잠에 취해 쓰러지는
일도 있습니다. 그리고 아이들이 공장에서 회초리로 맞는
일도 많았습니다.

면직 공장에서 아이들은 기계가 돌아가면 재빨리 기계 밑으로 들
어가서 찌꺼기를 제거하는 일을 많이 했다. 장착된 큰 틀은 기계적
으로 움직이기 때문에, 다시 큰 틀이 뒤로 오기 전에 그 작업을 마치
고 빠져나와야 한다. 그러나 너무나 졸린 나머지 아이들은 찌꺼기를
줍다가 잠들어버리기도 했으며, 그 순간 아이들의 생명은 끝났다.
아이들이 음식도 제대로 못 먹고 잠도 제대로 못 자고 장시간 노동
에 시달렸기 때문에 사람들의 평균키가 작아졌고 평균수명도 짧아
졌다. 1840년대 영국의 개혁가인 샤프츠베리 경(The Earl of Shaftesbury,

1801-1885)은 특단의 조치가 없다면 랭커셔는 얼마 안 가서 "난쟁이들의 나라가 될 것"이라고 말하였다. 평균 수명을 조사한 자료에 따르면 당시 노동자들의 평균 수명은 20살도 되지 못했다. 자본가들은 그렇게 배를 불렸다.

　기계의 발명과 노동자들의 저임금 장시간 노동으로 경제는 빠르게 성장하였다. 자본가들의 생활수준이 향상되고 새로운 문명의 이기들이 개발되어 인류의 풍요로운 미래를 약속하는 듯했다. 그러나 이런 경제 성장과 문명 발달의 혜택을 차지하는 자들은 자본가들뿐이었다. 오히려 대다수 노동자들은 더욱 더 빈곤의 수렁으로 빠져들었다. 그들에게는 돈도 땅도 집도 없었다. 이들은 자신들의 노동력을 팔아야만 하루하루 먹고 살 수 있었는데, 자본주의 경제가 발달하면서 주기적인 공황이 발생하기 때문에 노동력을 팔지 못해 굶어 죽는 경우가 많았다.

　이렇게 양 계층의 생활이 극단적으로 차별화되자, 두 계층은 도저히 화합할 수 없는 한 나라 안의 두 '국민'으로 분리되었다. 이들이 정말 화합할 수 없었다는 것은 자본가의 집[119]과 노동자의 집[120]의 차이에서 명확히 드러났다.

　19세기 중엽 런던의 노동자들이 많이 살았던 세인트 자일스St Giles라는 빈민촌을 살펴보자. 세인트 자일스는 무인도가 아니었다. 옥스퍼드 거리, 리젠트 거리, 트라팔가광장, 스트랜드 거리 등 넓고 화려한 명소들이 주변에 있었다. 빈민굴과 자본가들의 거주지는 도심 한가운데에 거리 하나를 사이에 두고 나란히 존재했다. 세인트 자일스에는 좁고 구부러진 더러운 거리에 3, 4층짜리 집들이 무질서하게 군집해 있었다. 지하실이나 다락방까지 사람들이 살고 있었으며, 안

빅토리아 시대 최악의 슬럼가 중 하나였던 블루게이트 필드의 비참한 풍경. 1872년에 귀스타브 도레가 묘사한 그림이다.

빅토리아 시대 유명한 화가이자 시인이었던 단테 가브리엘 로세티의 방을 묘사한 그림(1882).

이나 밖이나 더럽기 짝이 없었다. 집들의 외관은 어떠한 사람도 살고 싶지 않을 정도로 초라했다. 특히 도로 사이의 뒷골목에 있는 집들은 그 불결함과 부실함이 말로 표현하기 어려울 정도였다 창유리는 거의 하나도 보이지 않았고, 벽들은 부스러져가고 있었다. 문기둥과 창틀은 헐거워지거나 깨져 있었으며, 도둑이 훔쳐 갈 만한 물건이 없었기 때문에 문이 필요 없었다. 쓰레기더미가 여기저기 널려 있었고 문 앞에서 흘려보내는 폐수가 악취를 풍기는 웅덩이에 고였다. 이곳에는 방 하나에 노동자와 그의 부인, 그리고 네댓 명의 아이들, 그리고 때때로 할아버지, 할머니가 같이 살았다.

자본가들의 집은 어땠을까? 그들은 자신들의 부를 과시하기 위해

빅토리아 시대 피아노를 연주하는 여성들. 당시 피아노는 자본가들 집에 반드시 갖춰져 있어야 할 필수품이었다.

서 집을 화려하게 꾸몄다. 벽면에는 금 테두리를 두른 액자나 격자무늬 세공의 액자에 그림을 넣어 걸었다. 곳곳에는 커튼, 덮개, 벽지가 쳐져 있었는데, 천에는 모두 술 장식이 달려 있었고, 목제품이면 대패질이 되어 있었다. 그들은 실용적인 목적이 아니라 자신들의 부를 과시하기 위해 값비싼 수공예품들과 가재들을 사들였고, 곱게 장식해놓았다. 그리고 자본가들 집에 절대로 빠질 수 없는 필수품이 하나 있었는데, 그것은 피아노였다. 피아노 없는 집의 딸은 자본가 집안의 따님이라 불릴 수 없었다.

이렇듯 두 계층의 생활은 판이하게 달랐다. 더욱 중요한 것은 서로에 대한 이해가 전혀 없었다는 점이다. 빈민촌의 실상을 알고 있는 몇몇 양식 있는 사람들이 자본가들에게 노동자들의 실상을 말하면 어디 아프리카 촌구석의 야만족 이야기 아니냐고 편잔을 받기 일

귀스타브 도레가 그린 1870년대 런던의 집들.

쑤였다.

그러나 그렇게 허름한 집이라도 있는 노동자들은 그나마 다행이
었다. 많은 노동자들이 집도 없이 노숙 생활을 하였기 때문이다. 일
간지였던 「런던 타임스The London Times」 1834년 10월 12일자 기사에
의하면 50명의 노숙자들이 빅토리아 여왕이 사는 궁전 근처의 공원
벤치에서 잤다. 그렇지만 조금이라도 돈이 있는 사람은 극빈자를 위
한 숙소를 이용할 수 있었다. 숙소에는 각각 1페니, 2페니, 4페니짜
리가 있었다. 1페니짜리 숙소는 긴 의자를 제공하여 거기에 앉아서
잠을 자도록 한 것이다. 2페니짜리는 긴 로프줄을 쳐놓고 로프줄에
기대어 자게 하는 것이다. 4페니짜리는 1인용 관을 제공한 것이다. 4
페니짜리 관 숙소는 구세군이 마련한 숙소로, 다른 숙소에 비하면

여건이 좋았다. 그곳에서 노숙자들은 간단한 음식을 제공받았고 1인용 관 속에 누워서 잘 수 있었다.

당시 자본가들은 자유주의를 교리처럼 믿고 있었다. 자유주의는 개별 인간이 자유와 권리를 지상의 가치로 삼고, 그러는 가운데 사회를 개량시킬 수 있다고 믿는 사상이다. 자유주의자들은 인간은 자립적이고 이기적인 존재라고 생각했다. 그리고 개인은 자신이 주인이기 때문에 자신의 노동 산물에 대해서는 배타적인 권리를 가지며, 따라서 노동의 산물을 소유할 권리는 자연이 준 신성한 권리라고 생각하였다. 인간은 자신의 이득을 추구하는 존재이기 때문에, 자유롭게 경쟁하는 가운데 자신의 노동에 대한 대가를 받을 수 있다면 최선을 다해서 일할 것이고, 그러면 사회는 발전할 것이다. 인간이 가지고 있는 합리성에 의해서 사회가 저절로 질서를 이루므로 국가는 치안을 유지하는 것 이외에 사회에 간섭해서는 안 된다고 믿었다.

따라서 자유주의자들에 따르면 합리적인 존재로서 인간은 자신의 모든 행위에 대해서 책임을 져야 하며, 개인이 가난한 것은 결코 사회의 책임이 아니었고, 그가 무능력하거나 게으른 탓이었다. 이들에게 게으른 자, 무능한 자들의 가난과 불행은 자연의 순리였다. 따라서 국가는 거기에 대해서 어떤 구제책도 써서는 안 된다. 자유주의자들의 생각을 반영한 1848년 5월 13일자 「이코노미스트」는 이렇게 썼다.

고난과 사악은 자연의 훈계다. …… 법률로써 이 고난과 사악을 세계에서 없애려는 성급한 자선적 기도는…… 항상 선보다는 더 많은 사악을 가져왔다.

이들은 일부 양식 있고, 진보적인 사람들이 가난한 노동자들의 비참한 삶을 고발하고 비판할 때마다, 경쟁으로 사회가 개선되므로 사회의 생산성이 발달할 것이고, 그러면 그런 비참함이 사라질 것이라고 대답했다. 그러나 산업혁명이 시작된 지 100년이 지난 19세기 말에도 상황은 개선되지 않았고, 사회의 생산력이 발달하면 할수록 빈부격차는 심해졌다. 자유주의자들의 생각이 틀렸음이 증명된 것이다.

자유주의자들의 선전이 거짓이었음이 드러나고, 노동자들의 의식 수준이 높아짐에 따라 사회주의가 힘을 얻게 되었다. 사회주의자들은 인간의 사회성을 강조하였다. 이들의 주장에 따르면 인간은 결코 고립된 원자일 수가 없고, 물질적인 면에서뿐만 아니라 정신적인 면에서도 상호의존적이며, 타인이 없이는 존재할 수 없다. 따라서 인간이 생활해가며 사회를 발전시키는 데 가장 중요한 것은 경쟁이 아니라 협동이다. 인간성 자체가 사회적 토대 위에 기반하고 있으므로, 개인의 지식과 기술은 개인들이 자기 마음대로 사용할 수 있는 것이 아니고, 동료들을 위해서 사용해야 하는 것이다. 원래 인간은 사회적인 존재이기 때문에 이타성을 가지고 있지만, 자본주의는 사적 소유를 발달시킴으로써 인간의 이기심을 조장하였다. 즉 인간이 가지고 있는 이기심은 인간 본연의 성품이 아니고, 자본주의 경제가 발달함에 따라서 그 성품이 왜곡된 결과로 생긴 것이다. 따라서 인간이 가지고 있는 본래의 이타성을 회복하기 위해서는 사적 소유를 철폐하고, 서로 협동하면서 사는 새로운 체제를 건설해야 한다.[121]

그렇다면 새로운 사회는 어떤 원리에 의해서 작동되는 세계인가? 공산주의의 창시자인 칼 마르크스(1818-1883)는 그 사회는 "능력에 따라 일하고, 필요에 따라 갖는 사회"라고 말하였다. 능력이 있는 사람은 능력에 따라서 열심히 일하고 많은 성과를 올리지만, 그 성과를 모두 갖는 것이 아니라 자기가 쓸 만큼만 배분받는다. 1917년 러시아 혁명이 일어나고 세계 여러 나라는 이 원칙에 의해서 공산주의 국가들을 건설하였다. 여러 공산주의 국가들은 혁명 초기에는 놀라운 생산성의 향상을 성취하였다. 후진 약소국이었던 러시아가 미국과 어깨를 나란히 하는 세계 초강국이 된 것이 대표적인 사례다.

그러나 혁명의 열기가 차츰 식으면서 생산성은 급격히 낮아졌다. 무엇 때문일까? 공산주의 사회에서 사람들은 깨닫기 시작했다. 슬슬 놀아도 먹고사는 데 지장이 없다는 것과 열심히 일해도 특별히 좋은 일이 생기지 않는다는 것을. 그러니 너도나도 노동 시간 때우기에 급급했지, 열과 성의를 다해서 일하지 않았다. 결국 공산주의 사회는 경제가 낙후되었고, 무너질 수밖에 없었다. 그렇다면 사회주의도 틀렸다. 그들은 인간이 이타적인 존재라고 생각했지만, 인간은 이기적인 존재다. 물론 인간이 100% 사악한 존재라는 것은 아니다. 인간은 이타성과 이기성을 동시에 가진 존재다.

결혼식장에서 신랑은
왜 신부의 오른쪽에 설까?

결혼식과 웨딩드레스, 결혼제도를 둘러싼 이야기

소크라테스의 제자 플라톤은 많은 대화편을 썼는데, 그 가운데 하나가 『향연』이다. 『향연』은 7명이 에로스(사랑)를 찬미하는 연설을 하는 형식으로 구성되어 있다. 연설자 가운데 한 명인 아리스토파네스Aristophanes에 따르면, 원래 남자와 여자는 한 몸이었다.::13 남자와 여자가 한 몸으로 결합되어 있을 때, 인간은 완벽했다. 그런데 인간이 너무나 강력해서 신의 권위에 도전할 수 있다고 생각한 제우스가 인간을 반으로 쪼개버렸다. 그리하여 인간은 약해지고 남자와 여자

::13 원래는 세 종류의 인간이 있었다. 남자, 여자, 자웅 동체의 인간이다. 남자가 쪼개지면 남성 동성애, 여자가 쪼개지면 여성 동성애를 추구한다. 이에 대해서는 이경직, 「플라톤의 〈향연〉편에 나타난 동성애」, 『기독교사회윤리』 3, 2000, pp. 236-239를 보라.

는 분리되었다. 남자와 여자는 분리되었지만, 원래 한 몸이었기 때문에 다른 한 짝을 찾고 갈구한다. 결혼행진곡에 맞추어 하얀 웨딩드레스를 입고, 아버지의 손을 잡고 식장에 들어서는 신부, 신부의 오른쪽에 서서 신부를 맞이하는 신랑, 결혼 선서를 하고 반지를 교환하는 신랑 신부, 이런 관습들은 어떻게 생겨났을까?

신랑이 신부의 오른쪽에 서는 관습은 게르만족의 풍습에서 유래했다. 게르만족은 동네의 처녀들이 부족할 경우, 다른 동네에서 처녀를 납치해 왔다. 신랑은 무용이 뛰어난 친구의 도움을 받아 처녀를 납치해 왔는데, 이때 처녀를 번쩍 들어서 왔고 여기서 오늘날 신랑이 신부를 번쩍 안고 자신들이 살 집으로 들어가는 풍습이 유래했다. 처녀를 납치해 왔으니, 처녀 집안의 사람들이 가만히 있을 리만무하다. 때때로 무장하여 처녀를 되찾기 위해서 쳐들어왔다. 신랑과 친구들은 처녀를 빼앗기지 않기 위해서 항상 경계를 늦추어서는 안 되었다. 따라서 신랑 친구들은 무장한 채 결혼식이 끝날 때까지 지키고 있었으며, 신랑도 언제든지 무기를 자유롭게 쓰기 위해서 신부의 오른쪽에 섰다.

결혼식에서 교환하는 반지는 동그랗게 생겼는데, 그것은 원이 시작도 끝도 없는 영원을 의미하기 때문이다. 어떤 학자들은 결혼반지가 원래 야만인들이 신부를 도망가지 못하도록 집에 묶어두기 위해서 사용하던 족쇄의 상징이라고 주장하기도 한다. 현재 발견된 로마의 반지에는, 자그마한 열쇠가 붙어 있다. 이것은 아내가 남편 재산의 절반을 가질 권리와 창고에 있는 곡물과 피복의 일부를 가질 권리가 있다는 뜻이다.

현대인들은 반지를 약지에 끼는데, 고대 히브리인들은 검지에 끼

손가락에 다이아몬드 약혼반지를 낀 부르고뉴의 메리 초상화. 1477년에 오스트리아의 군주 막시밀리안 1세가 미래의 아내인 부르고뉴의 메리에게 선물한 심플하지만 우아한 다이아몬드 약혼반지다.

었으며, 인도인들은 엄지에 끼었다. 약지에 결혼반지를 끼게 된 것은 그리스 시대 때부터인데 그들은 네 번째 손가락에 '사랑의 핏줄'이 흐른다고 생각했다. 초기 기독교인들은 반지를 끼는 관습을 계속 유지했으나, 사랑의 핏줄에 도달하기 위해서는 반지가 손가락을 차례차례 거쳐가야 한다고 생각했다. 따라서 신랑은 성부·성자·성령의 이름을 차례로 외치며, 반지를 신부의 검지에서 중지로, 중지에서 약지로 옮겼다.

결혼식이 끝나고 부케를 던지는 것은 농경사회에서 결혼식 날 밀을 뿌려주는 관습에서 나왔다. 밀은 풍요와 다산多産을 상징하는 것이다. 로마인들은 밀을 뿌리는 대신 밀로 케이크를 구워서 먹었고, 여기서 결혼식 케이크가 유래했다. 그렇지만 신랑 신부에게 곡식을 뿌려주는 관습은 매우 뿌리깊어서, 현재도 쌀이나 밀을 뿌려주는 관습은 살아 있다.

신부가 흰색 드레스를 입는 것은 최근에 정착되었다. 신부의 복장에서 가장 먼저 등장한 것은 베일이다. 기원전 4000년 전부터 신부는 베일로 얼굴을 가렸는데, 이것은 결혼한 여자나 독신 여자를 순종적으로 만들고 다른 남자들 눈에 띄지 않도록 만들어졌다. 한마디로, 여자는 남자의 소유물이라는 소리다. 중동 지역에서는 오늘날까지도 여자들이 눈을 제외한 머리와 얼굴을 가려야만 외출할 수 있다. 고대 로마에서는 노란색이 신부의 예복으로 사용되었고, 중세에는 붉은색 신부복을 많이 입었다. 즉 나라와 시대에 따라 웨딩드레스 색깔이 달랐다. 독립전쟁 당시 미국에서는 영국에 대한 저항의 의미로 붉은색 웨딩드레스를 많이 입었으며, 에스파냐 농촌에서는 흔히 검은색을, 노르웨이 신부들은 녹색 웨딩드레스를 즐겨 입었다.

중세 남부 독일의 신랑 신부
(1470년 무렵으로 추정).

　결혼식을 마치면 신랑 신부는 신혼여행을 가는데, 이것을 영어로
허니문이라고 한다. 이 말은 고대 노르웨이 말 'hjunottsmanathr'에서
나온 말인데, 북유럽 지역에서도 총각이 처녀를 이웃 마을에서 훔쳐
오는 경우가 많았고, 처녀를 훔쳐 온 신랑은 그녀를 데리고 은밀한
곳에서 처녀의 부모가 찾기를 포기할 때까지 숨어지냈다. 따라서 허
니문은 '은신'을 뜻하고, 여기서 신혼여행이 시작되었다.[122]

　지금까지 결혼식에 얽힌 이야기들을 살펴보았다. 이제 결혼 자체

에 대해서 잠시 고민해보자. 결혼에서 가장 명심해야 할 것은 결혼은 남자와 여자의 애정행각이 아니고 두 가문의 결합이고, 그것이 법률적인 행위라는 것이다. 현대에 와서 이런 관념이 많이 약해지기는 했지만, 결혼은 여전히 두 가문의 결합이고 법률적인 행위이다. 결혼하면 재산이 있는 경우, 자기 재산의 반을 상대방에게 양도할 각오를 해야 하고, 결혼생활에 실패하여 이혼하게 된다면 막대한 위자료를 주어야 할지도 모른다. 둘이 좋으면 결혼하는데, 싫으면 이혼하면 된다고 생각하기 쉽지만, 이혼하는 것은 결혼하는 것만큼 간단하지 않다. 심각한 재판을 거쳐야 할지도 모른다.

중세의 결혼 과정을 간략하게 살펴보자. 초기 중세에 결혼은 두 농민 가족이나 친족의 법률적 계약이자 거래였다. 결혼하려면 먼저 양쪽이 신부의 지참금과 결혼 날짜를 결정한다. 결혼식에는 양가의 친척들이 모여서 신랑 신부의 주위를 돈다. 그리고 결혼식이 진행된다. 결혼식 끝에는 신랑이 신부의 발을 밟아야 한다. 이 행위는 남성의 우월을 상징하는 것이 아니고, 상거래에서의 행위를 모방한 것으로 생각되는데 결혼이 법률적인 행위임을 상징한다. 많은 점에서 신부는 신랑측 친척들의 법률적 대상일 뿐이다. 식이 끝나면 결혼피로연이 있고 결혼했다는 상징적인 행위가 공포된다. 그러면 법이 법률적으로 효력을 발휘한다. 중세의 결혼식에는 특히 증인이 많이 있어야 했다. 아직 호적이 발달하지 않은 상황이었기 때문에, 많은 사람들 앞에서 확실하게 결혼을 입증할 필요가 있었기 때문이다. 결혼식에 모인 증인들은 신랑하고 난투극을 벌인다든가, 신랑을 심하게 때린다든가, 무언가 기억에 남을 만한 '쇼'를 벌인다. 이것은 결혼식 날을 확실하게 기억하기 위한 연극들이다.

「스테판 베킹엄과 메리 콕스의 결혼」(1729). 18세기 화가 윌리엄 호가스가 그린 그림이다.

교회가 결혼식을 주재하려고 노력하기 전, 결혼은 개인적으로 치러졌다. 예를 들어 그리스에서는 신부의 아버지가 사제가 되어 결혼식에 필요한 여러 가지 의식을 수행하였다.[123] 중세 중기부터 교회가 결혼식을 주도하려고 노력했고, 그 결과 결혼식 장소가 점차 교회로 옮겨졌다. 사람들이 교회에 가서 결혼하고, 사제의 주재하에 결혼을 하게 된 것은 13세기부터다. 교회가 결혼식을 주도하려는 노력에도 불구하고, 저항하는 사람들이 제법 있었기 때문에, 트리엔트공의회(1545~1563)는 교회 밖에서 한 결혼은 모두 무효라고 선언했다.[124]

눈물 젖은 감자,
그리고 대기근의 트라우마

19세기 아일랜드 대기근이 낳은 아메리카 이민 이야기[125]

만약 우리가 다른 별로 이주해야 하고, 단 하나의 작물만을 가지고 갈 수 있다면 우리는 감자를 선택해야 한다. 감자가 인간의 생존에 필요한 거의 모든 영양소를 포함하고 있기 때문이다. 감자에는 단백질, 지방, 탄수화물은 물론 온갖 무기질, 그리고 비타민이 풍부하다. 중간 크기의 감자 하나에는 29.55mg의 비타민 C(하루 필요량의 45%), 632mg의 칼륨(하루 필요량의 18%), 0.44mg의 비타민 B6(하루 필요량의 20%)가 들어 있다. 또한 티아민, 리보플라빈, 니아신, 마그네슘, 철, 아연이 들어 있다. 따라서 인간은 유제품을 곁들이기만 한다면 감자만 먹고도 건강하게 살 수 있다.[126]

감자가 제공하는 영양분 가운데 비타민 C는 특별히 주목할 필요가 있다. 쌀, 보리, 밀, 귀리, 옥수수와 같은 주요 작물에는 비타민 C

주요 작물의 영양 성분(100그램당)

	감자	옥수수	밀	쌀
칼로리(KJ)	1,533	1,698	1,574	1,736
단백질(g)	9.5	10.4	14.5	8.1
지방(g)	0.4	5.3	1.8	0.8
섬유질(g)	10.5	8.1	14.0	1.5
칼슘(mg)	57	8	33	32
철(mg)	3.71	3.01	3.67	0.91
비타민 C(mg)	93.8	0	0	0

가 없다. 따라서 곡물을 섭취하는 인간은 반드시 채소나 과일을 먹어야 한다. 그렇지만 감자를 주식으로 삼았던 19세기 아일랜드인은 아무런 부작용 없이 건강을 유지할 수 있었다.[127]

이 점에서 감자는 1, 2차 세계 대전에서도 중요한 역할을 했다. 전쟁 중에 농업이 타격을 받으면서 식량 조달이 어려웠는데, 그나마 감자가 사람들을 먹여 살렸다. 그런데 감자 흉년이 들면 사람들은 어김없이 괴혈병에 걸렸다. 예를 들어 잉글랜드의 경우 제1차 세계 대전 직전에 1인당 하루 약 340g의 감자를 먹고 있었다. 그런데 제1차 세계 대전 기간인 1916년에 감자 흉년이 들자 다음 해에 많은 영국인이 괴혈병에 걸렸다.[128][129]

풍부한 영양소 이외에도 감자는 또 다른 장점을 갖고 있다. 감자는 단위 면적당 효율성이 구세계의 어떤 작물보다 뛰어나다. 예를 들어 1771년에 영A. Young은 1760년대 농경 현황을 조사하고 보고서를 남겼다. 그의 보고서에 근거해서 밀, 보리, 귀리, 감자의 효율성을 비교하면 다음 쪽 표와 같다.[130]

	에이커당 수확량(kg)	칼로리 환산량
밀	650	8,900
보리	820	11,400
귀리	690	9,300
감자	10,900	31,900

이 표에서 보듯 감자는 단위 면적당 효율성이 밀보다 대략 3.6배, 보리보다 2.8배, 귀리보다 3.4배 뛰어나다. 따라서 감자는 인류 역사를 바꿀 수 있는 잠재력을 갖고 있었다.

감자의 잠재력은 처음에 남아메리카에서 입증되었다. 안데스산지는 세계에서 두 번째로 높은 고지대로서 산세가 험하여 인간이 살기 어려운 곳이다. 산과 산 사이의 계곡이나 분지 사이에 40여 개의 작은 강이 흐르는 지역이 있고, 그런 곳에서 1천만 명에 이르는 사람들이 살았다. 그들은 감자 덕분에 풍요롭게 살았다. 1533년 에스파냐의 피사로가 이끄는 원정대 기병이었던 데 소토(Hernando de Soto, 1497-1542)는 잉카인들의 삶에 대해서 "이곳에는 굶주림이 알려져 있지 않다."라고 썼다.[131] 따라서 잉카 문명은 감자 문명이었다.

1492년 콜럼버스가 아메리카를 발견한 후 콜럼버스의 교환이 이루어졌다. 아메리카가 원산지였던 옥수수, 감자, 고구마, 고추, 담배, 땅콩, 코코아, 호박 등이 구대륙으로 소개되었다. 신대륙에서 구대륙으로 건너간 작물 가운데 감자는 순서가 늦다. 1492년 콜럼버스가 도착한 곳은 바하마제도에 속한 섬인 산살바도르였다. 그 후 에스파냐 사람들은 지금의 아메리카 중부 지역에 여러 식민지를 건설하였고, 그곳에서 재배되던 고구마, 카사바cassava, 옥수수, 카카오 등을 유럽으로 가져갔다.

그런데 감자는 중부 아메리카에서 재배되지 않았다. 그것은 남아메리카에 위치한 잉카 제국에서 재배되었다. 에스파냐인이 안데스 지역의 잉카 문명을 정복한 것은 콜럼버스의 아메리카 도착 이후 40년이 지난 1533년이었다. 에스파냐 사람들은 그곳에서 최초로 감자와 조우하였다. 1539년 쿠스코 1대 주교인 빈센트 발베르데Fray Vicente Valverde가 찰스 5세에게 쓴 편지에서 "그들은 심황과 비슷하지만 좀 더 큰 감자를 먹습니다. 맛은 좋지 않습니다. 그들은 건조한 씨앗을 추뇨chuño라고 부릅니다."라고 말하였다.

에스파냐 정복자들 가운데 누군가는 감자를 본토로 가져가야겠다고 생각했을 것이다. 그렇지만 그 후 감자가 어떤 경로를 통하여 에스파냐에 도입되었는지는 알 수 없다. 현대인은 감자의 유럽 도입을 중요한 일로 생각하지만, 당대에는 그런 인식이 없었다. 따라서 누구도 감자를 유럽에 가져가면서 그것이 중요한 일이니 기록으로 남겨야겠다고 생각하지 않았다.

감자가 유럽에서 재배되기 시작한 것은 1560년 무렵이다. 1567년 에스파냐령 카나리아 제도에서 감자가 안트베르펜으로 선적되었다는 사실이 확인된다. 1573년과 1576년에는 세비야의 한 병원에서 감자를 구입했다.[132] 이 병원의 회계 장부는 식품 구입을 일반 목록과 특별 목록으로 구별하였다. 감자는 특별 구입 목록에 기록되었는데, 이는 감자가 일상 자금이 아니라 특별 자금으로 구입되었음을 의미한다.[133] 이 병원이 특별히 조성된 자금으로 감자를 구입했던 이유는 명확하지 않다. 병원 책임자가 감자를 매우 귀하고, 환자에게 좋은 음식으로 판단했을 것이라고 추측할 수 있을 뿐이다.

이 병원에서 구입한 감자는 어디에서 재배되었을까? 1492년 콜럼버스는 아메리카 항해를 기획하면서 먼저 카나리아제도로 갔다. 카나리아제도는 아프리카 북서쪽의 나라인 모로코 서쪽에서 100킬로미터 떨어진 7개 섬으로 구성되어 있다. 15세기 초 카스티야 왕국이 이 제도를 정복한 이래 에스파냐령이었다. 따라서 카나리아제도는 에스파냐 영토에서 가장 서쪽에 있다. 1492년 콜럼버스는 에스파냐 본토 팔로스 항에서 6일을 항해하여 이곳에 8월 9일에 도착하였고, 4주 머문 후 9월 6일에 항해를 시작하여 33일 만에 아메리카에 도착하였다. 이후 카나리아제도는 아메리카를 오가는 배들의 기착지로 이용되었다. 따라서 카나리아제도는 아메리카에서 유럽으로 문물이 유입되는 1번지였다.

앞에서 언급했듯이 1567년 카나리아제도에서 감자가 안트베르펜으로 수출되었다. 몇 년 후 1574년에는 프랑스의 루앙 지역으로 수출되었다. 세비야의 병원에서 구입한 감자도 카나리아제도에서 유래했을 것이다. 감자는 카나리아제도의 높은 산과 들에서 잘 자라서, 1776년의 기록에 따르면 감자는 포도 다음으로 중요한 작물이었고, 1800년의 기록에 따르면 가난한 사람들이 곡물보다 감자를 더 선호했다. 오늘날도 감자는 카나리아제도에서 중요한 작물이다. 현재 카나리아제도에는 450년 된 30여 가지의 오래된 감자 종이 재배되고 있다. 남아메리카를 제외하면 이 종들은 카나리아제도에서만 발견된다.[134] 이는 유럽에서 감자를 가장 먼저 재배한 곳이 카나리아제도임을 확인해준다.

카나리아제도에서 감자 재배가 일찍 성공했기에 곧 에스파냐 본토에서도 감자가 재배되었을 것이다. 그러나 에스파냐에서 감자는

감자를 수확하는 모습(1877).

1800년 무렵까지도 주요 작물이 아니었다. 기본적으로 에스파냐의 토양과 기후 조건이 감자와는 맞지 않기 때문이다. 감자는 저온성 작물로 서늘하고 일교차가 큰 지역에서 잘 자란다. 생육 적정 온도는 14~23도이고 기온이 25도가 넘어서면 제대로 자라지 않는다. 수분도 많이 필요하지 않아서 강수량은 연 300~450mm가 적당하다. 특히 감자가 익는 시기와 수확기에 비가 많이 오면 좋지 않다. 우리나라에서는 강원도와 함경도가 감자 재배 적합지이다. 물론 두 지역이 아니어도 감자 재배가 가능하다. 그렇지만 강수량이 많은 여름에는 재배하지 않는다. 에스파냐는 유럽에서는 가장 남쪽에 있어서 기후와 토양 조건이 감자 재배에 유리하지 않다. 이 때문에 에스파냐에서는 1800년경까지 감자가 거의 재배되지 않았고, 그 이후에도 다

른 지역에 비해서 전파 속도가 느렸다.[135]

1600년 이후 감자는 유럽 전역으로 전파되었는데, 그 가운데 감자를 가장 사랑한 사람들은 아일랜드인이었다. 아일랜드에서 감자는 두 가지 측면에서 다른 지역들과 달랐다. 먼저 감자의 전파 속도가 이례적으로 빨랐다. 감자는 1600년경에 도입되었고, 그 후 50여 년이 지나자 아일랜드 모든 지역에서 재배되었다. 이탈리아, 잉글랜드, 프랑스, 독일 등의 다른 지역에서 감자는 지역별, 시기별로 편차를 보이면서 서서히 전파되었다. 어떤 나라에서도 감자가 전국적으로 재배되는 데는 최소한 100년에서 150년이 걸렸다.

두 번째로, 아일랜드에서 감자는 거의 모든 사람의 주식이 되었다. 영(A. Young)이 1776년 아일랜드 전역을 방문하고 여행기를 썼다. 그는 아일랜드 북부의 캐번Cavan 지역에 대해서 이렇게 썼다.

> 가난한 사람들은 감자와 우유를 먹고 산다. 그것들이 매일의 양식이다. 매우 적은 양의 귀리 빵을 먹는다. 부활절, 크리스마스를 제외하면 신선한 고기를 먹지 못한다. 1년 내내 감자를 먹는다. 긴 겨울날은 오직 감자와 소금만 먹는다.

그리고 중부의 글로스터Gloster 지역에 대해서는 이렇게 썼다.

> 가난한 자들의 식량은 열 달 동안은 감자와 우유이다. 그리고 나머지 두 달 동안은 감자와 소금이다. 그러나 그들은 소량의 버터를 먹는다.[136]

감자 껍질을 벗기는 소녀(1886).

영이 보고한 상황은 이후에도 변하지 않았다. 1840년 영국 정부가 조사한 아일랜드 실태 보고서도 같은 상황이 관찰된다. 이렇게 하루 감자만 먹는다면 얼마나 많은 양을 먹었을까? 성인 남자는 6.4kg, 여자는 5.1kg을 먹었다.[137] 물론, 모든 아일랜드인이 오로지 감자만을 먹었던 것은 아니다. 경제적으로 넉넉한 사람들은 밀, 귀리와 같은 곡물들과 육류를 먹었다. 지역적으로도 울스Ulster와 북렌스터Leinster 지역은 오트밀을 주식으로 먹었다.

아일랜드인은 왜 감자를 이렇게 빨리 받아들였고, 감자를 주식으로 삼았을까? 첫 번째로 기후, 토양 조건이 중요하다. 아일랜드는 여름철 평균 연도가 16도이고, 겨울철에는 6도이다. 연평균 강수량은 약 1,000mm로 유럽에서는 많은 편이다. 그렇지만 강수가 특정 계절에 집중되지 않고, 거의 매일 비가 온다. 이런 기후는 성장기에 높은 온도와 많은 강수량을 필요로 하는 주요 곡물의 재배에 적합하지 않다. 보리와 귀리와 같이 악조건에서도 자라는 곡물을 겨우 재배할 수 있을 뿐이다. 반면 감자는 매우 잘 자랐다.[138]

감자의 전파가 빨랐던 두 번째 이유는 아일랜드인이 극도로 가난했다는 것이다. 아일랜드는 고대에는 켈트인, 게일인 등이 살던 독립국이었다. 중세 시대 헨리 2세가 아일랜드를 정복하고 아일랜드의 대영주가 되었다. 1542년 헨리 8세는 아일랜드 왕국을 세운 후 잉글랜드 왕과 아일랜드 왕을 겸하였다. 헨리 8세의 딸인 엘리자베스 1세가 아일랜드 통치를 강화하자 아일랜드 귀족들이 반란을 일으켰다. 1601년 에스파냐가 4,500명의 지원군을 보내면서 반란군이 강화되었지만 반란군은 패배하였고 아일랜드는 사실상 잉글랜드의 복속국이 되었다. 1600년 진압군으로 아일랜드를 방문했던 모리슨Fynes

Moryson은 이렇게 말했다.

> 사람들은 야생동물과 같이 동굴이나 큰 구멍들에 산다. 그들의 음
> 식에는 오물이 가득하다. 그들은 소가 우유를 생산하지 못할 때까
> 지 잡지 않으며, 일단 잡으면 앉은 자리에서 다 먹어버린다. 그들은
> 곡물을 크리스마스 이전에 다 먹어버리고, 기꺼이 토끼풀shamrock
> 을 먹는다.[139]

감자가 아일랜드에 전파되었을 때 전쟁이 계속되었고, 그 후 잉글
랜드인의 착취가 이어졌다. 가난에 찌든 아일랜드인에게 감자는 구
원자였다. 감자가 열악한 아일랜드 땅에서 잘 자랐을 뿐만 아니라
생산성이 높았기 때문이다. 따라서 농민들은 기꺼이 감자를 받아들
였고, 50여 년이 지난 17세기 후반에 아일랜드인의 주식이 되었다.

감자의 도입이 가져온 가장 극적인 변화는 인구의 증가였다. 아일
랜드 인구는 1740년에 200만, 1790년에 400만, 1800년에 500만 명
이 되었다. 100년 사이에 2.5배가 증가한 것이다. 대기근이 발생하기
직전인 1841년에는 820만 명이나 되었다. 그런데 인구의 가파른 증
가는 오히려 생활 수준의 저하를 가져왔다. 1800년 무렵에 아일랜드
인은 지주, 차지농, 오막살이농, 농업 노동자로 구성되어 있었다. 오
막살이농이 17.7%, 한 뼘의 땅도 없는 농업 노동자가 58.8%였다.[140]
인구의 90% 이상이 동물처럼 살았다. 그들의 오막에는 가축의 똥이
며칠이고 방치되어 있었고, 반쯤 벌거벗은 아이들이 그 위에서 뒹굴
었다.

여기서 당시 아일랜드인의 감자 재배에 대해서 자세히 살펴보자.

농사에는 항상 위험이 따른다. 기후가 식물의 성장을 좌우하고, 식물도 생명체이기 때문에 병에 걸릴 수 있다. 따라서 단일 작물에 온전히 의존한다면, 그 작물의 재배에 실패했을 때 사회 전체가 붕괴할 수 있었다. 농민들은 이 사실을 잘 알고 있었기 때문에 봄 작물과 겨울 작물을 재배하였다. 봄 작물은 봄에 파종하여 늦가을에 수확하고, 겨울 작물은 겨울에 파종하여 늦여름이나 초가을에 수확하였다. 그리고 파종 때 작물에 변화를 주었다. 대개 봄 작물은 봄밀, 보리, 귀리였고, 가을 작물은 가을밀이나 호밀이었다. 이렇게 봄, 가을 작물을 파종함으로써 한번 실패하더라도 최악의 상황을 막을 수 있었다. 그리고 감자를 단일 작물로 삼는 행위는 또 다른 위험을 안고 있었다. 밀, 보리, 귀리와 같은 작물은 보존 기간이 1년을 넘었다. 비상 상황에 대비하기 위해서 풍년이 들면 많은 양을 저장할 수도 있었다. 그러나 감자는 수분이 많아서 저장 기간이 1년을 넘지 않았다. 아메리카 원주민은 감자를 동결 건조시켜서 저장 기간을 늘릴 수 있는 비법을 갖고 있었지만, 아일랜드인은 그렇지 않았다. 따라서 만약 감자 농사를 망친다면 저장해놓은 곡식이 없어서 낭패를 볼 수밖에 없었다.

아일랜드인들도 감자를 단일 주식으로 삼고 있는 것이 재앙을 초래할 수 있다는 것을 알고 있었다. 1835년 아일랜드 정부의 한 위원회는 다음과 같이 보고하였다.

만약 감자 수확에 실패하면, 농민들이 다른 먹거리를 생산해내는 데 많은 시간이 필요하다. 따라서 대기근이 발생할 것이다. 따라서 현재의 농업 체계는 인구를 너무나 빨리 증가시켜 가난을 재생산

할 뿐만 아니라 공포스러운 대기근의 위험을 안고 있다.[141]

이 보고서는 연 1회의 감자 수확이 가져올 수 있는 재앙을 경고하고 있다. 현대 여러 지역에서 감자는 연 2회 재배한다. 그렇지만 1850년 아일랜드에서 감자는 1년에 1회 재배하였다. 1850년 아일랜드에서 재배되는 감자는 90% 이상이 '럼퍼Lumper'라는 품종이었다. 럼퍼의 도입은 축복이자 재앙이었다. 그것은 이전의 품종인 '블랙Black'이나 '애플Apple'보다 생산성이 높았다. 럼퍼는 크게 증가한 인구를 충분히 먹여 살릴 수 있었다. 하지만 저장 기간이 짧아서 봄이 되면 썩는 비율이 높았고 병충해에도 취약했다.[142]

럼퍼는 3월 17일부터 심기 시작하여 8월 말부터 수확하였다. 첫 수확이 시작될 때 아일랜드인들은 "우리 모두 다가오는 12개월 동안 살아 있고, 행복하길 빕니다."라고 기도하였다. 이런 경작 주기에서 농민들은 9월부터 3월까지는 하루 세 끼를 먹었다. 저장한 감자가 줄어드는 것이 확연하게 느껴지는 4월부터는 아침과 점심만 먹었다. 그리고 7월과 8월은 '여름의 배고픔' 기간이다. 그 두 달은 감자가 떨어지면 저축해둔 돈으로 옥수수, 귀리, 보리를 사 먹었다는 의미에서 '곡물의 달들meal months'이라고 불렀다. 물론 가난한 자들은 저축해둔 돈이 있을 리 만무했고 구걸로 연명했다.[143]

인류사에 대재앙으로 기억되는 아일랜드 대기근은 1845년 7월 중순에 시작되었다. 7월 초순까지는 기후가 좋았고 감자도 잘 자라고 있었다. 모든 사람이 행복을 예감하고 있었다. 그런데 7월 중순에 재앙의 징조가 나타나기 시작하였다. 비와 안개가 교대로 찾아지면서 일조량이 줄고 평균 기온이 평상시보다 7도나 낮았다. 8월 하순에

감자 잎마름병을 발견한 아일랜드의 농부 가족.

재앙이 시작되었다. 감자 잎에 검은 반점이 나타났다.

농민들은 감자를 수확할 때까지 심각성을 깨닫지 못했다. 수확한 감자가 겉모양은 멀쩡했기 때문이다. 그해 9월 9일에 「더블린 이브닝 포스트The Bublin Evening Post」는 "다른 지역에서 감자 병이 심각해지고 있지만, 아일랜드에서는 걱정할 필요가 없다. 일부 지역에서는 약간의 감소가 있을 것이지만, 올해는 어떤 해보다 감자 수확이 좋을 것으로 예상된다."라고 썼다.[144] 그러나 이런 장밋빛 전망은 며칠 후 산산조각났다. 감자 수확이 본격적으로 시작되었는데, 감자가 수확 후 몇 시간도 채 지나지 않아 시커멓게 변하더니 속까지 썩어들어갔다.[145]

이 병은 1843년 미국 보스턴에서 처음 발병하였고, 1845년에는 대서양을 건너 유럽으로 전파되었다. 1845년 6월에는 벨기에, 7월에는 플랑드르 지방, 8월 중순에는 파리와 남부 잉글랜드, 그리고 아일랜드에서 발병하였다. 9월에는 여러 신문이 아일랜드에서 감자 역병이 발생하였고, 감자 수확이 50%나 줄어들 것이라고 보도했다.[146]

다음 해인 1846년에도 7월에 감자 역병이 시작되었다. 전 해보다 더 심각해서 수확량이 평년의 25%에 불과했다. 다음 해인 1847년에는 병이 발생하지 않았다. 그러나 그해에도 기근이 계속되었는데, 많은 농민들이 씨감자가 없어서 감자를 심지 못했기 때문이었다. 수확량은 평년의 15%밖에 되지 않았다. 대기근 기간 최악의 해였다. 다음 해인 1848년에는 정부의 노력으로 씨를 많이 확보하여 감자를 제대로 심었다. 그러나 그해에 감자 역병이 다시 발생했다. 수확량은 평년의 25%이었다. 1849년 가을에 감자 수확이 정상적으로 이루어지면서 대기근이 진정되었다. 그렇지만 그 후에도 몇 년간 예년 수확량을 회복하지 못했다.[147]

대기근 동안 아일랜드인이 겪었던 고난은 처참함과 비통함, 그 자체였다. 당시 아일랜드를 방문했던 미국인 앨리후 버릿Elihu Burritt은 당시의 참사를 다음과 같이 전한다.

우리는 한 오두막에 들어섰다. …… 아이들은 너무 허약해져 일어날 힘조차 없어서 주저앉아 있었다. 그들은 창백한 얼굴에 송장 같은 몰골을 하고 있었다. 눈은 푹 꺼지고 목소리도 내지 못했다. ……

버릿은 목격담을 쓰면서 그것이 너무나 참혹하여 쓰는 순간까지도 손이 떨리고, 그 비참함은 평생 잊을 수 없을 것이라고 했다. 버릿이 본 장면은 아일랜드 전역에서 벌어진 참사였다. 이는 굶어 죽은 사람의 숫자를 보면 명확하게 알 수 있다. 1841년 인구 통계에 따르면 아일랜드 인구는 817만 5,124명이었다. 기근이 없었다면 1851년에는 900만 명을 넘었을 것이다. 그런데 1851년 인구 통계에 따르면 인구는 655만 2,385명이었다. 이 기간에 굶어 죽은 사람은 100만 명이었고, 해외로 이주한 사람이 150만 명이었다.[148] 이민자의 숫자는 해가 갈수록 커졌는데, 1845년에는 6만 1,242명, 1846년에는 10만 5,953명, 1848년에는 17만 8,159명, 1850년에는 20만 9,054명, 1851년에는 24만 9,721명이었다. 그들이 간 곳은 주로 미국이었는데 1850년 한 신문은 다음과 같이 썼다.

> 거대한 이민의 물결이 끊임없이 서쪽으로 이어지고 있다. 대다수 이민자는 아일랜드의 농민과 날품팔이 인부들로…… 다섯 사람 가운데 최소한 네 명은 아일랜드계로 추산된다. 감자 기근과 콜레라가 만연하여 비참한 나날이 이어졌고, 아일랜드계 이민자의 수는 갈수록 늘고 있다.[149]

아일랜드인이 이렇게 아메리카로 많이 이주했기 때문에, 지금도 미국 인구 가운데 잉글랜드계, 독일계 다음으로 아일랜드계가 많다.

이후 아일랜드인은 대기근의 트라우마로 시달렸고, 인구가 증가하지 않았다. 800만 인구 가운데 100만 명 이상이 굶어 죽은 것은 떠올리기만 해도 섬뜩한 일이다. 무엇보다 안타까운 것은 그런 일이 가난한 나라가 아니라 세계에서 가장 부자 나라에서 일어났다는 것이다. 1997년 영국 총리 토니 블레어는 "당시 세계에서 가장 부유하고 강력한 국가에서 100만 명이 굶어 죽었다는 사실이 오늘날 생각해도 고통스럽다"라고 말하면서 유감을 표했다.[150]

하느님의 이름으로,
노예제는 정당하다?

19세기 미국 남부에서 노예제도 폐지를 반대한 뜻밖의 이유[151]

고대 농업에 관한 책에 의하면, 도구에는 세 가지가 있다. 말을 하지 못하는 도구, 말을 반쯤 하는 도구(가축), 말을 하는 도구(노예). 인간처럼 잔인한 동물은 없을 것이다. 엄연히 같은 인간을 수천 년 동안이나 노예로 부렸으니 말이다.

노예는 자기 출생 집단으로부터 유리된 이방인들이며, 이들에게는 법인격이 없었다. 이런 노예는 청동기 시대부터 생기기 시작하여 그 숫자가 점점 불어나서, 번성기를 맞은 그리스·로마의 경우 시민들의 3배에 해당하는 노예가 있었다. 참고로, 로마 제국에서 노예제도가 가장 발달하였던 기원전 1세기부터 기원후 1세기까지, 이탈리아의 인구는 600만 명가량이었는데, 그중 노예는 200만에서 300만 명 사이였다.

그러므로 평범한 시민들도 노예를 거느린 경우가 매우 흔했다. 그러나 로마의 정복 전쟁이 중단된 뒤에 노예 사냥이 어려워지면서 점차 노예의 숫자는 줄어들어갔다.

그런데 중세 중엽부터 지중해권에서 사탕수수 재배가 성행하였다. 사탕수수 재배에 대해서 잘 알고 있던 아랍인들이 지중해 남부와 북부의 변경 지역에서 여름에 사탕수수를 재배함으로써 농사 절기를 늘리려고 했다.[152] 지중해성 기후인 지중해 연안에서는 겨울이 농번기고, 여름은 농한기였다. 식물의 성장에는 많은 수분이 필요한데 여름에 건조하여 농작물을 재배할 수 없었기 때문이다. 농사 절기를 늘린다는 것은 농한기인 여름에도 놀지 않고 일을 할 수 있게 한다는 뜻이다.

아랍인들의 사탕수수 재배는 곧 유럽인들에게 전수되었고, 시칠리아 같은 여러 섬들도 사탕수수를 재배했다. 하지만 사탕수수 재배는 평범한 노동자가 해내기에는 너무나 고된 일이었다. 수수 줄기를 으깨고, 그것을 거대한 가마에 넣어서 끓여 정제해내는 일은 상상을 초월한 혹독한 노동이었다. 이 사탕수수 재배 농장에서 부리기 위해 백인들은 아프리카 흑인들을 사냥해 왔다. 16세기 초부터 18세기 말까지 유럽으로 매년 1,000명 정도의 노예가 수입되었다. 그리고 콜럼버스가 1492년 아메리카에 도착한 이후, 백인들은 중남미 여러 지역에 사탕수수 농장을 건설했다. 여기서도 흑인 노예들의 노동력이 이용되었다. 16세기 중엽부터 18세기 말까지 아메리카로 이송된 흑인 노예는 1,000만 명에 달한다.

아프리카 흑인을 아메리카로 팔아넘긴 주역은 영국 사람들이었다. 그들은 총, 철, 장신구, 직물 따위 상품을 싣고 아프리카 황금해

유럽 중세 초기의 노예 시장. 세르게이 이바노프의 그림.

안 지역에 가서 팔고는, 거기서 노예를 사서 대서양을 건너와 중남미
에 팔았으며, 그 대신에 중남미에서는 사탕수수, 럼주, 면화 등을 사
서 본국으로 돌아갔다.

그런데 아프리카 황금해안에서 중남미 지역까지 노예를 운반하
는 데는 서너 달씩 걸리기도 했다. 노예를 실은 운반선이 적도 무풍
지대에 들어서면 거의 바람이 불지 않기 때문에 당시 운반선인 범선
이 움직일 수 없게 되기 때문이다.

예기치 않게 항해 기간이 길어지면 백인들은 끔찍한 일을 감행하
였다. 그들은 싣고 가던 흑인이 병에 걸리면 서슴지 않고 산 채로 바
다에 던졌다. 그들은 식량과 식수를 아끼기 위해, 또는 배의 무게를
줄이기 위해서도 흑인들을 바다에 버렸다. 예를 들어 1781년 11월
29일 영국인 선장 루크 콜링우드Luke Collingwood는 〈종Zong〉이라는 이

름의 배에 442명의 흑인을 싣고 히스파뇰라 섬 근처를 항해하고 있었다. 그들은 식수가 부족하다는 사실을 알고 세 차례에 걸쳐 132명을 바다로 던져버렸다.

그렇게 섬뜩한 일을 당하지 않는다고 해도 긴 항해 동안 흑인들은 끔찍한 고통에 시달렸다. 흑인 1인에게 할당된 면적은 0.15평(0.5제곱미터) 정도였다. 게다가 백인들은 흑인들을 서로 포개듯이 교차로 눕힌 다음에, 한 사람의 오른쪽 다리를 다른 사람의 왼쪽 손에, 또 왼쪽 다리는 오른쪽 다리에 묶어서 거의 꼼짝달싹하지 못하게 하였다. 이렇게 노예 운반선의 조건이 열악했기 때문에 치사율이 거의 40%에 달했다.

나이지리아 출신으로 11살에 노예 상인들에게 포획되어 노예수송선에 실려 서인도 항구로 팔려간 올라우다 에퀴아노(Olaudah Equiano 또는 구스타부스 바사Gustavus Vassa라고 불림, 1745?~1797)는 자신이 겪었던 참혹한 일들을 『에퀴아노의 흥미로운 이야기The Interesting Narrative of the Life of Olaudah Equiano, or Gustavus Vassa, the African』(1789)라는 회고록에 기록했고, 이 책은 노예가 쓴 첫 문학 작품으로 인정받았다.

얼마 안 있어 그들은 나를 갑판 아래로 밀어 넣었는데, 살면서 한 번도 맡아보지 못한 냄새가 내 코를 맞이했다. 넌더리쳐지는 악취와 사방에서 들려오는 울음소리 탓에 몸이 너무도 안 좋아진 나는 음식을 먹을 수도 없었고 무언가를 맛보려는 식욕도 전혀 없었다. 나는 마지막 친구인 저승사자가 나를 해방시켜줬으면 하고 바랐다. 그런데 잠시 후 슬프게도 백인 두 명이 먹을 것을 줬다. 먹기를 거부하자 그중 한 명이 두 손으로 꽉 붙들고 기계에 눕힌 다음

두 다리를 묶었다. 다른 한 사람은 심하게 채찍질했다.

어느 날 백인들이 물고기를 여러 마리 잡았다. 백인들은 성이 찰 때까지 생선을 실컷 먹었다. 갑판에 있던 우리는 그중 일부를 우리에게 먹으라고 줄 것이라고 기대했지만 그들은 남은 생선을 모두 바다에 다시 던져 넣어 우리를 대경실색하게 만들었다. 우리는 손이 발이 되도록 애걸복걸하고 기도했지만, 헛수고였다. 굶주림에 시달린 동포 중 몇몇이 사람이 없는 틈을 타서 물고기 두어 마리를 몰래 훔쳤다. 그러나 곧 들통이 났고, 그 대가로 심한 매질이 돌아왔다.

바람이 잔잔하고 파도도 높지 않은 어느 날이었다. 내 바로 옆에서 함께 쇠사슬로 묶여 있던 고향 사람 두 명이 너무 탈진해서, "이렇게 비참한 삶을 사느니 차라리 죽겠다"며 그물망을 넘어 함께 바다로 뛰어내렸다. 그러자 마침 질병으로 인해 쇠사슬이 풀린 채로 방치되어 있던, 몹시 침울해 보이는 흑인 남자 한 명도 그 뒤를 따라 뛰어내렸다. 아마 백인들이 뛰쳐나와 막지 않았더라면 순식간에 많은 흑인들이 같은 행동을 했을 것이다. 적극적으로 뛰어내리려고 했던 흑인들은 즉시 갑판 아래 선창으로 보내졌다. 배 안은 지금까지 한 번도 들어보지 못한 소음과 혼란으로 가득 찼으며 결국 배는 멈춰서고 말았다. 보트가 내려지고 백인들이 뛰어내린 흑인들을 찾아 나섰다. 처음 두 명은 이미 익사해버린 뒤였고 나중에 뛰어내린 흑인만 구해냈는데, 백인들은 노예가 되기보다는 차라리 죽음을 택하려 했던 이 흑인을 무자비하게 매질했다.[153]

1789년에 출간된 자서전 속표지에 그려진 올라우다
에퀴아노의 모습.

망망대해에서는 도망칠 수도 없었을 텐데. 게다가 배 밑바닥에 가
두었기 때문에 별로 위험하지도 않았을 텐데 왜 그렇게 흑인들을 쇠
사슬로 꽁꽁 묶어서 싣고 갔을까? 노예무역 초반에는 그토록 혹독
하게 묶어서 데려가지 않았다. 그랬더니 흑인들은 기회를 엿보다가
틈만 나면 바다에 빠져 자살하였다. 어차피 죽을 인생, 고통을 줄이
기 위해서 자살했을까? 아니었다. 흑인들에게는 물에 빠져 죽으면
천국에 간다는 토속신앙이 있었기 때문이었다.

　미국에서도 남북전쟁(1861-1865)이 끝날 때까지 노예제도가 성행하
였다. 특히 남부의 면화 농장에는 대규모의 노예가 고용되었다. 청교
도의 신성한 이념으로 자유를 갈망한 신교도들이 세운 나라 미국.
그곳에 인간을 극단적으로 착취하는 노예노동이 성행했다니, 이상
하지 않은가?

　청동기 시대 이래 노예제가 생기면서 노예는 사회적으로 제도적으

로 공인되었다. 극소수의 사람들이 노예제도에 회의를 표방했지만, 그 회의가 구체적인 운동이나 이념으로 발전된 곳은 없었다. 노예제도에 대해서 최초로 집단적인 회의를 표방한 사람들은 17세기 말의 퀘이커와 같은 일부 신교도들이었다. 이들이 최초로 노예제에 대한 반대 의견을 피력했을 때, 다른 기독교인들은 '하나님의 뜻'을 모르는 어리석은 자들이라고 비난하였다. 그렇지만 계몽사상이 확립되고, 새로운 사회를 향한 열망이 불면서 18세기 말, 19세기 초에 노예제도 폐지 운동은 전 세계적으로 확산하였다.

노예제도 폐지 운동은 대단한 반향을 일으켰고, 19세기 초에 세계 대부분 지역에서 노예제가 급속히 폐지되었다. 그러나 유독 노예제도 폐지를 끈질기게 반대하는 곳이 있었으니, 바로 청교도의 나라 미국이었다. 물론 미국 북부인들 상당수가 노예제를 반대했지만, 남부인들은 노예제도를 '정의로운 것'으로 굳게 믿었다.

왜 미국 남부인들은 노예제 폐지를 거부했을까? 당연히 면화 농장에 중요한 노동력이었던 노예 해방으로 심각한 경제적 타격을 입기 때문이다. 그러나 명분과 논리 없이 어떤 일을 주장하고 실현시킬 수는 없는 법이다. 남부인들은 자신들의 경제적 이익을 위해서 노예들을 부린다고 주장하지 않았다. 그들은 노예제도는 흑인과 백인 모두에게 유리하고, 자연적이며 신성한 것이며, 합리적인 것이라고 주장하였다. 그들 주장의 근거는 세 가지였다. 첫째, 흑인들은 아프리카 미개인들이고 그들에게는 문명이라는 것이 없다. 아프리카 정글에서 동물처럼 살다가 죽어갈 사람들을 자신들이 문명교화를 시키고 있으니 자신들은 참으로 위대한 자선가이다. 둘째, 노예들은 모두 흑인들이고, 흑인들은 원래 비천하고 힘든 노예 노동을 하게 태

야외 경매를 기다리고 있는 미국의 노예들 모습.

어난 존재라고 주장하였다. 여기에는 19세기에 널리 퍼져 있었던 인
종적 편견이 강하게 작용하고 있었다. 셋째, 아프리카 흑인들은 이
교도들이었다. 기독교인의 최대 사명은 복음을 전파하는 것이니, 흑
인들을 데려다가 먹여주고·재워주면서 종교적 감화를 주기 위해서
힘쓰고 있으니 자신들은 위대한 선교사이다.

　여기서는 세 번째 주장을 자세히 살펴보자. 노예 소유주를 비롯
한 미국인들은 신앙심이 깊은 기독교 신자들이었다. 19세기 미국을
방문했던 외부인들은 한결같이 신세계가 신앙심으로 가득 찬 곳임
을 지적하였다. 1830년 미국을 방문한 프랑스 역사학자 토크빌은
"미국에서만큼 종교가 사람들의 영혼에 큰 영향력을 행사하고 있는
곳은 세계 어느 곳에서도 없다."[154]라고 썼다. 토크빌의 말대로 19세

기 미국 인구의 90% 이상이 기독교 신자였으며 그들의 교회나 성당 참석률도 매우 높았다. 이에 대해 1844년 미국 장로파 목사였던 로버트 베아드는 이렇게 말했다.

> 이 세상 어느 곳에 가든지 미국만큼 주민들의 교회 참석률이 높은 곳은 없을 것이다. 이 점에 있어서 유럽 대륙의 어느 곳도 미국과 비교할 수 없음은 명확하다. 유럽을 장기간 여행한 후 미국의 도시에 와보면 양쪽 도시 간에 커다란 대조가 있음을 보고 누구나 놀랄 것이다.[155]

신앙심 깊었던 남부인들은 하느님의 이름으로 노예제를 정당화했다. 아프리카 흑인들은 이교도들이었다. 그들을 아프리카에 그대로 두었으면 예수를 알지 못하고 죽었을 것이다. 예수를 믿지 않은 죽은 사람은 모두 지옥 불에 떨어진다. 기독교 신자에게 그들을 데려다가 기독교 신앙으로 이끄는 일보다 고귀한 일이 없다. 현대인들에게 궤변으로 들리겠지만 남부인들은 어딜 가든지 이런 소리를 들었다. 많은 목사나 신부들이 교회 설교 가운데서도 노예를 부리는 것이 하느님의 뜻이라고 선전하였고 또한 노예제 찬반 논쟁 중에서 노예제를 찬성하는 글들의 상당수가 성직자들이 쓴 것이었다. 이 때문에 남부의 노예 소유주들은 기독교가 노예제를 뒷받침한다고 생각했으며 거기서 큰 위안을 얻었다.[156]

이렇게 자식을 보살피듯이 노예를 보살피고 있으며 하느님의 사랑을 전하고 있다고 생각한 노예 소유주들은 노예 소유가 하느님의 뜻이자 신성한 '자선사업'의 일환이라고 주장했다. 이들은 노예를 구매해서 농장을 경영하는 것은 북부의 상공업에 비해서 이윤이 많지 않으며 노예들은 자신들의 보호하에 편안한 생활을 누리고 있다고 주장했다. 이렇게 복음을 전파한다는 명목으로 그 많은 흑인들을 사냥해다가 착취한 사람들, 그들이 미국인들이다.

미주

[1] Joseph J. Kerski, *Interpreting Our World : 100 Discoveries That Revolutionized Geography*, ABC-CLIO, 2016, p. 162.

[2] 헤로도토스, 천병희 옮김, 『역사』, 숲, 2009, pp. 181-208.

[3] 헤로도토스, 천병희 옮김, 『역사』, 숲, 2009, pp. 236-237.

[4] 정규영, 『문명의 안식처 이집트로 가는 길』, 2004, 르네상스, p. 152.

[5] 소련과학아카데미, 『세계기술사』, 홍성욱 옮김, 1990, 둥지, pp. 77-78.

[6] 정기문, 『처음부터 다시 배우는 서양 고대사』, 책과함께, 2002, pp. 81-82.

[7] 정기문, 『처음부터 다시 배우는 서양 고대사』, 책과함께, 2002, pp. 81-82.

[8] 정기문, 『처음부터 다시 배우는 서양 고대사』, 책과함께, 2002, pp. 92-93.

[9] Paul A. Vander Waerdt, *The Socratic Movement*, Cornell University Press, 1994, p. 189.

[10] Brian Proffitt, *Plato Within Your Grasp*, HMH Books, 2004, p. 36.

[11] M. Roberts, *The ancient World*, Nelson, 1994, p. 153.

[12] 허승일, 『스파르타 교육과 시민생활』, 삼영사, 1998, pp. 130-135.

[13] 허승일, 『스파르타 교육과 시민생활』, 삼영사, 1998, pp. 126-127.

[14] 에우리피데스, 『에우리피데스 비극』, 천병희 옮김, 단국대학교 출판부, 1999, pp. 22-23.

[15] 김덕수, 「아우구스투스의 혼인법들과 프린켑스의 정치」, 『서양고전학연구』 제11집, 1997, pp. 314-315.

[16] 허승일, 『스파르타 교육과 시민생활』, 삼영사, 1998, pp. 98-99.

[17] Philostratus, *On Heroes*, 48, 2.

[18] K.A. Inglis, "*Aristotle on the Virtues of Slaves and Women, and Children*" A Diss. of Cornell University, 2011, p. 49.

[19] 존 우드퍼드, 『허영의 역사』, 여을환 옮김, 세종서적, 1998, pp. 142-182.

[20] 조반니 레비·장클로드 슈미트 엮음, 『청소년의 역사 1』, 정기문 옮김, 2007, 새물결, pp. 116-117.

[21] B. Gottlieb, *The Family in the Western World from Black Death to the Industrial Age*, Oxford University Press, 1993, pp. 24-46.

[22] 이상의 내용은 'Suetonius, *Life of Nero*'에 나온다.

[23] 정기문, 『역사를 재미난 이야기로 만든 사람들에 대한 역사책』, 책과함께, 2022, pp. 86-87.

[24] 정기문, 『역사를 재미난 이야기로 만든 사람들에 대한 역사책』, 책과함께, 2022, p. 105.

[25] 안희돈, 『네로 황제의 몰락 원인에 관한 연구』(서울대학교 박사학위논문, 1998).

[26] Cornelius Tacitus, *The Annals*, 15, 39.

[27] Cornelius Tacitus, *The Histories*, 1, 89.

[28] Sutonius, *Tiberius*, 32, 2.

[29] Dio Cassius, *Historia Romana*, 55. 25. 5.

[30] 정기문, 『로마는 어떻게 강대국이 되었는가?』, 민음인, 2010, pp. 88-92.

[31] 오늘날 라틴 계통의 사람들의 점심 시간이 긴 것도 이 사실과 관련이 있다.

[32] 이경직, 「플라톤의 〈향연〉편에 나타난 동성애」, 『기독교사회윤리』, 3, 2000, pp. 226-227을 보라.

[33] 김활란, 「고대 로마의 음주 문화 연구-제정 시기 종교 축제를 중심으로」, 『서양사론』, 156, 2023, p. 14.

[34] 윤덕노, 『음식으로 읽는 로마사』, 더난출판사, 2020, p. 26, p. 296.

[35] 안드로 몬타넬리, 『벌거벗은 로마사』, 박광순 옮김, 풀빛, 1990, pp. 97-98.

[36] 김활란, 「고대 로마의 음주 문화 연구-제정 시기 종교 축제를 중심으로」, 『서양사론』, 156, 2023, p. 15.

[37] F. R. Cowell, *Life in Ancient Rome*, Penguin Publishing Group, 1961, pp. 173-179.

[38] 장례 규모가 후대인의 사회적 지위에 끼치는 영향에 대해서는 피터 브라운, 『성인숭배』, 정기문 옮김, 새물결, 2002, p. 3을 보라.

[39] Thomas Wiedemann, Emperors and Gladiators, Routlede, 1992, pp. 55-97.

[40] 니겔 로스펠스, 『동물원의 탄생』, 이한중 옮김, 지호, 2003, pp. 44-45.

[41] 미셸 푸코, 『감시와 처벌』, 오생근 옮김, 나남출판, 1994, p. 23.

[42] 조규창, 『로마형법』, 고려대학교 출판부, 1998, pp. 171-172.

[43] 마가복음, 15:45.

[44] 요한복음, 19, 23-24.

[45] Jeffrey Spier, Mary Charles-Murray, Kimbell Art Museum, *Picturing the Bible: The Earliest Christian Art*, Yale University Press, 2007, p. 229.

[46] 플루타르코스, 로물루스 2. 3-6.

[47] T. J. Cornell, *The Beginnings of Rome*, Routledge, 1995, pp. 132-133.

[48] 폴 벤느 편집, 『사생활의 역사 1』, 주명철 외 옮김, 새물결, 2002, pp. 635-636.

[49] G. W. Bowersock, *Martyrdom and Rome*, Cambridge University Press, 1995, pp.1-13.

[50] Tertullianus, *To Scapula*, 5.

[51]   Martyrium Polycarpi, 5-12.

[52]   Cypriansus, Epistulae, 16, 4. ; 20, 1. D. M. Reis, "Exile, Identity and Space: Cyprian of Carthage and the Rhetoric of Social Formation," J. Hillner etal. eds., Clerical Exile in Late Antiquity, (Frankfurt: Peter Lang, 2016), pp. 136-137.

[53]   Acta Proconsularia Sancti Cypriani Episcopi et Martyris, 12, 1.

[54]   Geoffrey Dunn, "The Reception of the Martyrdom of Cyprian of Carthage in Early Christian Literature." J. Leemans (ed.), Martyrdom ad Persecution in Late Antique Christianity, (Leuven: Peeters 2010), pp. 69-70은 키프리아누스로부터 계시를 받고 순교한 세 사례를 제시하고 있다.

[55]   M. Sordi, The Christians and the Roman Empire, Roultledge, 1988, pp. 7-22.

[56]   P. Brown, The Rise of Western Christendom, Blackwell, 1996, pp. 24-25.

[57]   J. Mutie, Death in Second Century Christian Thought, Cambridge: James Clarke, 2015, pp. 177-179.

[58]   리더스 다이제스트, 『상식 속의 놀라운 세계』, 두산동아, 1996, p. 247.

[59]   E. Le Blant, Les inscriptions chrétiennes de la Gaule, Imprimerie Impériale, 1856, 1:240.

[60]   P. Brown, The Cult of Saints, Chicago University Press, 1981.

[61]   유희수, 『낯선 중세』, 문학과지성사, 2018, pp. 392-393.

[62]   남종국, 『중세를 오해하는 현대인에게』, 서해문집, 2021, p. 204.

[63]   Peter Brown, The Rise of Western Christendom, Blackwell, 1996, pp. 28-30.

[64]   조찬선, 『기독교 죄악사』 상, 평단문화사, 2000, pp. 300-315.

[65]   조찬선, 『기독교 죄악사』 상, 평단문화사, 2000, p. 315.

[66]   제르송과 식스투스 4세 이야기는 에두아르트 푹스, 『풍속의 역사 2』, 이기웅·박종만 옮김, 까치, 2001, p. 303에 나온다.

[67]   디모테오에게 보낸 첫째 편지 3:1-12.

[68]   카를로 긴즈부르그, 『마녀와 베난단티의 밤의 전투』, 조한욱 옮김, 길, 2004, pp. 100-101.

[69]   마르크 블로크, 『봉건사회 2』, 한정숙 옮김, 한길사, 1986, p. 29에서 재인용.

[70]   서양중세사학회, 『서양 중세사 강의』, 느티나무, 2003, p. 309.

[71]   노베트 엘리아스, 『매너의 역사』, 유희수 옮김, 신서원, 1995, pp. 190-196.

[72]   두 인용문은 노베트 엘리아스, 『매너의 역사』, 유희수 옮김, 신서원, 1995, pp. 301-303에서 따왔다.

[73]   Werner Rösner, tr. A. Stützer, Peasants in the Middle Ages, University of Illinois Press, 1992, pp. 85-106.

[74] 키릴 알드레드, 『이집트 문명과 예술』, 신복순 옮김, 대원사, 1998, p. 85.

[75] 김민제, 「사회의 변화에 맞추어 법령 새로 해석하기 – 튜더 초기 사치금지법의 예를 중심으로」, 『서양사론』 101,.2009, pp. 178-185.

[76] 서양중세사학회, 『서양 중세사 강의』, 느티나무, 2003, p. 379.

[77] 일본 내무성 위생국, 「농촌보건위생실지조사」, 1926.

[78] 로버트 레이시·대니 단지거, 『중세기행』, 강주헌 옮김, 청어람, 1999, pp. 138-140.

[79] 다니엘 푸러, 『화장실의 작은 역사』, 선우미정 옮김, 들녘, 2005, p. 59.

[80] 박홍식, 『유럽의 중세도시』, 토지주택박물관대학 제23기 세계문화과정 자료집, p. 47.

[81] 존 도미니크 크로산, 『역사적 예수』, 김준우 옮김, 한국기독교연구소, 2000, p. 60.

[82] V. G. Shillington, *James and Paul*, Fortress Press, 2015, p. 4 ; 유희수, 『낯선 중세』, 문학과지성사, 2018, p. 355.

[83] 민석홍, 『서양사 개론』, 삼영사, 1984, p. 358.

[84] Peter Burke, *Popular Culture in Early Modern Europe*, Harper Torchbooks, 1978, pp. 250-270.

[85] J. Le Goff, tr. A. Goldhammer, *Time, Work & Culture in the Middle Ages*, Chicago University Press, 1980, pp. 43-57.

[86] Gerhard Dohrn-van Rossum, *History of the Hour: Clocks and Modern Temporal Orders*, University of Chicago Press, 1996, pp. 39-40; Ian Mortimer, *The Time Traveller's Guide to Medieval England*, Random House, 2012, p. 83.

[87] 이효준, 『유레카! 발명의 인간』, 김영사, 1996, p. 26.

[88] G. J. 휘트로, 『시간의 문화사』, 이종인 옮김, 영림카디널, 1998.

[89] 베르나르트 반 바트, 『서유럽 농업사 500-1850』, 이기영 옮김, 까치, 1999, p. 101.

[90] 마빈 해리스, 『식인과 제왕』, 정도영 옮김, 한길사, 2000, p. 216.

[91] 슈테판 츠바이크, 『에라스무스 -위대한 인문주의자의 승리와 비극』, 정민영 옮김, 자작나무, 1997, pp. 37-38.

[92] 윤정민, 「고대 이집트 메이크업과 1960년대 메이크업 상관관계 연구」, 성신여대 석사학위논문, 2008, p. 16.

[93] 찰스 패너티, 『일상 속에 숨어 있는 뜻밖의 세계사』, 이형식 옮김, 북피움, 2024, p. 235.

[94] 존 우드퍼드, 『허영의 역사』, 여을환 옮김, 세종서적, 1998, pp. 94-97.

[95] Stan Place & Bobbi Ray Madry, *The Art and Science of Professional Makeup*, Milady Publishing, 1989, pp. 248-249.

[96] R. 브레너 외, 『농업계급구조와 경제발전』, 이연규 옮김, 집문당, 1991, pp. 19-89.

[97] 성백용, 「두 왕국 최전선의 도시 칼레」, 『서양중세사연구』 48, 2021, p. 24.

[98] 신윤길, 「Edward IV의 양모정책-영국 중상주의 기원문제로서」, 『중앙사론』 5, 1987, pp. 147-162.

[99] 베르나르트 반 바트, 『서유럽 농업사 500-1850년』, 이기영 옮김, 까치, 1999, pp. 229-232.

[100] 나종일, 『영국 근대사 연구』, 서울대학교 출판부, 1979.

[101] 케네스 C. 데이비스, 『교과서에서 배우지 못한 미국의 역사』, 진병호 옮김, 고려원미디어, 1992, pp. 28-31.

[102] Frances R. Frankenburg, *Brain-Robbers: How Alcohol, Cocaine, Nicotine, and Opiates Have Changed Human History*, ABC-CLIO, 2014, p. 138.

[103] W. H. McNeill, *The Pursuit of Power*, Chicago University Press, 1982, pp. 117-143.

[104] 앙드레 모루아, 『프랑스사』, 신용석 옮김, 김영사, 2016, p. 312.

[105] 모리스 스미스, 『치과의학사』, 최진환 옮김, 대한치과의사학회, 1966, pp. 163-164.

[106] 이규조, 『교과서에서 절대 가르치지 않는 세계사』, 일빛, 2005, pp. 22-27.

[107] E. Lavisse, *Histoire de France 8(1)*, Librairie Hachette, 1908, p. 472.

[108] 다니엘 푸러, 『화장실의 작은 역사』, 선우미정 옮김, 들녘, 2005, p. 183.

[109] 알베르 소불, 『프랑스 대혁명사』, 최갑수 옮김, 교양인, 2018, p. 258 ; 이규조, 『교과서에서 절대 가르치지 않는 세계사』, 일빛, 2005, pp. 22-27.

[110] 루이 16세와 국민의회가 종교적인 문제로 갈등을 빚었다는 사실은 M. P. Fitzsimmons, *The Making of France*, Cambridge University Press, 1994, pp. 113-115를 참조.

[111] 루이스 라팜, 『종말의 역사』, 정기문 외 옮김, 청어람, 1990, pp. 187-189.

[112] 다니엘 부어스틴, 『미국사의 숨은 이야기』, 이보형 외 옮김, 범양사, 1991. p. 190.

[113] E. P. Thompson, *Customs in Common*, The New Press, 1993, pp. 404-466.

[114] 이옥순, 『여성적인 동양이 남성적인 서양을 만났을 때』, 푸른역사, 1999, pp. 82-91.

[115] 마태오 복음서 19:6.

[116] 영국 이혼법에 대해서는 한복룡·김진현, 「영국의 이혼법(1)」, 『안암 법학』 26, 2008을 참조했다.

[117] 이진옥, 「결혼, 여성의 의무인가?」, 『여성과 역사』 18, 2013, p. 142.

[118] 브린튼 외, 『세계문화사』, 양병우 외 옮김, 을유문화사, 1963, pp. 618-619.

[119] E. J. 홉스봄, 『자본의 시대』, 정도영 옮김, 한길사, 1983, pp. 378-380.

[120] F. 엥겔스, 『영국 노동자 계급의 상태』, 박준식·전병유·조효래 옮김, 두리, 1988, pp. 61-66.

[121] 최갑수, 「사회주의」, 『서양의 지적 운동 1』, 지식산업사, 1994, pp. 136-137.

[122] 찰스 패너티, 『일상 속에 숨어 있는 뜻밖의 세계사』, 이형식 옮김, 북피움, 2024, pp. 36-40.

[123] 김복래, 『서양생활문화사』, 대한교과서, 1999, p. 96.

[124] Werner Rösner, Peasants in the Middle Ages, University of Illinois Press, 1992, pp. 178-183.

[125] R. Salaman, *The History and Social Influence of the Potato*, Cambridge University Press, 1949.

[126] Nathan Nunn and Nancy Qian, "*The Potato's Contribution to Population and Urbanization: Evidence From A Historical Experiment*," The Quarterly Journal of Economics, 126-2, 2011, pp. 599-600.

[127] W. G. Burton, *The Potato: A Survey of its History and of Factors Influencing its Yield, Nutritive Value and Storage*, Chapman & Hall Ltd., 1948, p. 189.

[128] Peter Murphy, *The English Coast: A History and a Prospect*, Bloomsbury, 2011, p. 156.

[129] https://en.wikipedia.org/wiki/Template:Comparison_of_major_staple_foods.

[130] N. Nunn & N. Qian, "*The Potato's Contribution to Population and Urbanization : Evidence from an Historical Experiment*," The Quarterly Journal of Economics, 126-2, 2011, p. 600.

[131] National Research Council etal., *Policy and Global Affairs : Lost Crops of the Incas: Little-Known Plants of the Andes with Promise for Worldwide Cultivation*, National Academy Press, 1989, p. 11.

[132] Domingo Ríos etal., "*Ancient Potato Varieties of the Canary Islands: Their History, Diversity and Origin of the Potato in Europe*," Potato Research, 2023.

[133] J. G. Hawkes and J. Francisco-Ortega, "*The Potato in Spain during the Late 16th Century, Economic Botany*," 46-1, (1992), p. 92. 이 목록에서 감자는 '파타타patata'라고 나오는데, 이는 남아메리카 사람들이 부르던 명칭인 '파파papa'의 변형이다.

[134] Domingo Ríos etal., "*Ancient Potato Varieties of the Canary Islands: Their History, Diversity and Origin of the Potato in Europe*," Potato Research, 2023.

[135] James Simpson, *Spanish Agriculture: The Long Siesta*, 1765-1965, Cambridge University Press, 1995, pp. 74-75.

[136] Salaman Redcliffe, *The History and Social Influence of The Potato*, Cambridge University Press, 1949, p. 254에서 재인용.

[137] N. Kissane, *The Irish Famine: A Documentary*, Syracuse University Press, 1995, p. 17, J. Keating, *Irish Famine Facts*, Teagasc, 1996, p. 9.

[138] Joseph R. O'Neill, *Irish Potato Famine*, Abdo Publishing, 2009, pp. 26-27.

[139] Fynes Moryson, *Itinerary*, 1617.

[140] 박지향, 『슬픈 아일랜드』, 기파랑, 2008, p. 186.

[141] Salaman Redcliffe, *The History and Social Influence of The Potato*, Cambridge University Press, 1949, p. 289에서 재인용.

[142] N. Kissane, *The Irish Famine: A Documentary*, Syracuse University Press, 1995, p. 13.

[143] P. M. A. Bourke, "*The Use of the Potato Crop in Pre-Famine Ireland*," Journal of the Statistical and Social Inquiry Society of Ireland, 21-6, p. 76, J. Keating, *Irish Famine Facts*, Dublin: Teagasc, 1996, pp. 26-27.

[144] N. Kissane, *The Irish Famine: A Documentary*, Syracuse University Press, 1995, p. 13, J. Keating, *Irish Famine Facts*, Teagasc, 1996, p. 21에서 재인용.

[145] L. Kennedt and D. MacRaid, "*Perspectives on the Great Irish Famine*," QUCEH Working Paper Series, No. 22-04, 2022, p. 3.

[146] 학자들은 실제로는 25-33%가 줄어들었다고 평가한다.

[147] N. Kissane, *The Irish Famine: A Documentary*, Syracuse University Press, 1995, p. 13; J. Keating, *Irish Famine Facts*, Teagasc, 1996, p. 33; Bourke, P. M. Austin, "*The Extent of the Potato Crop in Ireland at the time of the Famine*," Journal of the Statistical and Social Inquiry Society of Ireland, XX, 1960, p. 111.

[148] Erick Falc'Her-Poyroux. "*The Great Famine in Ireland: a Linguistic and Cultural Disruption*," Yann Bévant ed., La Grande Famine en Irlande 1845-1850, PUR, 2014, p. 1.

[149] 피터 그레이, 『아일랜드 대기근』, 장동현 옮김, 시공사, 1998, pp. 139-140.

[150] Erick Falc'Her-Poyroux, "*The Great Famine in Ireland: a Linguistic and Cultural Disruption*,", Yann Bévant ed., La Grande Famine en Irlande 1845-1850, PUR, 2014, p. 1.

[151] J. Oakes, *The Ruling Race : A History of American Slaveholders*, Vintage Books, 1982, pp. 3-4 ; 주경철, 『역사의 기억, 역사의 상상』, 문학과지성사, 1999, pp. 194-212.

[152] 시드니 민츠, 『설탕과 권력』, 김문호 옮김, 지호, 1998, pp. 80-82.

[153] 올라우다 에퀴아노, 『에퀴아노의 흥미로운 이야기』, 윤철희 옮김, 해례원, 2013, pp. 80-81, p. 83, pp. 84-85.

[154] Alexis de Tocqueville, Democracy in America, Vintage Books, 1954, vol. 1, p. 314.

[155] S. M. 립셋, 『미국사의 구조』, 이종우 옮김, 한길사, 1982, p. 163.

[156] J. Oakes, *The Ruling Race : A History of American Slaveholders*, Vintage Books, 1982, p. 105.

18쪽 | https://phoide.com/l/Tomb_of_Ramose/38371

19쪽 | https://ko.wikipedia.org/wiki/%EA%B3%A0%EB%8C%80_%EC%9D%B4%EC%A 7%91%ED%8A%B8_%EC%A2%85%EA%B5%90#/media/%ED%8C%8C%EC%9D %BC:Penmaat_Priest_Book_of_the_Dead.jpg

20쪽 | https://en.wikipedia.org/wiki/Cats_in_ancient_Egypt#/media/File:Box_for_ animal_mummy_surmounted_by_a_cat,_inscribed_MET_LC-12_182_27_ EGDP023744.jpg

23쪽 | https://en.wikipedia.org/wiki/Pyramid#/media/File:01_khafre_north.jpg

24쪽 | https://en.wikipedia.org/wiki/Pyramid#/media/File:Giza-pyramids.JPG

27-28쪽 | https://en.wikipedia.org/wiki/Book_of_the_Dead#/media/File:El_pesado_del_ coraz%C3%B3n_en_el_Papiro_de_Hunefer.jpg

30쪽 | https://en.wikipedia.org/wiki/Anubis#/media/File:Opening_of_the_mouth_ ceremony_(cropped).jpg

33쪽 | https://artsandculture.google.com/asset/farewell-to-socrates-by-his-wife-xanthippe- neoclassical-painter/FgEGlA2qFYSNAg

34쪽 | https://en.wikipedia.org/wiki/Socrates#/media/File:Reyer_Jacobsz._van_ Blommendael,_Socrate,_ses_deux_%C3%A9pouses_et_Alcibiade,_1675._Huile_sur_ toile,_210_x_198_cm._Strasbourg,_Mus%C3%A9e_des_Beaux-Art.jpg

38-39쪽 | https://ko.wikipedia.org/wiki/%EC%86%8C%ED%81%AC%EB%9D%B C%ED%85%8C%EC%8A%A4%EC%9D%98_%EC%A3%BD%EC%9 D%8C#/media/%ED%8C%8C%EC%9D%BC:David_-_The_Death_of_ Socrates.jpg

43쪽 | https://en.wikipedia.org/wiki/Women_in_ancient_Sparta#/media/File:The_ selection_of_the_infant_Spartans,_Giuseppe_Diotti.jpg

46쪽 | https://en.wikipedia.org/wiki/Women_in_ancient_Sparta#/media/File:Young_ Spartans_Exercising_National_Gallery_NG3860.jpg

48쪽 | https://en.wikipedia.org/wiki/Samson_and_Delilah_(Rubens)#/media/ File:Samson_and_Delilah_by_Rubens.jpg

49쪽 | https://commons.wikimedia.org/wiki/File:Gottlieb_Schick_Achille_and_ Agamemnon_1801.jpg

51쪽 | https://upload.wikimedia.org/wikipedia/commons/7/77/The_ridiculous_taste_or_ the_ladies_absurdity_%28CBL_Wep_0494.34%29.jpg

52쪽 │ https://ko.m.wikipedia.org/wiki/%ED%8C%8C%EC%9D%BC:Marie_
Antoinette_being_taken_to_her_Execution,_1794.jpg#/media/File%3AMarie_
Antoinette_being_taken_to_her_Execution%2C_1794.jpg

57쪽 │ https://en.wikipedia.org/wiki/Sparta#/media/File:Jean-Pierre_Saint-Ours_-_
Gericht_%C3%BCber_die_Neugeborenen_Spartas_-_2358_-_Bavarian_State_
Painting_Collections.jpg

59쪽 │ https://upload.wikimedia.org/wikipedia/commons/e/e1/Gillis_van_Tilborgh_-_
Family_Portrait_-_WGA22403.jpg

60쪽 │ https://wikioo.org/ko/paintings.php?refarticle=9GZJAC&titlepainting=Peasan
ts%20in%20an%20Interior&artistname=Adriaen%20Van%20Ostade

63쪽 │ https://ko.wikipedia.org/wiki/%EC%8A%A4%ED%86%A0%EC%95%84_%EB%B
0%98%EB%8C%80%ED%8C%8C#/media/%ED%8C%8C%EC%9D%BC:Bronni
kov_Thrasea_Paetus.jpg

68쪽 │ https://en.wikipedia.org/wiki/Nero#/media/File:Robert,_Hubert_-_
Incendie_%C3%A0_Rome_-.jpg

80쪽 │ https://phoenixancientart.com/work-of-art/roman-mosaic-with-a-symposium-scene/

82-83쪽 │ https://en.wikipedia.org/wiki/The_Romans_in_their_Decadence#/media/
File:THOMAS_COUTURE_-_Los_Romanos_de_la_Decadencia_(Museo_de_
Orsay,_1847,_%C3%93leo_sobre_lienzo,_472_x_772_cm).jpg

84쪽 │ https://upload.wikimedia.org/wikipedia/commons/f/f7/Roberto_Bompiani_-_A_
Roman_Feast_-_72.PA.4_-_J._Paul_Getty_Museum.jpg

89쪽 │ https://ko.wikipedia.org/wiki/%EA%B2%80%ED%88%AC%EC%82%AC#/
media/%ED%8C%8C%EC%9D%BC:Jean-Leon_Gerome_Pollice_Verso.jpg

91쪽 │ https://ko.wikipedia.org/wiki/%EA%B2%80%ED%88%AC%EC%82%AC
#/media/%ED%8C%8C%EC%9D%BC:Ave_Caesar_Morituri_te_Salutant_
(G%C3%A9r%C3%B4me)_01.jpg

95쪽 │ https://en.wikipedia.org/wiki/Venatio#/media/File:Barbary_Lion_in_colosseum_of_
Rome.jpg

99쪽 │ https://upload.wikimedia.org/wikipedia/commons/3/3e/DamienS_execut%
C3%A9_en_place_de_greve_1504802.jpg

100쪽(위) │ https://ko.wikipedia.org/wiki/%EC%B0%B8%EC%88%98#/media/%ED%8C
%8C%EC%9D%BC:Jacquerie_Navarre.jpg

100쪽(아래) │ https://commons.wikimedia.org/wiki/File:Pierre_de_la_Brosse.jpg

101쪽 │ https://commons.wikimedia.org/wiki/File:Soester_Nequambuch_N_N_Soest_
Stadtarchiv.jpeg

107쪽 │ https://en.wikipedia.org/wiki/Crucifixion#/media/File:Jan_van_Eyck_-_Diptych_-_
WGA07587_crop_of_the_crucified_Jesus.jpg

112쪽 | https://wikioo.org/ko/paintings.php?refarticle=ARCCM5&titlepainting=Chri
st%20on%20the%20way%20to%20Calvary&artistname=Christoph%20Schwarz

114쪽 | https://en.wikipedia.org/wiki/Crucifixion#/media/File:Crucifixion_Strasbourg_
Unterlinden_Inv88RP536.jpg

116쪽 | https://en.wikipedia.org/wiki/Crucifixion#/media/File:Illustrations_pour_
Salammb%C3%B4_Poirson_Victor-Armand.jpeg

119쪽 | https://ko.wikipedia.org/wiki/%EB%A1%9C%EB%A7%88_%EC%A0%9C%EA
%B5%AD%EC%9D%98_%EA%B8%B0%EB%8F%85%EA%B5%90_%EB%B0
%95%ED%95%B4#/media/%ED%8C%8C%EC%9D%BC:Jean-L%C3%A9on_
G%C3%A9r%C3%B4me_-_The_Christian_Martyrs'_Last_Prayer_-_Walters_37113.
jpg

121쪽 | https://en.wikipedia.org/wiki/Catacombs#/media/File:A-Procession-in-the-
Catacomb-of-Callistus.jpg

126쪽 | https://en.wikipedia.org/wiki/Thomas_Aquinas#/media/File:Saint_Thomas_
Aquinas_Diego_Vel%C3%A1zquez.jpg

128쪽 | https://commons.wikimedia.org/wiki/File:1516_Vittore_Carpacci,_The_Lion_
of_St_Mark_(detail)_Tempera_on_canvas,_Palazzo_Ducale,_Venice.jpg#/media/
File:Vittore_carpaccio,_leone_di_san_marco_02.jpg

130쪽 | https://www.historytoday.com/archive/feature/inside-medieval-brothel

132쪽 | https://www.enteboccaccio.it/s/ente-boccaccio/item/1337

134쪽 | https://de.wikipedia.org/wiki/Schottenstift#/media/Datei:Schottenkloster_1672_
Vischer.jpg

141쪽 | https://commons.wikimedia.org/wiki/File:Medieval_peasant_meal.jpg

143쪽 | https://englishhistoryauthors.blogspot.com/2012/05/food-for-thought-medieval-
feasts.html

144쪽 | https://commons.wikimedia.org/wiki/File:Norman_de_Garis_Davies,_Nakht_
and_Family_Fishing_and_Fowling,_Tomb_of_Nakht,_Graphic_Expedition,_
Metropolitan_Museum_of_Art,_1915_CROPPED.jpg

145쪽 | https://en.wikipedia.org/wiki/Wine#/media/File:29-autunno,Taccuino_Sanitatis,_
Casanatense_4182..jpg

149쪽 | https://upload.wikimedia.org/wikipedia/commons/3/3d/Schect.jpg

151쪽 | https://commons.wikimedia.org/wiki/File:Banquet_du_paon.jpg

154쪽 | https://en.wikipedia.org/wiki/Aaru#/media/File:27.1_Iaru.tif

155쪽 | https://www.smithsonianmag.com/arts-culture/the-history-of-health-food-part-2-
medieval-and-renaissance-periods-70192474/

156쪽 | https://ko.m.wikipedia.org/wiki/%ED%8C%8C%EC%9D%BC:Medieval_baker.
jpg

157쪽 | https://www.medievalists.net/2015/02/foods-available-15th-century-england/

158쪽 | https://ko.wikipedia.org/wiki/%EB%B2%A0%EB%A6%AC%EA%B3%B5
%EC%9D%98_%EB%A7%A4%EC%9A%B0_%ED%98%B8%ED%99%94
%EB%A1%9C%EC%9A%B4_%EA%B8%B0%EB%8F%84%EC%84%9C#/
media/%ED%8C%8C%EC%9D%BC:Les_Tr%C3%A8s_Riches_Heures_du_duc_
de_Berry_Janvier.jpg

159쪽 | https://en.wikipedia.org/wiki/1400%E2%80%931500_in_European_fashion#/
media/File:Les_Tres_Riches_Heures_du_duc_de_Berry_avril_detail.jpg

160쪽 | https://upload.wikimedia.org/wikipedia/commons/7/72/Les_Tr%C3%A8s_Riches_
Heures_du_duc_de_Berry_septembre.jpg

161쪽 | https://en.wikipedia.org/wiki/Sumptuary_law#/media/File:Bosse_Edict_1633.jpg

163쪽 | https://en.wikipedia.org/wiki/Garderobe#/media/File:Garderobe,_Peveril_Castle,_
Derbyshire.jpg

164-165쪽 | https://upload.wikimedia.org/wikipedia/commons/7/7e/Pieter_Brueghel_the_
Elder_-_The_Dutch_Proverbs_-_Google_Art_Project.jpg

167쪽(왼쪽) | https://www.medievalists.net/wp-content/uploads/2021/11/Latrintomning_
medeltid.jpg

167쪽(오른쪽) | https://www.britishmuseum.org/collection/object/P_J-1-138

172쪽 | https://en.wikipedia.org/wiki/Illuminated_manuscript#/media/File:BL_Royal_
Vincent_of_Beauvais.jpg

174쪽 | https://en.wikipedia.org/wiki/Louis-Nicolas_Robert#/media/File:Papermaking_by_
hand.jpg

175쪽 | https://en.wikipedia.org/wiki/Newspaper#/media/File:Josef_Danhauser,_
Newspaper_readers_,_1840._Oil_on_wood,_21_x_17_cm._Belvedere,_Vienna.jpg

175쪽 | https://en.wikipedia.org/wiki/Newspaper#/media/File:Josef_Danhauser,_
Newspaper_readers_,_1840._Oil_on_wood,_21_x_17_cm._Belvedere,_Vienna.jpg

178쪽 | https://commons.wikimedia.org/wiki/File:Louis_de_Bruges_in_front_of_an_
astronomical_clock_Henri_Suso,_Horloge_de_Sapience_1470-1480.jpg

180쪽 | https://educalingo.com/ko/dic-de/kuster

182쪽 | https://www.wga.hu/html_m/b/berentz/stillif1.html

185쪽 | https://commons.wikimedia.org/wiki/File:Isaac_van_Ostade_-_A_barn_interior_
with_two_children_eating_and_a_man_working.jpg

187쪽 | https://en.wikipedia.org/wiki/Agriculture_in_Scotland_in_the_Middle_Ages#/
media/File:MasterofJamesIVThreshing&PigFeeding.jpg

190쪽 | https://commons.wikimedia.org/wiki/File:Workshop_of_the_Master_of_James_
IV_of_Scotland_%28Flemish,_before_1465_-_about_1541%29_-_Farm_Animals,_
Milking,_and_Buttermaking;_Zodiacal_Sign_of_Taurus_detail.jpg

193쪽 | https://en.wikipedia.org/wiki/Thomas_More#/media/File:Hans_Holbein,_the_ Younger_-_Sir_Thomas_More_-_Google_Art_Project.jpg

197쪽 | https://en.wikipedia.org/wiki/Erasmus#/media/File:Hans_Holbein_d._J._-_ Erasmus_-_Louvre.jpg

199쪽 | https://jazeilstra.wordpress.com/2017/06/12/het-dwaze-van-god-spreuken-i-is-het-ec/

201쪽 | https://en.wikipedia.org/wiki/Thomas_More#/media/File:Insel_Utopia.png

208쪽 | https://en.wikipedia.org/wiki/Beauty_and_cosmetics_in_ancient_Egypt#/media/ File:Beauty-case,_wood_-_Museo_Egizio_Turin_S_8479_p04.jpg

209쪽 | https://commons.wikimedia.org/wiki/File:Tomb_of_Nakht_(3).jpg

211쪽(왼쪽) | https://upload.wikimedia.org/wikipedia/commons/f/fb/Nicholas_ Hilliard_%28called%29_-_Portrait_of_Queen_Elizabeth_I_-_Google_Art_ Project.jpg

211쪽(오른쪽) | https://en.wikipedia.org/wiki/Elizabeth_I#/media/File:Elizabeth_I_ portrait,_Marcus_Gheeraerts_the_Younger_c.1595.jpg

214-215쪽 | https://upload.wikimedia.org/wikipedia/commons/5/5f/Civitas_Londinium_ or_The_Agas_Map_of_London.jpg

216쪽 | https://ko.wikipedia.org/wiki/%EB%9F%B0%EB%8D%98%EC%9D%98_%EC% 97%AD%EC%82%AC#/media/%ED%8C%8C%EC%9D%BC:London_-_John_ Norden's_map_of_1593.jpg

218-219쪽 | https://upload.wikimedia.org/wikipedia/commons/a/ad/London_ panorama%2C_1616b.jpg

223쪽 | https://ko.m.wikipedia.org/wiki/%ED%8C%8C%EC%9D%BC:Nicotiana_ tabacum_Blanco1.36-cropped.jpg

224쪽 | https://commons.wikimedia.org/wiki/File:Gabri%C3%ABl_Metsu_-_Smoking_ young_man.JPG

225쪽 | https://artuk.org/discover/artworks/a-woman-seated-smoking-a-pipe-205585

227쪽 | https://en.wikipedia.org/wiki/Jean_Nicot#/media/File:Jean_Nicot.jpg

232쪽 | https://en.wikipedia.org/wiki/Fran%C3%A7ois-Michel_le_Tellier,_Marquis_de_ Louvois#/media/File:Louvois1.jpg

233쪽 | https://en.wikipedia.org/wiki/Maurice,_Prince_of_Orange#/media/File:Michiel_ Jansz_van_Mierevelt_-_Maurits_van_Nassau,_prins_van_Oranje_en_Stadhouder. jpg

234쪽 | https://en.wikipedia.org/wiki/Maurice,_Prince_of_Orange#/media/ File:Wintergezicht_op_de_Vijverberg_te_Den_Haag_met_op_de_voorgrond_prins_ Maurits_en_zijn_gevolg_Rijksmuseum_SK-A-955.jpeg

235쪽 | https://ko.wikipedia.org/wiki/%EC%B4%9D%EC%82%AC#/media/
%ED%8C%8C%EC%9D%BC:Jacob_de_Gheyn_-_Wapenhandelinge_4.jpg

236쪽 | https://fr.wikipedia.org/wiki/Les_Trois_Mousquetaires#/media/
Fichier:Dartagnan-musketeers_-_Maurice_Leloir.jpg

239쪽 | https://upload.wikimedia.org/wikipedia/commons/e/e3/Louis_XIV%2C_King_
of_France%2C_after_Lefebvre_-_Les_collections_du_ch%C3%A2teau_de_
Versailles.jpg

240쪽 | https://en.wikipedia.org/wiki/Louis_XIV#/media/File:Ambassade_Perse_
aupr%C3%A8s_de_Louis_XIV.jpg

242쪽 | https://upload.wikimedia.org/wikipedia/commons/4/4f/Nocret%2C_attributed_
to_-_Louis_XIV_of_France_-_Versailles%2C_MV2066.jpg

243쪽 | https://en.wikipedia.org/wiki/Louis_XIV#/media/File:Louis_XIV_by_Juste_
d'Egmont.jpg

246쪽 | https://upload.wikimedia.org/wikipedia/commons/9/98/Marie-
Antoinette%2C_1775_-_Mus%C3%A9e_Antoine_L%C3%A9cuyer.jpg

248쪽 | https://upload.wikimedia.org/wikipedia/commons/8/81/Arrest_of_Louis_XVI_
and_his_Family%2C_Varennes%2C_1791.jpg

249쪽 | https://en.wikipedia.org/wiki/Flight_to_Varennes#/media/File:Jean_Baptiste_
Drouet.jpg

250쪽 | https://ko.wikipedia.org/wiki/%EB%A3%A8%EC%9D%B4_16%EC%84%B8#/me
dia/%ED%8C%8C%EC%9D%BC:LouisXVIExecutionBig.jpg

251쪽 | https://ko.wikipedia.org/wiki/%EB%A7%88%EB%A6%AC_%EC%
95%99%ED%88%AC%EC%95%84%EB%84%A4%ED%8A%B8#/
media/%ED%8C%8C%EC%9D%BC:Marie_Antoinette_Execution1.jpg

253쪽 | https://ko.wikipedia.org/wiki/%ED%86%A0%EB%A8%B8%EC%8A%A4_%EC%
A0%9C%ED%8D%BC%EC%8A%A8#/media/%ED%8C%8C%EC%9D%BC:De
claration_of_Independence_(1819),_by_John_Trumbull.jpg

263쪽 | https://en.wikipedia.org/wiki/Wife_selling_(English_custom)#/media/
File:Rowlandson,_Thomas_-_Selling_a_Wife_-_1812-14.jpg

269쪽 | https://es.m.wikipedia.org/wiki/Archivo:La_petita_obrera.jpg

271쪽 | https://en.wikipedia.org/wiki/Industrial_Revolution#/media/File:Powerloom_
weaving_in_1835.jpg

274쪽 | https://en.wikipedia.org/wiki/Victorian_decorative_arts#/media/File:Henry_
Treffry_Dunn_Rossetti_and_Dunton_at_16_Cheyne_Walk.jpg

276쪽 | https://en.wikipedia.org/wiki/Industrial_Revolution#/media/File:Dore_London.
jpg

273쪽 | https://en.wikipedia.org/wiki/Bluegate_Fields#/media/File:Bpt6k10470488_f319. jpg

275쪽 | https://mayfairpiano.wordpress.com/2015/04/30/the-art-of-playing-the-piano-during-victorian-era/

282쪽 | https://en.wikipedia.org/wiki/Mary_of_Burgundy#/media/File:Niklas_Reiser_001. jpg

284쪽 | https://www.clevelandart.org/art/1932.179

286쪽 | https://commons.wikimedia.org/wiki/File:Wedding_of_Stephen_Beckingham_and_Mary_Cox,_1729_by_William_Hogarth.jpg

293쪽 | https://en.wikipedia.org/wiki/Potato#/media/File:Bastien_Lepage_Saison_d-Octobre_Recolte_des_pommes_de_terre.jpg

295쪽 | https://upload.wikimedia.org/wikipedia/commons/d/d1/Anker_Die_kleine_Kartoffelsch%C3%A4lerin_1886.jpg

300쪽 | https://en.wikipedia.org/wiki/Great_Famine_(Ireland)#/media/File:An_Irish_Peasant_Family_Discovering_the_Blight_of_their_Store_by_Daniel_MacDonald. jpg

306쪽 | https://ko.m.wikipedia.org/wiki/%ED%8C%8C%EC%9D%BC:S._V._Ivanov._Trade_negotiations_in_the_country_of_Eastern_Slavs._Pictures_of_Russian_history._(1909).jpg

309쪽 | https://en.wikipedia.org/wiki/Olaudah_Equiano#/media/File:Daniel_Orme,_W._Denton_-_Olaudah_Equiano_(Gustavus_Vassa),_1789.png

311쪽 | https://en.wikipedia.org/wiki/History_of_slavery_in_Virginia#/media/File:Crowe-Slaves_Waiting_for_Sale_-_Richmond,_Virginia.jpg

역사
이야기를
읽는 밤

지은이_ 정기문

펴낸이_ 양명기

펴낸곳_ 도서출판 -북피움-

초판 1쇄 발행_ 2025년 4월 18일

등록_ 2020년 12월 21일 (제2020-000251호)

주소_ 경기도 고양시 덕양구 충장로 118-30 (219동 1405호)

전화_ 02-722-8667

팩스_ 0504-209-7168

이메일_ bookpium@daum.net

ISBN   979-11-987629-6-2 (03900)